가람 이병기 전집 28

# 교육학 Ⅳ

—표준 고등 글본·교육 평론·편지 작법·교가 및 기념가—

이 도서는 2024년 국립대학육성사업의 지원을 받아 수행되었음
이 도서는 2024년 익산시와 전라북도의 지원에 의해 간행되었음

가람 이병기 전집

㉘

# 교육학 IV

## 표준 고등 글본·교육 평론·편지 작법·교가 및 기념가

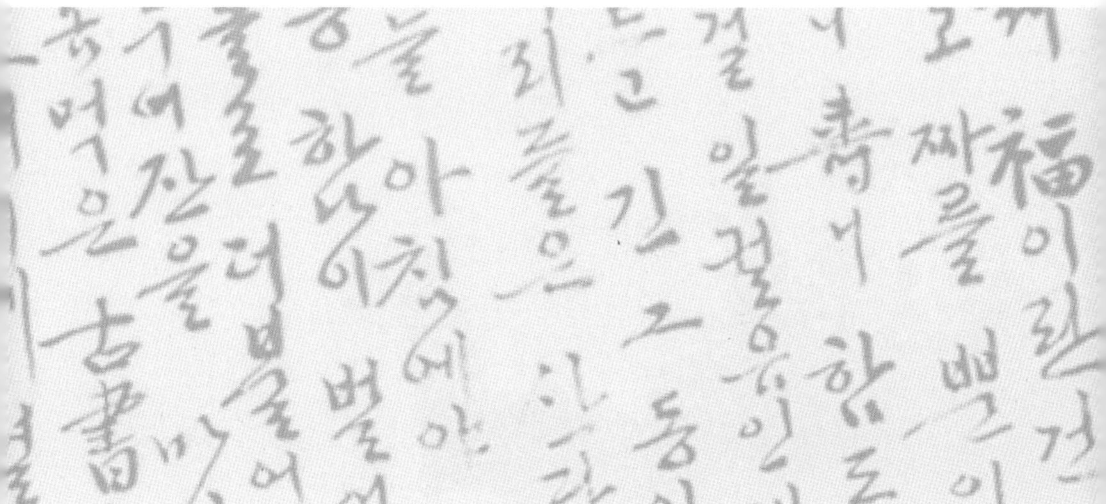

전북대학교출판문화원

# 교육학 Ⅳ

표준 고등 글본 · 교육 평론 · 편지 작법 · 교가 및 기념가

# 목 차

# 표준 고등 글본

文敎部 認定畢

<table>
<tr><td rowspan="2">國語</td><td>4289.3.</td><td>1.2.3年用</td></tr>
<tr><td colspan="2">高等·師範·實業高等</td></tr>
</table>

# 표준 고등 글본

이병기李秉岐 정인승鄭寅承 백철白鐵 편編

신구문화사

**편집자 주**

1. 원본 자체의 맞춤법 오류 바로 잡아 표기하고, 각주를 붙여 원문의 표기를 기록하였다.
2. 일반 문법적 오류 아닌 작가의 시대적 사회적 관련으로 나타나는 비표준어적 표기는 그대로 인정하고 띄어쓰기도 그대로 하였다.
3. 원문의 한글(한자) 표기는 그대로 하였다.
4. 정오표의 오류는 고쳐서 입력하였다.

# 머리말

글쓰기란 남의 설명을 들어서 되는 것이 아니다. 그것은 쓰는 사람 자신이 스스로 느끼는 일과 자기의 독특獨特한 체험을 적는 것이기 때문이다. 그 점으로 보아선 글쓰기란 가르칠 성질의 것이 아닐지 모른다.

그러나 우리는 알고 있다. 무슨 일에나 요령要領이 있는 법이다. 마찬가지로 글쓰기에도 요령은 알아야 하겠다. 우리는 유명한 작가와 선배의 가르침을 듣고 그들의 문장을 읽음으로써 글쓰기의 요령을 터득할 수 있다. 글쓰기 독본이라면 젊은 학도에게 그런 요령을 알리기 위한 것이다.

글을 쓰는 데는 세 가지의 조건이 거기 따라야 하겠다. 첫째는 참된 생활生活을 할 줄 알아야 한다. 가치 있는 생활, 딴 말로 하면 자기 생활을 감격感激할 줄 알아야 한다. 글은 필경 그 생활이기 때문에 참된 생활에서만 참된 글이 나올 수 있다.

둘째는 문학의 여러 가지 형식形式을 알아야 한다. 말하자면 자기 생애에서 오는 감격을 어떤 형식으로 쓰느냐 하는 일인데 그 때문에 먼저 글의 형식들 시詩, 소설小說, 수필隨筆 등을 구별해서 알아 놓아야 한다.

세째는 글의 본보기로 될 만한 작품을 읽어 보아야 한다. 발걸음을 익히는 어린 애가 어른들에게 손목을 끌려서 걸음을 배우듯이 글쓰기도 모범이 될 만한 글을 따라 읽으면서 글쓰기의 발걸음을 시작하는 것이다.

이번 이 글쓰기 독본은 먼저 문교 당국文教當局에서 발표 지시한 새로운 요목을 날로 삼고, 위에 말한 요령을 씨로 해서 그 차례를 엮은 것이다.

한 책으로 하기 때문에 지시된 요목의 전부를 살리지 못한 것이 유감이다. 그 대신 중점적重點的으로 그것을 소화시키는 데 노력하였다.

단원單元은 여덟 개, 문장에 대한 항목에서 시작하여 차례로 가장 주요한 것들을 넣어 갔다. 각 단원을 다루는 데 있어, 먼저 단원의 설명을 한 뒤에 항목마다 그 방면의 권위자에게 거기 맞는 도입導入의 글을 새로 씌어서 실은 것이 이 독본의 특색이다. 또한 그 단원에 들어맞는 작품의 예들을 고르는 데도 고심을 다하였다. 젊은 학도에게 글쓰기를 가르치는 데 유익한 교본이 되었으면 한다.

4289년 1월

엮은이 씀

## 차례

# Ⅰ. 문장의 이모저모〈文章〉

1. 문장 쓰는 법
2. 운문韻文과 산문散文
3. 문체文體에 대하여
4. 대상對象과 표현表現
5. 문장과 추고推敲

[참고] (1) 문장 작법 여섯 가지
(2) 원고 쓰는 법

문장은 유독 문학에서만 아니라, 모든 학문의 기본基本이라 할 수 있다. 학문이란 결국 자기의 느낌과 사고思考로써 표현하는 여러 가지 형식인 바, 문장을 내놓고서 따로이 정확한 표현 수단이 없기 때문이다.

문장이란, 말과 말을 이어 놓은 것이나, 좋은 문장이라 하는 것은 첫째, 그 내용에 대한 최단거리最短距離의 것이어야 한다.

즉, 그 내용을 가장 정확正確하게 전달하는 문장이 좋은 문장이다. 너무 수사修辭가 지나치면 내용보다 형식에 치중한 글이 되어 좋은 문장이 되지 못한다.

특히 처음으로 글을 쓰는 사람은 쓸데 없이 말을 과장誇張하지 않도록 주의하여야 할 것이다.

다음은 문장의 아름다움이니, 정확한 동시에 아름다와야 한다. 문장이 아름답다는 것은 무엇을 의미하는 것인가? 그것은 곧 하나의 질서秩序를 말한다. 즉, 가장 적당한 말을 가장 적당한 곳에 배치시킨 것이 아름다운 문장이다. 문장을 완성시키기 위하여 그것을 충분히 고치고 닦는 것도 이 때문이다.

여기에서도 문장 쓰기를 공부하는 편의를 돕기 위하여 "문장 쓰는 법"을 비롯하여 여러 가지 각도에서 문장 공부에 필요한 요령을 들고, 실제 참고가 될 항목을 말하기로 한다.

# 1. 문장 쓰는 법

계용묵桂鎔默

## 우선 보고 느낀 그대로

글을 어떻게 써야 되느냐 하는 문제는 어려운 것 같기도 하다. 그러나 무엇보다도 자기가 느끼고 생각한 것을 그대로 문자로써 옮겨 놓는 것이 글이다.

말은 우리 마음의 표현이요, 글자는 말을 전달하는 방법으로 쓰이는 것이니, 글을 짓는다는 것은 곧 우리의 마음에서 우러나는 생각이 말 대신 문자로서 표현되는 것에 불과하다.

말로 하는 대신 글자로 옮기면 되는 것이라면, 그것이 좋은 글이 될 수 있겠는가 하고 의심할 수도 있을 것이다. 그러나, 아무렇게나 지껄이는 말을 그대로 녹음錄音해서 문자로 옮겨 보아도 좋은 글이 안 되는 것은, 우리들의 말이 질서 없이 나왔기 때문일 것이다.

글로 쓴다는 경우에 어려워하고 주저하는 것은, 자기 마음에 느낀 것을 어떻게 표현해야 가장 절실하고 실감 있게 표현될 것인가를 생각하고 망설이는 까닭이다.

## 마음을 닦아야 한다

"글은 곧 사람"이란 말이 있다. 한 문장을 보면 그 글을 쓴 사람을 보는 것과 같이, 쓴 사람의 마음이나 태도가 나타나 있는 것이다.

쓴 사람이 착한 사람이거나 악한 사람이거나 그대로 나타나는 글이 바른 글이다. 악한 사람이 그것을 써서 자기가 착한 체하려면 글이 되지 않는다.

그러므로 첫째 좋은 글을 쓰려면 마음을 닦아야 한다. 영국의 시인 워즈워드[1]는 그의 서정시집抒情詩集 머리말에 "말은 영혼靈魂의 소리"라고 썼다.

가지가지 성격과 인품人品에 따라, 만 사람의 말이 모두 다르듯이 글도 다르다. 그러므로 좋은 글을 쓰려면 우리의 마음, 곧 우리의 영혼을 깨끗이 닦아야 한다. 그 좋은 방법은 모든 사물事物을 보는 데에 동심童心으로 돌아가서 보는 일이다.

온갖 구속이나 버릇이나 편견을 떠나서, 동심과 동안童眼으로 보고 느낀 바를 그대로 쓸 것이다.

## 애정이 있어야 한다

간혹 정이 없는 사람이 있다. 정이 없는 사람은 세상 사람의 마음을 바로 이해하지 못하며, 꽃과 새, 눈과 비의 정취情趣도 모르는 것이다.

---

1 워즈워드(William Wordsworth): 영국의 시인: [1770~1850] 낭만파의 시인으로 철학적이요 공상적인 작품과 자연에 자기 심경을 붙이어 노래한 시편과 서정시 등으로 유명함.

글은 우리의 마음에 호소呼訴하는 것이니, 마음을 움직여서 감동하게 하려면, 그 글 속에 애정이 품겨 있어야 한다.

애정이 우리 마음속에서 불타고 있을 때, 그것을 가리켜 진실이라고도 한다. 진실을 품고 쓴 글은 남의 마음을 감동시킬 수 있는 것이다.

글자를 배운다든가, 쓰는 차례를 안다든가 하는 것은 극히 말단末端의 문제요, 지엽枝葉의 일이다. 자기 자신이 거짓 없는 몸이 되어, 부끄러워하지 않고, 속 말을 그대로 내보이는 것이 글에 있어서 가장 중요한 일이다.

## 성실함과 실감實感

진실을 이야기하는 것은 쉬운 일이다. 공연히, 잘 쓰려고 마음에 느낀 것보다 더 과장誇張하든지, 이런 말을 쓰면 남에게 흉잡히지나 않을까 하고 망설이든지 하면, 이것은 결국 사심邪心에서 쓰는 것이요, 허식虛飾이 되는 것이다.

그러므로 글을 쓸 때에는, 잘 써 보려고, 느낀 것이나 생각한 것 이상의 것을 쓰지 말 일이다. 성실하게 쓰면 모르는 사이에 좋은 글이 되어진다.

문장에 재주가 있어도 좋고, 없어도 좋다. 재주만 있고 성실이 없으면, 잠시 남에게 드러나 보이기는 하나 쓸모없는 것으로 떨어지고 재주 없어도 성실하면 반드시 성공할 수 있는 것이다.

글에는 실감이 있어야 한다. 실감은 아름다운 문구文句를 늘어놓아서 되는 것이 아니요, 오히려 그런 것으로써 실감을 죽이는 경우가 많다.

실감은 글을 읽고 과연 절실한 느낌을 맛보는 것을 말하는 것이니, 첫째 진실해야 된다.

감정을 나타낼 때, 느낀 그대로 정당하게 나타내는 일은 실감을 느끼게 하나, 3의 양量의 슬픔을 그릴 때 7이나 10의 양으로 그렸다면 거짓만 보이고 동감同感이 일어나지 않는 법이다.

소학생이나 중학생의 웅변을 들을 때 자주 경험하는 일로, 어린 소년이, 알아듣기 어려운 어른들의 문구를 써 가면서 국가의 장래를 걱정하고 비분강개悲憤慷慨하는 일이 있는데, 이런 것은 곧 진실성 없고 실감 없는 남의 글임을 느끼게 되어, 아무런 감동도 받지 못하는 것과 마찬가지이다. 감정感情의 척도尺度를 그르칠 때 그 글은 거짓 글이 되고 마는 것이다.

## 쉽고도 품위 있게

좋은 글은 쉽다. 읽기 어려운 글은 대체로 좋은 글이 못 되는 것이다. 일상 쓰는 말로써 자기의 뜻을 적을 수 있는 사람은 다행한 사람이다.

특수한 학술 논문 같은 것은 별 문제이나, 문학에 있어서나, 편지, 일기, 기행문紀行文 등에, 일부러 어려운 말을 쓰는 것은 문장의 길에서 뒤떨어진 사람의 짓이다.

쉬운 말과 쉬운 표현으로 누구에게나, 쓴 사람이 전하려는 뜻이 가감加減되지 않고, 그대로 전해지게 써야 한다. 일부러 알기 어렵게 쓴 글에는 그 가진 내용이 분명하지 않은 경우가 많다.

쓰기 전에 구상構想은 애써서 할 것이나, 쓸 때에는 부드러운 마음과 태도로 써 내려가야 한다. 그리고 쓴 뒤에는 다시 읽어 보고 부드럽지 못한 곳을 고치고 또 고쳐서, 저속低俗한 느낌이 없도록 할 것이다.

글이 점잔을 뺀 듯이 된 것은 좋지 못하나, 하나의 품위品位는 갖추어야 한다. 사람에도 야비한 인상과 품위 있는 인상이 있듯이 글에도 역시 그러하니, 품위 있는 글을 쓰는 것은 우리 자신을 닦는 길이 되기도 한다.

## 관찰

글을 쓰는 데는 날카로운 관찰이 필요하다. 사물事物을 정확하게 관찰하여, 그 핵심核心을 파악把握하지 않으면 아니 된다.

내가 말하려는 것의 핵심을 붙들지 않고서, 남에게 그것을 이해시킬 수는 없는 것이다. 그러므로 글짓기를 배운다는 것은 한편으로는 인생을 연구하고 자연을 배우는 길이기도 하다. 그리고 여기서 특히 필요한 것은 이 세상 모든 것을 사랑의 마음속에 안아 들이는 것이다. 애정 없이 자연自然을 파악할 수는 없기 때문이다.

---

계용묵桂鎔默: 소설가. 평북 선천 출생. [4237~ ]. 1924년 "상환相換"을 발표하여 문단에 나온 후, 많은 작품을 발표. "백치 아다다", "신기루", "청춘도", "별을 헨다", "병풍에 그린 닭이" 등이 있음.

# 2. 운문韻文과 산문散文

박종화朴鍾和

## 운문 쓰는 법

근대 문장은 두 가지 체재로 크게 구별하는 것이니, 곧 운문韻文과 산문散文이다.

운문은 음악적인 글이다. 이러하므로 운문은 음률적音律的인 글이라 해서 율문律文이라고도 부르는 것이다.

사람은 말을 할 줄 안다. 말이 발달된 뒤에 흥이 나면 춤을 추고 노래를 부른다. 이 흥이 나서 노래를 부르는 것이 운문을 쓰게 된 기원起源이 될 것이다. 노래는 문자文子가 발달하기 훨씬 이전에도 있었던 것이다.

글을 모르는 농부들도 농사를 지을 때 두레를 만들어 가지고 악기들을 들고 춤을 추며 노래를 부른다. 이것은 글이 생기기 이전 원시 시대에서부터 내려오는 풍속이다.

노래를 부르자면 높고 낮은 음향으로 장단을 맞춰서 꺾어 불러야 한다. 높고 낮게 불러서 장단에 맞도록 하는 것이 곧 음률에 맞아서 음악적이 되게 하는 것이다. 이것이 나중에 글자文子가 발생된 뒤에 노래를 짓고 시를 쓰게 된 것이다. 운자韻字란 모든 글자들의 소리의 높고 낮고 평평한 것을 분류分類해 놓은 것이요, 이것을 모아 놓은 책을 운서韻書라 일컫는 것이다.

한시漢詩에 절구絶句와 사율四律이라는 것이 있다. 절구 넉 줄로 되어 있고, 사율은 여덟 줄로 되어 있다. 이 넉 줄과 여덟 줄은 높고 낮은 글자를 배열排列해서 엮어 놓은 것이니, 이것이 곧 시요, 운문인 것이다.

예를 들어 본다면,

白髮三千丈
緣愁似個長
不知明鏡裏
何處得秋霜

검은 점은 높은 음의 글자를 표한 것이요, 흰 점은 낮은 음의 글자를 지적한 것이다. 이렇게 높고 낮은 음의 글자를 어떠한 정형定型에 의해서 음악적이 되게 배열해 놓은 것을 '율'이라 하는 것이니, 이러하므로 이 시는 우리가 높고 낮은 글자의 음대로 소리를 내어서 창唱을 할 수 있는 것이다.

우리의 시조時調도,

어버이 날 낳으사 어질자 길러 내니
이 두 분 아니시면 내 몸이 어질쏘냐?
아마도 지극한 은덕 못내 감사하노라.

이러한 정형 말에 초장初章이 삼사三四, 삼사三四, 중장中章이 삼사三四,

삼사三四, 종장終章이 삼오三五, 사삼四三의 음수音數로 엮어져서 글의 뜻이 있을 뿐만 아니라, 부르면 음악적인 운율韻律을 일으킨다. 역시 창을 할 수 있다.

현대의 자유시自由詩는 형이 없는 듯하나 자유로운 속에 한 개의 형을 지녔고, 외면율外面律이 없으나 내면율內面律 곧 속으로 리듬(rhythm)이 있다.

> 진사辰砂로 난초 한 줄
> 무심히 그은 솜씨
> 백자白磁 그것일래 더욱이 부드럽다.

자유시의 일절이다.

특히 없는 듯한 곳에 틀이 잡혀 있고, 서정抒情적인 속에 음악적인 내면율이 엄연히 있는 것이다.

## 산문 쓰는 법

산문散文이란 운율법韻律法의 제한을 받지 않는 줄글이다. 현대의 산문은 말하고 싶은 것을 글로 옮겨 쓰는 것이 곧 산문이 된다. 평론, 소설, 수필, 역사, 신문 기사 들은 현대 산문의 주요한 자리를 차지한다.

먼 곳에 있는 사람에게 자기의 의사를 말로 표시하지 못할 때 글로 써서 전하는 것이다. 산문은 자기의 의사를 글로 써서 충실히 표현하면 그만이다.

말을 차근차근 조리 있게 해야만 내 뜻을 남에게 잘 전하듯이 글도 차근하게 질서 있게 사실대로 써 놓은 글을 좋은 산문이라 할 것이다.

소설 중에도 「춘향전」은 산문이라 볼 수 없다.

> 춘향의 집 당도하니, 월색은 영롱하고
> 송죽은 은은한데, 취병 같은 난간 하에
> 백두루미 당거위요, 거울 같은 연못 속에
> 대접 같은 금붕어와, 들쭉 측백 잣나무요,
> 포도 다래 으름 넌출 휘휘칭칭 얼크러져,
> 청풍이 불 때마다 흔들흔들 춤을 춘다.

이 문체로 본다면 사사四四조 노래에 속하므로 산문이라 이를 수 없다.

춘향전은 본래 광대가 창唱으로 불러서 전해진 것이므로 입으로 부르는 그대로 적은 것이기 때문에 자연히 노랫조로 되어진 것이다.

> 딸 정림아, 나는 간다. 어딘지 모르는 곳으로 나는 간다. 나는 조선을 버리고 내가 지금까지를 위해서 살고 속에서 살고 더불어 살던 모든 것을 떠나서 나는 지향없이 간다. 내 딸아, 나는 네 일기를 보았다. 네가 나를 얼마나 사모해 주는지 잘 알았다. 그리고 아까 네가 울면서 내 가슴에 안기던 것을 내가 안다. 그러나 정림아, 나는 네 사모함을 받을 수 없는 사람이다.

이것은 춘원 이광수의 「유정有情」의 일절이다. 정림이에게 대하여 자기의 의사를 잘 표현하였다고 볼 수 있는 것이다.

산문은 묘사描寫를 잘 해야 한다. 글을 그림 그리듯 써서, 읽는 사람으로 당장 그 정경을 보듯이 차근하게 그려야 한다.

> 시흥 벌판을 넘어 서니, 북으로 푸른 하늘 아래 삼각 연봉三角連峰이 흰 구름 사이에 솟구쳐 영기靈氣를 뿜어 나타낸다. 가슴이 출렁하고 물결친다. 오, 삼각산! 얼마나 그립던 삼각산이냐? 일월 삼일에 황황히 남으로 간 뒤에 반 년이 넘어서 바라보는 삼각산, 문뜩문뜩 꿈속에도 나타나던 이 삼각산, 마치 밖에서 난봉 치던 자식이 오래간만에 고향에 돌아와 부모를 만나 뵈옵는 듯한 심경 속으로 빠져진다.
>
> 눈물이 핑그르 돈다. 구름 사이에 솟구친 삼각산은 팔을 벌려 나를 껴안아 주려는 듯하다.
>
> 산도 울고 나도 울었다. 석 달 동안을 적비賊匪는 또다시 서울을 짓밟았다. 그러나 삼각의 헌걸차신 모습은 예와 다름없이 무양無恙하셨다.
>
> 북악北岳이 보인다. 삼각이 펼쳐진 연봉 치맛자락 앞에 북악이 나타난다. 역시 묵중하게 천 년 침묵을 지켜 이 수도首都를 눌러 주는 진산鎭山 북악이다.

이것은 나의 「난중초亂中抄」 중의 삼각산의 일절이다. 난리를 겪은 뒤에 처음으로 북으로 올라오면서 반가운 삼각산을 바라보는 나의 심정을 다른 이한테 전해 준 글이다. 읽는 이 눈앞에 내가 바라보는 삼각산의 정경이 그대로 산뜻하게 옮겨져야 하는 것이다. 이것이 산문을 쓰는 데 중요한 점이다.

---

박종화朴鐘和: 호는 월탄月灘. 소설가. 서울 출생. [4234~ ]. 저서에 시집 "/흑방비곡黑房秘曲"/, "/청자부青磁賦/", 장편 "금삼錦衫의 피", "대춘부待春賦", "임진왜란", 수필집 "/청태집青苔集/" 들이 있음.

# 3. 문체文體에 대하여

박목월朴木月

## ㄱ. 문체의 생성生成

문체는 문장의 모습, 리듬, 풍격風格이다. 문장이란, 단어單語들의 집성集成으로써만 이루어짐이 아니다. 그 문장을 구성構成시키는 어군語群을 취사取捨, 선택選擇, 배합配合과 통솔統率하는 힘, 그것으로 말미암아 문장에 풍채風采가 서고, 박자拍子가 정돈되어 비로소 통일이 서는 문장이 되는 것이다. 문장의 형식形式이란, 이 문체를 말하는 것이나, 프랑스의 문학자 페터어가 "문체는 곧 그 사람이다" 했을 만큼, 문체야말로 작자의 온갖 것–기질氣質, 교양敎養, 환경環境, 체험體驗들, 그 생명에서 우러나는–의 조화調和로 빚어지는 생명의 율조律調다. 문체의 생성生成은 여러 가지 원인에서 이루어진다.

① 한 나라로서의 특유한 조건에서.

한 나라로서의 문장은 그 나라 특유의 언어와 국민성에서 이룩된다. 이것을 국풍國風이라 해도 좋다.

한글 문체, 한문 문체, 양문洋文 문체 들이 이런 뜻에서 나눈 명칭이다.

② 시대에 따라서.

동일한 언어라도 그 시대의 영향影響 아래서 특수特殊한 풍격風格을 가진다.

③ 동일한 나라, 동일한 시대라도 종류의 차이에서 다르다.

서한書翰체, 소설체, 가요체, 서사敍事체, 혹은 실용 문체, 과학 문체 들들 그 종류에 따라 스스로 문장의 용자容姿를 달리한다.

④ 동일한 언어, 시대, 종류들 일체가 같은 조건 아래서도 문체를 이룩하는 최후의 거점據點은 작자의 개성個性에서 빚어진다. 그 작자의, 성품의 완급緩急, 교양의 심천深淺 들에 의하여 독자적獨自的인 문체를 이루기 때문이다. "글은 그 사람"이란 뜻도 글의 형식적인 면에서, 문장이 지닌 이 독자성에 스민 작자의 성품을 말한 것이다.

자기自己를 살펴서 독자적 독창적인 문체를 완성하였을 때, 비로소 문장에서 일가一家를 이루는 것이다.

## ㄴ. 문체의 세론細論

① 간결체簡潔體

근소僅少한 어구語句로 요약要約, 압축해서 그 사상을 표현한다. 문식文飾은 미美보다 힘을 위해서다. 일구일어一句一語에 긴축緊縮한 힘이 있다.

> 온종일 흙바람이 불어 한창 후원에 살구꽃이 피고 하는 어느 봄날 어스름 때였다. 이상한 나그네가 대문 앞에 닿았다. 나이 오십가량이나 되어 보이는, 동저고릿 바람에 갓을 쓰고 그 위에 명주 수건으로 잘라맨,

체수가 조그마한 사내가 나귀 고삐를 잡고 서고, 나귀에는 열 대여섯쯤 되어 보이는 낯빛이 몹시 파리한 소녀 하나가 앉아 있었다.

"이 여아는 소인의 여식이옵는데, 화재畵材가 볼 만하와 영감의 문전을 찾았삽내다."

소녀는 흰옷을 입었고, 옷 빛보다 더 새하얀 얼굴엔 어딘지 깊은 슬픔이 서리어 있었다. 주인이 소녀에게 말을 건네되, 소녀의 자그만 입은 굳이 닫히어만 있었고, 아무런 대답도 없었다. 아비가 대신,

"여식은 귀가 머옵니다."

하였다. 주인은 잠자코 고개를 끄덕였다.

-김동리 씨 「무녀도」

문장이 짧고 간결하다. 말은 되씹지 않고 어휘語彙마다 또록또록 산 것 같다. 이런 압축미壓縮美는 간결체에서만 바랄 수 있다.

② 만연체蔓衍體

간결체와는 반대다. 그 사상思想을 충분히 전개시켜 온갖 말을 동원시킨다. 힘이 결缺한 것을 설명으로 보충한다. 구절이 길고 뜻이 중첩重疊된다.

우리들이 한 달에도 한 번 이상은 보통 경험하는 일이올씨다마는, 크나큰 거울, 그 으리으리한 거울 속에 희고 깨끗이 빨아 다린 넓은 보자기를 몸에 두르고, 목 위만 내어놓고 있는 자기의 얼굴을 잘났건 못났건 한참만에 물끄러미 바라보면서—여러분 이것이야말로 참말 망중한忙中閑의 유유悠悠한 풍경이 아니고 무엇이겠소? 그래서 잘났으면 잘난 대로 못났으면 못난 대로 자기의 얼굴을 바라보면서, 가벼운 가위질은 귀 바로 곁에서 듣기에도 상쾌한 소리를 내기 시작하고, 이발사理髮師의 따뜻한 몇 개의 손가락은 두부頭部와 안면顔面의 이곳저곳을 부드럽

게 어루만져, 이 이상스러운, 또 생각하면 지극히 단순한 음악과 촉감觸感의 작용에 의하여, 우리들은 언제나 고요하고 유쾌한 졸음의 은근한 나라로 어느덧 끄을려 들어가게 되므로, 우리들은 자진해서 이발사의 고혹적蠱惑的인 지배에 완전히 순종하게 되는 것입니다.

–김진섭 씨 「이발사理髮師」

만연체는 가장 성盛히 쓰는 문체다. 간결체는 품위를 위주로 해서 반복 완미反覆玩味에 적합하나, 만연체는 일독 이해一讀理解해 버리기에 적합하다.

③ 강건체剛健體

장렬壯烈, 웅대雄大, 장중莊重, 강직剛直한 풍격風格을 나타낸다. 계류溪流가 암석巖石에 부딪쳐도 오히려 거센 분류奔流가 되듯 엄연儼然한 필세筆勢, 도도滔滔한 기풍氣風, 탄력 있는 표현의 문체다.

이상! 빛나고 귀중한 이상! 그것은 청춘의 누리는 바 특권이다. 그들은 순진한지라, 감동하기 쉽고, 그들은 점염點染이 적은지라, 죄악에 병들지 아니하였고, 그들은 앞이 긴지라, 착목着目하는 곳이 원대遠大하고, 그들은 피가 더운지라, 실현에 대한 자신自信과 용기가 있다. 그러므로 그들은 이상의 보배를 능히 품으며, 그들의 이상은 아름답고 소담스러운 열매가 맺어 우리 인생을 풍부하게 하는 것이다.

–민태완[2] 씨 「청춘 예찬」

④ 우유체優柔體

강건체의 반대다. 주제主題에 열중하지 않고 부드럽고 순하고 우아優雅

2 '민태원'의 오기.

한 문체다. 우미 완려優美婉麗한 여성적 아취雅趣를 갖는다. 온화하고 청초清楚하고 다정하다.

> 이달의 명절은 사월 초파일初八日입니다. 사월 초파일은 한 나라의 왕자로서, 호화로운 임금 자리를 버리고, 사람이란 무엇인가, 우주란 무엇인가 하는 골똘한 생각을 깨치려고, 마침내 깊은 달밤 왕궁을 벗어나 히말라야 산으로 가 버린 인도 땅 가비라성 실달다 왕자 – 뒤에 큰 성인이 된 석가모니 부처님이 탄생하신 날입니다.
>
> –조지훈 씨 「세시기歲時記」–

⑤ 건조체乾燥體

모든 미사 여귀美辭麗句를 물리치고 달의 위주達意爲主의 문장이다. 실용實用, 기사記事, 학문상 설명 들에 중히 쓰인다.

> 입춘은 그해 절기를 따라 일찍 들기도 하고 늦게 들기도 하는데 일찍 들 때는 원일 이전이 되고, 늦게 들 때는 원일 이후가 되나니 윤달이 있어 절기가 늦은 때는 원일 이후에 입춘이 들게도 된다. 그런데 입춘이 드는 날에는 반드시 왕궁에서 민가에 이르기까지 봄을 송축하는 뜻으로 대문짝과 기둥에 아름다운 글귀를 써서 붙이는 것이니, 이것을 입춘첩立春帖이라고 이른다.
>
> –문일평 씨 「정월 세시기正月歲時記」–

⑥ 화려체華麗體

건조체와 반대다. 구구절절句句節節이 현란絢爛한 미구美句와 화려한 수식修飾이 회화적繪畫的 색감色感, 음악적 운율韻律을 가진 문체다. 우리 초기 문단의 노춘성盧春城 씨의 문체가 모조리 화려체다. 그만큼 치기稚氣, 천속賤俗하다.

> 시몬!
>
> 영원히 들어 주실 길 없는 이야기가 작은 가슴에 이다지 차 있습니다. 저는 지난 토요일 P호반湖畔을 향해 왔습니다. 한 일 개월 쉬라는 허락도 있고 하여, 일주일 째 이 호반에서 잠시 삽니다.
>
> 백 여리 넘는 수면水面에 밤이면 창백한 별 무리들이 소복이 그 광채를 가져옵니다. 하늘과 땅이 온통 침침하고 물소리 없는 검은 밤이 이 호수의 신비한 풍경이라 합니다.
>
> -모윤숙 씨 「렌의 애가哀歌」-

---

박목월朴木月: 본명은 영종泳鍾. 시인. 경북 경주 출생. [4249~ ]. 저서에 동요집 "/초록별/", "/호랑나비/"와 시집 "/청록집/", "/문장강화/" 들이 있음.

# 4. 대상對象과 표현表現

최인욱崔仁旭

우리가 문장을 쓰는 데는 어떤 문장을 막론하고 대상이 없이는 표현도 있을 수 없다.

그러면 여기서 말하는 대상이란 무엇을 일컬음인가? 한마디로 말하면, 이 우주에 널려 있는 모든 사물事物과 모든 현상現象이다. 문장의 대상이 될 수 있는 것이며, 또한 그 모든 사물과 모든 현상이 제각기 모양도 다르고 빛깔도 달라서, 천차만별千差萬別이기도 하지만 이것을 크게 나누면, (1) 인물人物, (2) 자연自然, (3) 사건事件 이 세 가지로 분류해 볼 수 있다.

그러면 위에 든 대상들을 표현하는 데는 어떠한 과정過程을 거쳐야 하며, 또 어떠한 방법이 필요한가?

인물에는 인물대로의 특수한 표현 방법이 있을 수 있고, 자연에는 또 자연대로의 표현 방법도 있을 수 있겠지만, 여기서는 그러한 번거로움을 피하고 이것들을 통틀어서 그 요령을 다음 두 가지로 지적하고자 한다.

첫째, 대상의 특색을 파악把握할 것.

둘째, 대상을 사실답게 묘사描寫할 것.

문장을 쓰고자 하는 사람은 먼저 대상의 특색부터 파악해야 할 것이다.

우리가 조석朝夕으로 대하는 동급생의 얼굴은 한 번 봄으로써 곧 그가 누구인 것을 알 수 있지만, 낯선 외국인의 얼굴은 얼핏 볼 때 거의 다 비슷하게 보이기가 일쑤다. 각기 다른 사물이 비슷하게 보이는 정도로는 우리가 대상의 특색을 정확하게 파악했다고 할 수는 없다. 세상에는 한 덩이의 돌도 똑같은 것은 없다. 같은 날 같은 시간에 같은 모체母體에서 난 강아지도 자세히 보면 제각기 자기대로의 특색을 지니고 있다. 그러니까 우리가 이것을 똑똑히 알고자 할 때는, 한 포기의 풀, 한 마리의 새일지라도 무심히 보지 않고 정확하게 따져 보고 생각해 보는 습관習慣을 길러야 한다. 이러한 일은 우리가 문장을 쓰는 데 있어서 거치지 않으면 안 될 필연적必然的인 과정이다.

둘째는 우리가 아무리 대상을 정확하게 관찰하고 그 특색을 파악했을지라도, 그것을 글로써 표현하는 방법이나 기교技巧가 서툴면 좋은 문장을 이룰 수 없는 것이다.

가령 한 소녀의 모습을 표현하는 데 있어서,

"그 소녀는, 머리는 검고 얼굴은 희다."

고 하면, 이것은 한 개념槪念의 전달傳達에 그칠 뿐이요, 대상의 설명에 불과不過한 것이다. 이러한 표현으로서는 그가 소녀란 것만은 알 수 있지만, 그 소녀의 특색은 알아볼 수 없지 않은가? 그러니까 한 말로 검다 하지만, 검은 것도 정도의 차가 있고, 흰 것도 흴 나름이다. 검으면 어떻게 검으며, 희면 어떻게 흰가를 자기가 관찰하고 느낀 대로 독자에게도 보여 주고 느끼게 해야만, 비로소 그 대상을 옳게 표현한 문장이라 할 수 있다.

또한 자기가 표현ㅎ고자 하는 대상이 인물일 경우에는 다른 자연현상보다도 더욱 그 표현이 어려움을 알아야 한다. 인물은 돌이나 나무처럼 일정한 장소에 정지停止해 있는 것이 아니고, 자꾸만 활동을 하기 때문이다. 그 소녀는 머리는 검고 얼굴은 희다고 하면 이것은 정확한 묘사라기보다 형태形態의 설명에 가까운 편이다. 형태의 설명만으로는 실감實感이 나지 않는다.

"소녀는 반드르르하게 윤이 나는 검은 머리를 갸웃거리며, 고양이의 재롱을 엿보다가 하얀 두 볼에 빵긋 웃음을 지었다."

이런 식으로 생동生動하는 모습을 그 모습대로 묘사해 놓아야 한다. 묘사는 대상의 표현에 있어서 가장 어렵기도 하려니와, 또 그만큼 의의意義도 있는 것이다.

---

최인욱崔仁旭: 경남 합천 출생. 소설가. [4243~ ]. 1939년에 "산신령", "월하취적도月下吹笛圖"를 가지고 문단에 등장, 해방 전 작품으로서 "멧돼지와 목단" 등이 있고 해방 후의 것으로 "개나리", "두 상인의 기록", "동자상", "속불" 등이 있음.

# 5. 문장과 추고推敲

변영로卞榮魯

문장은 단번에 잘 쓸 수는 없다. 썼다가 지우고 다시 쓰고 여러 번 수정修正하는 데서 좋은 문장을 써낼 수 있다.

문장을 쓰는 데 있어서 말 하나 글자 하나 고르고 바꿔 놓고 하는 일은 마치 집을 지을 때에 거기에 알맞은 주춧돌과 재목을 고르고 바꾸고 하는 것처럼 세심細心한 주의가 필요하다. 그만큼 문장은 추고推敲를 해야 하는 것이다.

나는 여기서 문장을 쓰는 데에 어떻게 추고를 해 가는 것이냐 하는 설명을 직접 하기보다, 과거에 유명한 작가들이 문장을 쓰는 데에, 다시 말하자면 좋은 문장을 만들기 위해서 말과 글자를 고르는 데에 얼마나 엄격嚴格했나 하는 이야기를 몇 가지 말하고자 한다.

말과 글자에 가장 엄격했던 사람은 근대의 유명한 프랑스 소설가 플로베르(Flaubert)[3]다. 모파상[4]이 플로베르의 문하門下에서 소설 공부를 한 이야기는 유명하다. 10년을 두고 문학 공부를 하는 동안 몇 번이나 소설

3 플로베르(Flaubert, Gustave); [1821–80]. 프랑스의 소설가.

4 모파상(Maupassant, Guy de); [1850–93]. 프랑스의 소설가. 그의 작품으로 "여자의 일생" 등 유명한 것이 많음.

을 써 가도 그때마다 퇴짜를 맞았다. 아직 문장이 되지 않았다는 것이다. 그러다가 겨우 "Boule de Suif"(기름덩지)라는 작품에서야 인정을 받았다.

플로베르가 모파상에게 문장을 가르칠 때에 한 말은 "돌 하나 나무 하나를 그릴 때에도 그것들이 있는 그 모양대로 그려라" 하는 것이었다. 그리고 플로베르는 말하였다.

"우리들이 표현하려는 것이 어떤 것이든 간에 거기에는 그것을 표현하는 오직 하나의 말, 그것에 운동을 주는 오직 하나의 동사, 그것에 성질을 표현하는 오직 하나의 형용사가 있을 따름이다.

우리들은 오직 하나밖에 없는 이 명사와 동사와 형용사를 발견할 때까지 그것들을 찾아봐야 한다. 그리고 그런 말과 비슷한 것을 찾았다고 해서 만족해서는 안 된다. 또는 그렇게 하는 일이 어렵다고 해서 어름어름 넘겨서는 안 되는 것이다."

여기서 우리들은 플로베르가 말 하나 글자 하나를 가져다 쓰는 데에 얼마나 엄격하고, 또 고심苦心했나 하는 사실을 엿볼 수 있다. 그만큼 문장을 닦고 또 닦고 한 표징이다.

그래서 그는 그의 유명한 소설 "보봐리 부인"이나 "살랑보" 같은 작품을 쓸 때에 어떤 장면은 열 번, 스무 번을 다시 고쳐 썼다는 것이다.

플로베르처럼 하진 않았지만 노서아[러시아]의 문호 톨스토이[5]도 문장을 몇 번이고 수정한 사람으로 알려져 있다.

그는 다 알다시피 장편 소설을 많이 썼는데, 그중에서도 "안나 카레니나"나 "전쟁과 평화" 같은 것의 교정校正은 반드시 자기가 보았다. 또 교정마다 자꾸만 문장을 수정하고 새 말을 더 써 넣고 해서 인쇄 직공들이

---

5 톨스토이(Tolstoy, Lev Nikolayevich): [1825~1910] 노서아의 소설가. 작품으로 "부활", "전쟁과 평과", "안나 카레니나" 들이 있음

아주 머리를 앓았다는 것이다. 그래서 인쇄 직공들이 톨스토이를 별명을 지어서 "오거"(Ogre 사람 잡아 먹는 귀신)라고 불렀다고 한다. 그만큼 톨스토이도 문장을 퇴고하는 데 힘을 들였다는 증거가 되는 것이다.

일본에 오래 와 있으면서 대학에서 문학 강의를 한 영국의 시인 라프카디오 헌(Lafcadio)[6]이 항상 학생들에게 이른 말이 "너희들은 글을 썼을 때에 그 문장이 잘 되었다고 생각이 들더라도, 적어도 일 년 동안은 그것을 책상 서랍에 넣어두고, 때때로 끄집어내어 몇 번이고 읽고 고치고 한 뒤에 발표하는 것이 좋다."라고 했다.

이런 모든 사람들의 가르침은 모두가 문장은 추고를 해야 쓴다는 것이다. 바레리의 말처럼 퇴고를 하지 않은 문장은 북데기 같다. 그것이 좋은 문장이 되기 위해서는 북데기를 다 골라내 버리고, 알뜰한 곡식알만을 골라내야 한다는 것이다.

내가 보기엔 요즈음 문장을 쓰는 젊은 사람들은 너무 쉽게 문장을 쓰는 것 같다. 문장을 너무 소홀하게 생각하는 것 같다. 그러나 쉽게 할 수 있는 것은 옳은 것도 참된 것도 될 수 없다.

결국 문장이란 진리眞理의 표현인데, 그것을 쉽게 써서 될 수는 없는 것이다. 그 점에서 이상에서 내가 말한 작가들의 이야기는 문장을 공부하는 젊은 사람들에게 하나의 교훈이 될 만하다고 생각한다.

문장은 추고를 하면 할수록 그만큼 그 문장은 닦이고 좋아지는 것이다.

---

변영로卞榮魯: 호는 수주樹州. 시인. 서울 출생. 미국 산호세 대학 수업. [4230~ ].
저서에 시집 "/조선의 마음/", 수필집 "/수주 수상록/" 들이 있음

---

6 헌(Hearn, Lafcadio); [1850-1904]. 영국의 시인. 일본에 있으면서 오랫동안 동경 대학에서 영문학 강의를 하였음

참고

# 1. 문장 작법 여섯 가지

1. 수첩手帖과 연필을 항상 가지고 다닐 것이다. 언제 어디서라도 좋은 생각이나 재미있는 소재素材가 발견되었을 때는, 그 자리에서 수첩에 간단히 적어 두었다가, 조용할 때 그것을 재료로 하여 글을 지어 본다.
2. 종이를 대하여 붓을 들었을 때는 조금도 조급해 하지 말고, 두려워하지 말며, 태연히 써 내려 간다. 처음에는 대담하게 시작하고 끝맺을 때 세심細心히 한다.
3. 처음 공부할 때는 스케치 글에서 시작하는 것이 좋다. 추상적인 글, 이론적인 글은 문장의 훈련이 쌓아졌을 때 제대로 된다.
4. 잘된 글을 많이 읽고, 그것을 배워서 쓰도록 하자. 세상에서 좋은 글이라 하는 것도 되풀이해서 읽고 읽고 하면, 결점이 발견되기도 한다. 그런 것을 찾아낼 수 있으면, 그것은 곧 나의 공부가 되는 것이다.
5. 자기의 감각, 감정, 사상을 닦아서 글로 나타내었을 때, 읽는 사람에게 무엇이든 커다란 감동을 주어야 한다.
6. 항상 민감敏感하고 남보다 앞서가려는 마음의 준비를 가지고, 자기의 글에 자신自信을 부어 넣도록 하자.

# 2. 원고 쓰는 법

자기의 글이 인쇄되어 나온 것을 보면, 원고 때의 글보다 훨씬 나아 보일 뿐 아니라, 갑자기 자기가 훌륭해진 것처럼 느껴지기도 하는 것이다.

그러나 인쇄된 글에서 그 글의 정말 잘못된 점을 발견하게 될 때는 후회後悔가 대단해진다. 그러므로 우리는 그 인쇄가 되기 전 원고를 쓸 때에 세심細心한 주의가 필요하다.

이제 원고 쓰는 데 필요한 사항을 몇 가지 들어 보기로 한다.

① 원고는 반드시 원고 용지에 쓰기로 되어 있다. 초고草稿는 아무 종이에 써도 무방하지마는, 인쇄에 돌릴 원고는 원고 용지에 써서, 그 분량을 정확히 알아야 되므로, 원고 용지 한 칸 한 칸에 또박또박 써 넣어야 한다.

②원고의 글씨는 원고 용지의 글자 간에 알맞은 크기로 쓸 것이요, 너무 크든지 너무 잘든지 하면 인쇄 직공의 눈을 피로하게 하여 오자誤字를 내게 하는 원인이 된다. 글자는 흘려 쓰지 말 것이며, 특히 숫자數字나 고유명사 들은 누가 보아도 분명히 알아보도록 써야 한다.

③ 띄어쓰기를 똑똑히 하여, 띄는 데마다 한 자의 간격을 두며, ‘,’, ‘.’, ‘“’, ‘”’은 모두 한 자로 계산하여 쓴다.

④ 한 구절의 처음 시작은 원고지에서 한 자 비우고 쓰기 시작하며, 구절이 끝난 때에는 그 아래를 여백餘白으로 둔다.

⑤ 한 줄에서 띄어쓰기에 있어 맨 끝 칸에서 끝날 때에는, 다음 줄에서

한 자 띄지 말고 앞 줄 끝에 ⌄표를 두어 띈다는 표로 삼을 것이다. 또 띄어 쓸 데를 붙여 썼을 때는 띌 자리에 ⌄표를 쳐서 표시해야 한다.

⑥ 쓰다 잘못되어 지울 때에는 지울 글자와 그렇지 않은 글자를 명백히 알 수 있게 하며, 여러 줄을 지워서 앞과 뒤의 연결이 분명ㅎ지 않을 때는 선을 그어서 연결의 표를 하는 것이 좋다.

⑦ 끼워 넣을 말이 있든지 앞뒤를 바꿀 필요가 있을 때는 ^표와 ∽표들로 또렷이 표시한다.

⑧ 다 된 원고는 반드시 되읽어 보고 틀린 데가 없음을 따져 본 뒤에 내 놓을 것이다.

⑨ 원고지에는 반드시 일정한 곳에 1. 2. 3. 4 ···의 차례를 매기고 그 차례가 틀림없음을 따져 보아야 한다.

⑩ 다 된 원고는 흩어지지 않게 한데 꿰매어서 인쇄소에 넘길 것이다.

⑪ 원고 끝장에는 "끝"이란 표를 하는 것이 좋다. 그리고 만일 차례 매긴 숫자가 잘못 거듭되었거나 잘못 빠졌거나 했을 때는 거듭됐다는 표시, 또는 빠졌다는 표시를 반드시 해야 한다.

# II. 자연과 인생을 노래함〈詩歌〉

1. 시詩 짓는 법
2. 시는 어디 있는가?
3. 시 감상詩鑑賞
4. 임의 침묵沈黙
5. 모란이 피기까지는
6. 해의 품으로
7. 비망록備忘錄
8. 쿨 호湖의 백조白鳥들
9. 바닷가에

시詩란 무엇인가?

영국의 유명한 시인 워즈워드(Wordsworth)의 말에 "절박切迫한 감정의 자연적인 발로發露"라고 한 것이 있다. 시의 중요한 특질特質을 잘 설명한 말이다.

시는 넓은 뜻에서 보면 자연과 인생에 대하여 느낀 바를 노래한 것이지만, 그러나 이 느낌이란 결코 평범한 것이 아니고 절박한 감정이어야 한다. 말하자면 우리가 자연을 바라보고 일생을 살아가는 가운데서, 그 어떤 순간에, 우리의 감격이 절정絶頂에 이른 한 토막을 붙들어서 그것을 영원永遠한 것으로 만든 것이 시이다. 그런 만큼 시는 자연과 인생의 엑스[1]를 뽑아내어 그 생명을 삼은 것이다. 젊은 시절에는 누구나 한 번씩 시를 써 본다. 그러나 시는 써 보기는 쉬우나 완성完成은 어려운 것이다. 특히 현대시는 복잡한 체험體驗의 표현이 되기 때문에 더욱 어렵다.

우선 시의 공부를 치밀하게 할 일이다. 여기에 시 짓는 법과 감상하는 법으로 장만영, 김용호, 주요한 세 분의 글을 소개하며, 작품으로서 국내 국외의 좋은 시 몇 편을 들었다.

시에 대한 이름과 작품을 서로 대조해 보면서 음미하는 가운데서 시의 깊은 뜻을 알고 또 스스로 지을 수 있을 것이다.

---

1 '엑기스' 오기.

# 1. 시詩 짓는 법

장만영張萬榮

## [1] 좋은 시를 많이 읽자

독자는 먼저 이미 많은 시인들의 시와, 또 거기 대한 감상을 읽었을 줄로 안다. 그리하여 반드시 자기 마음에 드는 시를 발견했으리라고 믿는다.

나는 독자에게 "우선 그 시를 욀 수 있도록 읽고 또 읽으라"고 말하고 싶다. 왼 다음에 가서는, 그 시를 쓴 시인의 모든 작품을 구하여 그것들을 또 같은 방법으로 실천하는 것이 좋을 줄로 생각한다. 말하자면 자기의 비위에 맞는 어떤 한 시인을 찾아내어, 그 한 시인의 시의 세계를 파고 뚫고 들어가라는 것이다. 그렇게 함으로써 시가 무엇이며, 시란 어떻게 표현되는 것임을 손쉽게 알게 될 것이요, 나아가서는 시가 지닌 높은 정신에까지 도달하게 될 것이다.

시란 수학과 같이 하나에다가 둘을 합하면 셋이 되는, 그런 공식적인 것이 아니다. 쇠고기 맛이 어떠냐고 물을 때에, 쇠고기 맛이란 이런 것이라고 대답할 수 있는 사람은 이 세상에 아마 하나도 없을 줄로 안다. 뻔히 알면서도 이렇소 하고 대답하지 못하는 것이 쇠고기 맛이다. 시도 마찬가지이다. 그런지라, 나는 시가 무엇이며, 시란 어떻게 해서 쓸 수 있는가를 알려 하기 전에 먼저 많은 시, 특히 좋은 시들을 암송暗誦할 정도로 읽으라고 거듭 권한다.

## [2] 자기 완성에 힘쓰자

시를 쓰기 위해서는 많은 노력이 필요하다. 시를 공부한다고 시만을 읽는 것은 어리석은 일이다. 동서고금東西古今의 좋은 모든 문예 작품은 말할 나위도 없이, 여러 가지 방면에 대한 책을 읽어야 한다. 그림을 볼 줄 알아야 하며, 음악을 들을 줄도 알아야 한다. 좀 더 단적으로 말을 하면, 무엇보다 한 사람으로서의 인격과 교양을 갖춰야 한다. 부끄럽지 않을 정도의 인품을 완성시키기란 쉬운 일이 아니다. 그러나 어려운 일이라고 단념할 수는 없는 노릇이다. 참된 시의 탐구란 처음부터 무겁고 괴로운 운명을 질 각오 밑에서만 이룰 수 있다.

가을밤 하늘에 떠 있는 밝은 달을 보고 아무런 감흥도 느끼지 못하는 사람이란 처음부터 얘기가 되지 않는다. 예쁜 꽃을 보고도 그 냄새를 탐낼 줄 모르는, 이런 예외의 사람을 가지고 말할 것은 더욱 아니다. 인생의 희로애락喜怒哀樂은 누구나 다 느낄 수 있는 것인즉, 이만한 정서情緖와 감정만 있다면 그다음은 앞에서 말함과 같이 오직 노력만이 남을 따름이다. 작품의 우열優劣은 별 문제로, 우선 시를 쓸 수 있음은 자기 완성에의 노력 여하에 달렸다고 본다.

왜 자기 완성에의 노력이 필요한가? 모든 시는 그 작가作家의 올바른 마음의 표현이기 때문이다. 좋은 사람이라면 좋은 시를 쓸 것이요, 나쁜 사람이라면 나쁜 시를 쓸 것이다. 무서울 만큼 이것은 진리이다. 그리고 진리는 영원한 것이기에 아무런 흐림이 없이 좋은 작품에 그대로 빛어 나오는 법이다.

## [3] 어린이 같은 마음을 갖자

어린이 같은 아름다운 마음으로 항상 느끼고 생각하는 것이 필요하다. 어린이란 언제나 거짓이 없고 순진한 것이니, 그런 동심童心으로 대하는 세계란 비길 데 없이 아름답게 보일 것이다.

바위틈으로 흐르는 샘물 같은, 조금도 흐리지 않은 맑은 마음만이 시를 낳는다. 그렇게 해서 나온 시는, 언제나 그와 똑같은 마음을 전하는 법이다. 이것은 중요한 일이다.

엄마, 나비 봐! 장다리꽃이 노랗게 핀 들밭으로 날아드는 한 마리의 나비를 보고도 어린이는 찬탄讚嘆의 말을 던진다. 극히 짧은 이 한 마디의 말은 짧은 대로 하나의 시이다. 왜냐하면 그는 벌써 자연을 올바르게 받아들이고 있기 때문이다. 시를 이미 체득體得한 커다란 감동을 갖고 있기 때문이다.

모든 찬탄이란 언제나 아름다운 것, 신기로운 것, 새로운 것, 그리고 최선最善의 것을 향하여 외치는 마음의 진실한 소리이다. 우리는 자연과 인생을 볼 때, 어린이가 찬탄의 소리를 입 밖에 내듯이, 놀라운 눈을 뜨고 그것을 봐야 한다. 그리고 깊이깊이 생각해야 한다.

## [4] 실제로 시를 씀에 있어서의 삼 요소三要素

남의 좋은 작품을 많이 읽어야 하는 한편으로, 우리는 많은 시를 봐야 한다. 그때그때의 자기 마음 위에 나타났다가 사라지는 그림자 같은 심상心象을 꽉 잡아, 그것을 시로 자꾸 써내야 한다. 어떻게 써야 하는가를 걱정할 것은 없다. 마음 내키는 대로 그대로 심장의 고동을 종이 위에 쓰면 된다. 그러는 동안에는 막히는 때도 있을 것이지만, 그러나 그런 것에 신경을 쓸 필요는 조금도 없다.

그야, 시가 예술일진대, 표현에 있어서의 기술 같은 것도 중요하다. 그러나 시를 처음으로 쓰려는 초보자에겐 그런 것은 맨 나중의 일이다. 무엇보다 보고 느끼며, 그리고 그 보고 느낀 것을 시로 써내도록 해야 한다. 시가 잘 되고 안 되고를 깊이 생각하지 않아도 좋다. 싫증이 나도록 그저 자꾸 써내야 한다.

그다음 종잇장 위에 써 놓은 시를 소리 내어 읽어 보라고 권하고 싶다. 소리 내어 읽으면 어딘가 귀에 거슬리는 데가 있으며, 입에 걸리는 데가 있으리라. 시냇물이 흐르듯이 거침없이 내려가지 못하는 데를 가끔 발견하리라. 그런 때엔 거기를 다시 고치도록 할 것이다.

그리하여 맘에 들 때까지 수정을 가해 가는 동안에는, 작자의 맘에 드는 시가 되어 나올 것이다. 위에 말한 것을 다시 말해 보면, 첫째, 자꾸 써 볼 것. 둘째, 쓴 것을 소리내어 읽을 것. 셋째, 불만스런 곳을 고쳐 쓸 것- 이렇게 된다.

종이를 너무 더럽히지 말고, 더러워졌을 때엔 새 종이로 바꾸어 청서해 보는, 그만 정도의 열이 있어야 한다. 그리고 제가 쓴 작품을 누구에게 보이든, 읽어 들려주든 하는 것도 시를 잘 쓰기 위한 노력이요, 정성이라고 생각한다.

옛날 두보杜甫[2]라는 시인은 시를 써서 그의 집에 있는 늙은 할멈에게 들려주곤 했다고 한다. 아무것도 모르는 할멈이었으나, 두보가 시를 읽어 들려주면, 어떤 때는 빙긋이 웃고, 또 어떤 때는 눈물을 쭈루루 흘리며 슬퍼했다고 한다. 이것은 시가 지닌 그 마음이 노파의 마음속으로 그대로 스며들었기 때문이다. 무심한 젖먹이가 어째서 어머니의 콧노래나 자장가 소리를 듣고 쉽게 잠드는가를 생각해 보면, 위에서 내가 말한 것을 이해하기에 곤란을 느끼지 않을 줄로 안다.

만일 잘 아는 선배나, 또는 자기를 이해할 수 있는 그런 이가 있을 때에, 그런 이에게 자기의 시를 보여 주는 것이 가장 효과적임은 더 말할 나위가 없다.

## [5] 하나의 시가 되기까지

시가 되어 어지간히 맘에 들지라도 그것을 발표할 조바심을 일으키지 말고, 오래도록 간직해 둠이 좋다. 나는 어떤 상想을 얻어 그것을 표현하고 나서는, 줄창 눈에 띄지 않는 데다가 그 원고를 감춰두곤 했다. 그러나 며칠 동안은 자꾸 끄집어내어 다시 읽어보고 싶은 충동을 느끼는 것이었다. 보고 싶은 이를 가 보지 못하는 것 같은 심정을 억누르고 참기란 어지간히 괴로운 일이다. 잊혀지지는 않고…… 꺼내 봐야 별다른 것이 없는 것이지만, 웬일인지 자꾸 꺼내 보고 싶어진다. 그러나 이 보고 싶은 것을

2 두보杜甫: 중국 당唐의 시인. 자字는 자미子美. 이백李白과 함께 유명한 시인. [서기 712~770]

참고 견디어야 한다.

이렇게 마음에 이는 궁금증 같은 것을 지니고 사는 동안에는, 아주 내 머릿속에서 잊게 될 때가 온다. 그동안이 일주일, 또는 보름 걸린다. 때로는 한 달 가는 수도 있다.

아주 하나의 작품을 머릿속에서 잊고 있다가 문득 생각나는 때 꺼내 보면, 제 작품이면서도 제 것 같지 않은 그런 인상을 주는 것이 예사다. 그리고 많은 불만감을 느끼게 된다. 그러면 그 불만한 곳을 다시 손질하여 오래도록 둬 두곤 하는 것이다. 이렇게 하기를 수차 거듭하는 동안에는, 별로 손질하지 않아도 좋을 정도의 것이 된다.

이만큼 하나의 작품을 완성시킨다는 것은 힘이 들며, 또 오랜 시일을 요하는 일이다.

> 한 송이의 국화꽃을 피우기 위하여서
> 봄부터 소쩍새는
> 그렇게 울었나 보다.
>
> 한 송이의 국화꽃을 피우기 위하여서
> 천둥은 먼 구름 속에서
> 또 그렇게 울었나 보다.
>
> 그립고 아쉬움에 가슴 죄이던
> 먼 먼 젊음의 뒤안 길에서
> 인제는 돌아와 거울 앞에 선
> 내 누님같이 생긴 꽃이여.

노란 네 꽃잎이 피려고
간밤엔 무서리가 저리 내리고
내게는 잠이 오지 않았나 보다

–서정주 씨의 "국화 옆에서"

이건 서정주 씨의 유명한 "국화 옆에서"인데, 나는 이 시를 읽을 때마다 시를 쓰는 마음을 생각하게 된다. 한 송이의 국화가 피기까지엔 뻐꾸기도 울고, 천둥도 치고, 밤에는 무서리까지 오고, 국화를 가꾸는 이는 잠을 이루지 못했을지 모른다. 자연 현상의 가지가지 변화가 이렇게 있고 난 뒤에, 비로소 꽃 한 송이가 필 수 있거든, 하물며 시에 있어서랴? 한 편의 시를 낳기란 고통 중에도 가장 고통스러운 일임을 알아야 한다.

하나의 생명이 나오기까지는 삼백 날이 걸려야 하며, 그것을 낳을 때의 고통이란 대단한 것이다. 달이 찬 뒤에 나오는 것이라는 이 진리는 하나의 생명이나 시나 절대적이다.

---

장만영張萬榮: 시인, 황해도 연백延白 출생. [4247~ ]. 저서에 시집 "/양羊/", "/유년송/" 들이 있음.

# 2. 시는 어디 있는가?
## -시와 시 정신-

김용호金容浩

### 1

시는 어떤 것인가?

흔히들 이런 질문을 하는 분이 많습니다. 그러나 따지고 보면, 인생은 어떤 것인가?라는 질문을 만일 누구에게서 당신이 받았다고 한다면, 당신은 곧 인생이란 이러이러한 것이니라고 쉽사리 대답할 수 있겠습니까? 아마 그렇지는 못하리라고 생각합니다.

시란 바로 인생의 길이라고 나는 생각합니다. 가장 높은 인생의 이상이 압축壓縮되고 응결凝結된 형태로서 나타난 것이 바로 시라고, 진정한 의미에 있어서의 시인들은 자부自負하고 있으며, 또한 자부하여 왔습니다. 그것은 틀림없다고 나는 믿습니다.

그러기 때문에 시는 스스로가 사색思索하는 세계요, 염원念願하는 세계요, 향수鄕愁하는 세계입니다.

시가 어떤 것인가를 알려면, 먼저 무엇보다도 당신은 인생을 알아야 하는 것입니다. 이것을 모르고선 시가 있을 수 없습니다.

당신이 인생을 안 그만큼 당신의 가슴에는 그만한 시의 배종胚種이 있을 것임에 틀림없습니다.

그럼에도 불구하고 당신은 그것을 자각自覺하고 있지 않는 것이 아닙니까? 또는 그러한 염원하는 인생의 길에 색다른 커튼(curtain)을 드리우고, 자기 아닌 자기를 가장假裝하지 않을 수 없는 현실에의 관심이 보다 더 큰 것이 아닙니까?

그렇다고 한다면, 아마 당신은 당신 자신을 발견할 수 없는 마음의 장님일 것입니다. 스스로 못 보는 곳에, 다시 말하면, 당신이 걸어가야만 하는 그 인생의 길을 볼 수 없다고 한다면, 그것은 바로 시를 볼 수 없다는 의미가 된다고 생각합니다.

"시는 모르겠다…"고들 합니다. 옳습니다. 시를 모른다는 것은 그만큼 당신의 마음의 눈이 어둡다는 것을 단적端的으로 표시하는 증거입니다. 진정 당신이 인생에 대한 진지眞摯와 성실誠實과 존경과 애정이 있다고 한다면, 당신의 마음의 눈은 언제나 빛날 것입니다. 그곳에 당신이 염원念願하는 시가 있을 것임에 틀림없습니다.

이렇게 보면, 시는 어떤 것인가? 하는 것은 당신 스스로가 발견할 명제命題요, 또한 시를 모른다는 것은 당신에게 그만큼 부끄러운 일일 것입니다.

## 2

이런 말이 있습니다.

"장래에 있어서는 고리대금업자 될 그런 악착같은 인간도, 이십대엔

시를 써 보고, 또는 쓰려고 한다."고

어째서 이십대엔 모두들 시를 쓰려고 하는지요? 이십대 하면, 바꾸어 말해 청춘이라고 합니다. 계절적으로 비유한다면, 아마 오월일 것입니다.

오월 — 하면 봄이 한창 익을 때입니다. 그야말로 자연은 희망과 환희의 절정絶頂에 있습니다. 마찬가지로 아마 이십대는 우리들 인생에게 있어 가장 알뜰한 봄의 계절이 아닐 수 없습니다. 메이(May) 하면 물론 오월을 말하는 것입니다마는, 그것이 시어詩語로서는 청춘을 의미하고 있다는 것을 동양이나 서양이나 인생을 생각하는 각도角度는 별다름이 없다고 할 것입니다.

이러한 인생의 봄의 계절에 있어서 모두들 시를 쓰고, 또는 써 보고 싶다는 의욕意慾을 가지는 것은 무엇 때문이겠습니까?

돌이켜 생각해 보아, 만일 이십대에 있어서 아무런 희망이나 이상이나, 또는 청춘다운 인생의 좋은 야심이 없다고 한다면, 아마 그 사람은 비록 육체 연령은 젊다고 하더라도, 그의 정신 연령은 이미 황혼을 넘어선 사람과 마찬가지겠지요. 이런 사람은 물론 문제 밖입니다.

희망과 이상은 청춘이 가지는 특권이요 자랑입니다. 이때에 있어서 당신이 "시"에의 관심을 가진다는 것은, 당신이 인생을 보다 아름답게, 보다 깨끗하게, 보다 높게 살려는 증좌證左가 아니고 무엇이겠습니까?

확실히 당신의 "마음의 눈"이 활짝 열려져 있는 것입니다. 그럼으로써 당신은 시를 써 보고, 또한 쓰려는 것입니다.

이것을 바꾸어 말하면, 당신은 "시 정신"을 가지고 있는 것입니다.

시 정신 – 하면 무슨 큰 어려운 것인 듯 생각할는지 모르겠습니다마는, 결코 그렇지 않습니다.

당신은 당신 자신을 인생의 길 위에서 어떠한 위치에 두려고 하십니까?

시 정신은 바로 인생의 예지叡智입니다. 그리고 지표指標요, 염원念願입니다. 또한 이상이기도 합니다. 진실로 당신이 이러한 끊임없는 인생에의 성실誠實이 지속持續된다고 한다면, 그것은 바로 당신이 얼마나 인생을 아름답게, 깨끗하게, 높게 살고, 또한 살려고 하는지를 알 수 있는 바로미터(barometer)가 될 것입니다.

이럼에도 불구하고 이십대엔 누구나 한 번은 겪는 그러한 인생의 고도高度한 염원을, 삼십이나 사십대에 가서 버리는 것은 무엇 때문이겠습니까? 그것은 시 정신을 상실喪失한 때문입니다. 다시 말하면, "청춘"이라는 인생의 특권과 자랑을 스스로 포기抛棄한 것이요, 또한 스스로가 스스로를 올바른 인생의 권외圈外에 일탈逸脫시킨 결과라고 할 것입니다.

이미 청춘을 —희망과 이상—을 잃어버린 사람에게는 시 정신이 있을 수 없으며, 따라서 그 사람에게 시가 있을 수 없는 것입니다.

## 3

이렇게 보아 오면, 시란 나의 조그만 경험에 비추어 보아, "생명의 절규絶叫"가 아닐 수 없습니다. 그리고 시인이란 진정한 의미에 있어서, 언제나 청춘을 간직하고, 언제나 인생에 대하여 희망과 이상을 그리고, 아름답게, 깨끗하게, 높게 살려고 염원念願하고 있는 사람이라고 보아 무방無妨할 것입니다.

천만 년을 두고 아우성치는 바다 물결처럼, 시인은 인생을 끝내 포기할 수 없는 것입니다. 그것이 고도적高度的이면 고도적일수록, 그의 생명의 절규絶叫는 비통悲痛할 정도입니다.

시가 기술 이전에 있어서 근본적으로 이러한 굳건한 인생의 길을 바탕으로 하여 있기 때문에, 이미 완전히 시 정신을 상실喪失한 -마음의 눈을 감아 버린- 사람들에게는 알 수 없는 것이요, 쓰려야 쓸 수 없는 것입니다.

가만히 생각해 보십시오. 시를 아마 당신은 딴 것과 마찬가지로, "잉크와 펜과 종이"로 쓰여진 한 개의 글로 볼 것입니다. 그러나, 진정한 시인은 결코 이러한 것으로 시를 창조하는 것은 아닙니다. 아니, 할 수 없는 것입니다.

진실로 그 시인은 스스로의 "피와 뼈와 살"로써 시를 쓰는 것입니다. 아니 쓰지 않을 수 없는 것입니다.

우리들이 시를 그 시인의 "생명의 절규絶叫"로서 이루어진 "분신分身"이라고 하는 것은, 실로 이러한 곳에 그 의의가 있는 것입니다.

물론 우리들은 "시 정신"이 박약薄弱하고, 또는 없으면서도 이른바 "시"를 쓰는 사람을 보아 왔고, 또한 보고 있습니다.

뿌리 없는 나무가 얼마나 오래 가겠습니까? "기술"이 시가 아닐진대, 그 시는 생명체가 될 수 없는 것이요, 따라서 우리들은 그러한 시에서 아무런 공감共感도, 공명共鳴도 느끼지 못할 것입니다. 이것은 결코 이론으로 따질 게 아니라, 실제로 당신이 시에서 생명의 고동鼓動을 듣는 시와, 전연 듣지 못하는 시를 식별識別하는 지혜가 있다고 한다면, 곧 그 진위眞僞를 알 수 있게 될 것입니다.

"세상엔 진짜보다 가짜가 더 많다"라는 말이 있습니다. 아니, 가짜가 얼마나 진짜를 가장假裝하고 있는지 모릅니다. 그러나 결국 시사적詩史的으로 또는 곰곰 생각하여 보면, 육체 연령이 많아짐에 따라, 그들은 청춘을 -인생을, 희망을, 이상을- 스스로 포기하는 것입니다. 이것은 당연한 일입니다. 시 정신을 상실한 그들에게 어찌 시 –생명의 절규로서의– 가 있을 수 있겠습니까? 있다면 목수처럼 이른바, "시"를 다듬는 "기술가"로서 남게 되겠지요.

## 4

오늘날처럼 시 정신이 상실된 "인생의 계절"은 아마 없을 것입니다.

당신도, 나도, 그리고 모든 사람들도.

그리해서 그들은 도리어 그러한 것이 행복된 것인 줄 착각錯覺하고 있는 것입니다. 아니, 그것이 가장 옳은 "인생에의 길"이라고 뽐내기도 합니다. 그리하여 진정 "시"는 고갈枯渴하지 않을 수 없고, 따라서 시인은 이단자異端者로, 시 정신은 망각忘却되고 있는 것입니다.

오늘날처럼 시 정신이 상실된 "인생의 계절"은 아마 없을 것입니다.

당신도, 나도, 그리고 모든 사람들도 우선 시 정신을 갖기 위하여, "오월의 청춘"이 되어야 하겠습니다.

이 "오월의 청춘"을 회복하지 않고는 현실은 언제나 암담暗淡[3]할 것이요, 그늘진 진흙 바닥이 되지 않을 수 없을 것입니다.

모두들 "잃어버린 청춘"들입니다. 이래선 희망이 있을 수 없으며, 이상이 있을 수 없습니다. 있을 수 없다는 것은, 황혼의 사멸死滅을 의미하는 것입니다.

그러므로 무엇보다도 당신은 죽는 그날까지, 메이(May)를 간직해야 할 것입니다. 오월을, 청춘을 —.

---

3 '暗澹'의 오기.

곧잘 인용引用됩니다마는, 시성詩聖 괴터(Goethe)[4]가 임종臨終 무렵 "좀 더 빛을…" 하고 창문을 가리킨 그 빛은 아마 생각건대 영원히 청춘을 간직하려고, 또한 간직한 괴터의 마지막 염원이었음에 틀림없습니다.

사실 괴터는 일생을 청춘으로 끝마쳤습니다. 그러므로 그에게는 희망과 이상과 염원이 한결 두터워진 것입니다. 그리하여 그 생명의 절규絶叫가 오늘날까지 우리들의 가슴에 출렁거리고 있는 것입니다.

시는 어디 있는가? 바로 당신에게 있습니다. 그 올바른 세계를 지향指向하는 아름답고, 깨끗하고, 높은 당신의 가슴에 자리 잡고 있습니다. 그것을 보지 못하는 당신의 눈은 어찌 된 일입니까? 그 보옥寶玉을 보지 못하는 당신의 그 어두운 눈은?

---

김용호金容浩: 호는 야돈耶豚. 시인. 경남 마산馬山 출생. 일본 명치대학 문과 졸업. [4245~ ]. 저서에 시집 "/해마다 피는 꽃/", "/푸른 별/"과 "/시문학입문/" 들이 있음.

---

4 괴터(Goethe): 독일의 시인. 세계 삼대 시성詩聖의 하나. [1749-1832]. 대표작은 "파우스트".

# 3. 시 감상詩鑑賞

주요한朱耀翰

## 보슬비

황포黃浦에 보슬보슬
내리는 실비는
오늘도 한나절을
모래알만 울려 놓았소.

기다릴 때엔 안 오다가도
설운 날이면 보슬보슬.
만나지도 못하는 갈라진
그 사람의 눈물이랄까?

설운 날이면 보슬보슬.
어영도魚泳島 갈매기들
날개가 축진해서

떼를 지어 날아드오.

수로水路 삼백 리를
뱃길로 떠도는 몸이라.
남포南浦의 사공님
지금쯤은 어느 곳에서
보슬비에 눈물겨울꼬?

-김억 지음. "동광"에서

◇작자作者 — 안서岸曙 김억金億은 신시新詩 운동의 선구자先驅者의 한 사람으로, 시집詩集 "/해파리의 노래/"가 있고, 번역 시집 "/오뇌懊惱의 무도舞蹈/"에서 프랑스의 상징파象徵派 시인詩人을 우리말로 소개하였으며, 인도 시인 타고르(Tagore), 나이두(Naidu) 등도 소개하였고, 또 민요시집民謠詩集 "/봄노래/", "/금잔디/" 등이 있습니다.

◇대의大意 — 이 노래는 작자의 고향인 황포에 내리는 보슬비를 보면서, 집 없이 떠도는 뱃사공의 신세를 연상하여 하염없이 구슬픈 생각을 표현한 것이니, 한국 재래의 민요에 있는 가벼운 비곡悲曲에 유사類似합니다.

황포에 가느다란 비가 한나절을 보슬보슬 내려와서 바닷가의 모래알을 추겨 놓은 것이 설운 생각을 가진 작자의 눈에는 마치 모래알들이 슬피 울어서 눈물에 젖은 것 같습니다.

이 보슬비로 말하면 오라고 기다릴 때는 아니 오다가도, 하필 오늘같이 마음이 심란하고 슬픈 때에야 꼭 보슬보슬 내리는가 보오.

그 비를 보고 생각하니 문득 떠날 적에 한 번 만나서 작별도 못 하고 서로 떠나 다시 소식 없는 그이의 눈물이 비가 되어서 오지 않는가 하는 생각도 납니다.

설운 날이라야 오는 듯한 이 보슬비에 어영도에 있는 갈매기 떼들도 비에 날개가 젖어서 축진해 가지고 떼를 지어서 섬으로 날아드는 것이 같은 설움에 잠긴 듯하외다.

이렇게 비는 오는데 생각나는 것은 남포의 뱃사공들이외다. 바다 위에서 삼백 리나 되는 길을 오락가락하면서 살림하는데, 지금 이 비 오는 날은 어느 곳에서나 이 비를 맞으면서 고향 생각을 하고 눈물을 흘리고 있을는지! 비를 보니 그의 생각이 나고, 그의 생각이 나니 자연 슬픈 생각이 가득해집니다.

◇자구字句

실비: 가늘게 오는 비.

모래알만 울려: 모래가 비에 젖은 것이 눈물에 젖은 것처럼 생각된다는 말

축진해서: 물에 젖어 늘어진 모양.

◇감상鑑賞 — 이 노래는 다만 그 가벼운 감상주의感傷主義를 취할 것이외다. 바닷가에 보슬보슬 가는비가 오는 것을 혼자 앉아서 바라다볼 때는, 더구나 멀리 바다 밖에 나가 있는 친구를 생각할 때에 누구나 어떠한 침울한 정조情操를 가지게 될 것이외다. 그런 정조를 적당한 음률音律로 표현한 것이 이 작품이외다. “보슬보슬”이란 형용사가 잘 쓰였고, 또 “모래알만 울려 놓았소” 하는 것은 사람의 심리心理를 좇아 자연의 경치가 정情으로 가지게 되는 것을 잘 나타냈으며, “기다릴 때엔 안 오다가도 설운 날이면 보슬보슬”이란 귀가 사람의 감정의 독단성獨斷性을 그려 내어 “설운” 심리를 잘 그려 냈습니다. 이런 종류의 노래는 센티멘탈(sentimental)한 데로 과히 기울어지기가 쉬운데, 이 작作에는 그런 점이

없는 것을 취할 것입니다.

## 참대밭

이제나 저제나 기다리다 못해
참대밭 달아 드니 파도 소리 출렁출렁.
풍랑 쳐도, 배 없나? 노 없나?
섬에선 저녁연기 떠오는데.

-김동환 지음. "/조선 문단/"에서

◇작자作者 — 파인巴人 김동환金東煥 군은 천분天分 있는 작자 중의 한 분으로, 많은 이에게 애독愛讀을 받는 줄 압니다. 군의 시집 "/국경國境의 밤/"과 "/승천昇天하는 청춘/" 두 권은 한국 시단詩壇의 큰 수확收穫이었습니다. 군의 작풍作風은 근래의 민요 및 가사형歌詞形에 기울어지는 듯합니다. 군은 가장 잘 한국 민요의 정신을 이해하고, 외국어의 영향影響에서 벗어난 우리말의 사용법에 능합니다.

◇대의大意 — 저 풍랑 많은 바다를 건너 섬에 계시는 임이 오늘 오신다고 약속을 하였는데, 이제나 올까 저제나 올까 하고 아무리 기다려도 종내 오지를 아니하니, 기다리다 못해 배가 와서 닿는 참대밭으로 나가 본즉, 그이는 그림자도 보이지 않고, 파도 소리만 출렁출렁 납니다. 벌써 날은 저녁때가 다 되어서 그이 계신 섬에서는 저녁연기가 떠오르는데, 아직까지 아니 오시니 괘씸하지 않습니까? 뒷날의 핑계는 풍랑이 많아 못 왔노라 하실 터이지. 아무리 풍랑이 많다 해도 배가 없나, 노가 없나?

오려는 정성만 있으면, 못 올 것 없을 것을 정성이 없어서 안 온 것이지요.

◇자구字句 — 노: 배 젓는 막대기.

◇감상鑑賞 — 민요는 간단한 어귀語句에 많은 뜻을 포함하고, 또 민중 생활의 보편적普遍的 경험을 주제主題로 한 것이라야 됩니다. 파인 군의 "참대밭"은 이 두 가지에 다 급제及第하였습니다. "풍랑 쳐도, 배 없나? 노 없나?" 하는 한 마디로 천만 가지의 원한怨恨을 나타낸 것이 능수能手요, 또 바닷사람의 상상想像하는 단순하고도 보편적인 제재題材가 민요다운 민요를 만들게 한 것이외다. 같은 잡지에 실린 이하 수장數章도 같은 종류의 민요로 애송愛誦의 가치가 있는 것이외다.

## 해녀海女의 노래

나룻배 열두 척 다 들어와도,
그이만 안 오네, 안 온다네.
장전長箭 끝 삼십 리 파도 세던가?
파도가 세었으면 갈매기 넘께?
돛대가 세 동강 나더라도,
나는야 올 줄 아오, 올 줄 알았소.

◇대의大意 — 올 줄 알고 그리고 믿었던 임이 배반을 하였으니, 그 원한이야 더욱하지 않으랴? "돛대가 세 동강 나더라도" 그이야 설마 안 올 리가 있나?

## 웃은 죄罪

지름길 묻기에 대답했지요.
물 한 모금 달라기에 샘물 떠 주고,
그리고는 인사하고 웃고 받았지요.

평양성에 해 안 뜬대두,
난 모르오,
웃은 죄밖에.

◇대의大意 — 웃은 것이 무슨 죄랴? 공연히 일 없는 아낙네들 별 시비를 다하지. 자기들은 그럴 때에 웃지 않을까? 그건 그러나, 참 그이는 잘도 났지. 어디 손님일까? 시방도 눈에 선하의, 그 인사하고 가던 뒷모양이.

## 면화 밭

나는 좋더라, 면화 밭은.
꽃이 피어 열매 맺고,
열매 피어 또 꽃 되네.

늙어도 청청한 소나무,
끊어도 되돌아 붙는 한강 물.

애, 셋째야 말 좀 해라.

◇대의大意 — 이렇게 나는 늘 생각하고 이렇게도 말을 붙이는데 왜 가만 있느냐? 속 시원히 말이나 좀 하렴. 왜 내가 나이가 많아 그러냐? 늙어도 청청한 소나무란다. 옛날 내 생각이 나기도 하겠구나. 한강 물이 끊였다가도 다시 잇긴다. 목화 꽃은 열매 맺혀 또 흰 꽃 되지 않더냐? 에구, 답답해! 대답 좀 하려무나.

## 산 넘고 물 건너

산 넘고 물 건너,
내 그대를 보러 길 떠났노라.

그대 있는 곳 산 밑이라기,
내 산길을 토파 멀리 오노라.
그대 있는 곳 바닷가라기,
내 바다를 건너 멀리 오노라.

아, 오늘도 잃어진 그대를 찾으러
이름 모를 이 마을에 헤매노라.

-양주동 지음. "/동광/"에서

◇작자作者 — 무애無涯 양주동梁柱東 군은 평론가로서, 근일에 국민 문

학 주창자主唱者로 이름이 있거니와, 그는 시작詩作에도 순실純實한 정서情緖와 칼날의 섬광閃光 같은 기지機智로 특색이 있는 이요, 또 우리말 사용에 특히 용의用意가 있는 이외다. 이 작품은 그의 순실한 서정적抒情的 시중의 하나로, 그 진지眞摯한 태도가 사람을 감동ㅎ게 하는 것이외다.

◇대의大意 — 그대는 나의 사랑하는 사람이라, 사랑 앞에 물과 산이 가리우랴? 나는 그대를 보려고 산도 마다 아니하고, 물도 마다 아니하고 길을 떠나갑니다. 어떤 사람은 그대 있는 곳이 산 밑이라고 하기에, 나는 산길을 터벅터벅 걸어서 먼 길을 싫어하지도 않고 찾아갑니다. 또 어떤 이는 그대가 바다에 있다 하기에 험한 물결 이는 바다도 마다 아니하고 바다를 건너 찾아갑니다.

그대는 어찌하여 내게서 떠났는가? 나는 어찌하여 그대를 잃었는가? 한탄한들 무엇하리요? 오늘도 잃어진 그대를 찾으러 떠나서 이 마을까지 와서 헤매는데, 나는 예가 어딘지도 모르고 여기서 어딜 가야 그대를 찾을지도 모릅니다. 그러나 다만 그대를 찾고 싶어 그냥 헤매다닐 뿐이외다.

◇자구字句 — 토파: 참을성 있게 연해 찾으면서 길을 걸어.

이름 모를 이 마을에 헤매노라: 그대를 찾으러 다니다가 이름도 모를 마을에 왔지마는, 그냥 더 찾고자 하노라.

◇감상鑑賞 — 여러 말 할 것 없이 분명합니다. “그대”라는 임에게 대한 정성의 깊은 정도를 순박한 말로 나타낸 것이외다. “그대”가 혹은 부모도 될 수 있고, 친구도 될 수 있고, 애인도 될 수 있으며, 또는 가장 사모하는 이상理想도 될 수 있습니다. 사모하여 찾으러 다니되, 부글부글 끓어 오르는 일시적 열정熱情으로 사모하는 것이 아니라, 꾸준히 지키어 나가고 험한 것, 괴로운 것을 마다 아니하고, 찾으러 다니는 인내적忍耐的 사모를 말하였습니다. 이름 모를 마을을 헤매니 찾을 가망도 없고 웬만한 사람이

면 낙심하여 그만둘 것이나, 낙심 않고 그냥 찾으러 헤매는 그 정성에 누가 눈물을 아니 흘리겠습니까?

---

주요한朱耀翰: 호는 송아頌兒. 시인, 평남 평양 출생. 상해 호강 대학扈江大學 출신. [4233~ ]. 저서에 시집 "/불놀이/", "/아름다운 새벽/", "/봉사꽃/", "/삼인 시가집/" 들이 있음.

# 4. 임의 침묵沈黙

한용운韓龍雲

임은 갔습니다. 아아, 사랑하는 나의 임은 갔습니다.

푸른 산빛을 깨치고, 단풍나무 숲을 향하여 난 작은 길을 걸어서 차마 떨치고 갔습니다.

황금의 꽃같이 굳고 빛나던 옛 맹세는 차디찬 티끌이 되어서, 한숨의 미풍微風에 날아갔습니다.

날카로운 첫 키스의 추억追憶은 나의 운명의 지침指針을 돌려놓고 뒷걸음쳐서 사라졌습니다. 나는 향기로운 임의 말소리에 귀먹고, 꽃다운 임의 얼굴에 눈멀었습니다. 사랑도 사람의 일이라, 만날 때에 미리 떠날 것을 염려하고, 경계하지 아니한 것은 아니지마는, 이별은 뜻밖에 일이 되고, 놀란 가슴은 새로운 슬픔에 터집니다.

그러나 이별은 쓸데없는 눈물의 원천源泉을 만들고 마는 것은, 스스로 사랑을 깨치는 것인 줄 아는 까닭에, 걷잡을 수 없는 슬픔의 힘을 옮겨서, 새 희망의 정수리에 들어 부었습니다.

우리는 만날 때에 떠날 것을 염려하는 것과 같이, 떠날 때에 다시 만날 것을 믿습니다.

아아, 임은 갔지마는, 나는 임을 보내지 아니하였습니다.

제 곡조를 못 이기는 사랑의 노래는 임의 침묵沈默을 휩싸고 돕니다.

---

한용운韓龍雲: 시인. 불교인. 충남 홍성鴻聲 출생. [4212–4277]. 저서에 장편소설 “흑운黑雲”, 시집 “/임의 침묵/” 들이 있음.

# 5. 모란이 피기까지는

김영랑金永郞

모란이 피기까지는,
나는 아직 나의 봄을 기다리고 있을 테요.
모란이 뚝뚝 떨어져 버린 날
나는 비로소 봄을 여읜 설움에 잠길 테요.
오월 어느 날 그 하루 무덥던 날 떨어져 누운 꽃잎마저 시들어 버리고는,
천지에 모란은 자취도 없어지고,
뻗쳐 오르던 내 보람 서운ㅎ게 무너졌느니.
모란이 지고 말면 그뿐 내 한 해는 다 가고 말아
삼백 예순 날 하냥 섭섭해 우옵내다.
모란이 피기까지는
나는 아직 기다리고 있을 테요, 찬란한 슬픔의 봄을.

---

김영랑金永郞: 본 이름은 윤식允植. 시인. 전남 강진康津 출생. 동경 청산 학원 졸업. [4237–4283]. 저서에 "/영랑 시집/"이 있음.

# 6. 해의 품으로

박두진朴斗鎭

해를 보아라. 이글대며 솟아 오는 해를 보아라. 새로 해가 산 넘어 솟아 오르면, 싱싱한 향기로운 풀밭을 가자. 눈부신 아침 길을 해에게로 가자.

어두움은 가거라. 울음 우는 짐승 같은 어두움은 가거라. 짐승같이 떼로 몰려 벼랑으로 가거라. 햇볕살 등에 지고 벼랑으로 가거라.

보라, 쏘는 듯 향기로이 피는 저 산 꽃들을, 춤추듯 너울거리는 푸른 저 나뭇 잎을, 영롱히 구슬 구르듯 우짖는 새소리를, 줄줄줄 내리닫는 골 푸른 물소리를…아, 온 산 모두 다 새로 일어나, 일제히 수런수런 빛을 받는 소리들…

푸른 잎 풀잎에선 풀이 치는 풀잎소리, 너울거리는 나무에선 잎이 치는 잎의 소리, 맑은 물 시내 속엔 은어 새끼떼 소리, …던져 있는 돌에선 돌이 치는 돌 소리…, 자벌레는 가지에서, 돌지내빈 밑둥에서, 여어어 잇! 별 함빡 받아 입고 질러 보는 만세 소리… 온 산 푸른 것, 온 산 생명들의 은은히, 또 아 일제히 울려 오는 압도하는 노랫소리….

산이여! 너울거리는 나뭇잎 푸른 산이여! 햇볕살 새로 퍼져 뛰는 아침은, 너희 새로 치는 소리들에 귀가 열린다. 너희 새로 받는 햇살들에 눈이 밝는다. 피가 새로 돈다. 우루룰 올라갈 듯 온몸이 울린다, 새처럼 가볍는다…. 나는 푸른 아침 길을 가면서….

새로 솟는 해의 품, 해를 향해 가면서….

---

박두진朴斗鎭: 호는 혜산兮山. 시인. 경기 안성安城 출생. [4248-  ]. 저서 시집 "/해/". "/청록집靑鹿集/", "/오도午禱/" 들이 있음.

# 7. 비망록備忘錄

잔 콕토

1
내 귀는 소라 껍질,
바다 소리를 그리워한다.

2
비눗방울 안에,
정원은 들어갈 수 없다.
그 가를 뱅뱅 돌고만 있다.

---

잔 콕토(Jean Cocteau): 프랑스의 시인. 극작가. 소설가.[1862~ ]

# 8. 쿨 호湖의 백조白鳥들

W. B. 예이츠

나무들은 가을철다이 아름다워,
숲길이 싸늘하고,
시월 어느 황혼인데,
호수엔 고요히 하늘이 잠겨,
돌 사이에 물이 넘치고,
쉰아홉 마리의 백조가 떠다닌다.

열아홉 해 전 이런 가을날
모처럼 그들을 헤고 있었다.
몇 마린가 채 헤기도 전에
소란스레 깃을 치면서
모두 소스라쳐 날아오르곤
뛰는 대로 휘휘 크게 돌다가
그대로 흩어지고.

지금 저 눈부신 백조들을
바라보자니 짐짓 마음이 괴로워.
내 처음 이 호숫가에 머물러
허공엔 세차게 백조가 날고
황혼을 사뿐스레 거닐었는데,
온갖 이제는 변하고 있다.

백조들은 상기 시름을 모르는 양
쌍으로 떼를 지어
차거운 물결을 부드럽게 가르고
하늘을 날아오른다.
마음씨도 옛날 그대로여서
어디나 마음껏 헤매고
정열과 행복을 잃지 않았다.

지금 저 잔잔한 물결 위엔
모습도 아름다이
백조들이 신비롭게 떠 놀고 있다.
이읏고 그들이 사라지는 날
어느 호반湖畔 수풀 속에 깃을 들이고
어느 물가에 어느 뉘의 기꺼움을
주고 사는지 나는 모르리.

김사묵 역

---

예이츠(William Butler Yeats) [1861-1939] 영국의 시인. 처음은 상징주의적인 시를 쓰다가 뒤에 와선 퍽 리알(real)한 시풍詩風을 가졌음.

# 9. 바닷가에

타고르

아득한 나라 바닷가에 아이들이 모였습니다.
가 없는 하늘 그림 같이 고요한데
물결은 쉴 새 없이 남실거립니다.
아득한 나라 바닷가에 소리치며 뛰뛰며 아이들이 모였습니다.

모래성 쌓는 아이,
자개 껍질 줍는 아이,
마른 나뭇잎으로 배를 접어 웃으면서 한 바다로 띄워 보내는 아이.
모두들 바닷가에서 재미나게 놉니다.

그들은 모릅니다.
헤엄칠 줄도, 고기잡이할 줄도.
진주眞珠를 캐는 이는 진주 캐러 물에 들고
상인商人들은 돛 벌려 가고 가고 오는데,
아이들은 바둑을 모으고 또 던집니다.

그들은 남 모르는 보물寶物도 바라잖고
그물 던져 고기잡이할 줄도 모릅니다.

바다는 깔깔거리고 소스라쳐 바서지고
기슭은 흰 잇발 드러내어 웃습니다.

사람과 배 송두리째 삼키는 파도波濤도
아가 달래는 엄마처럼 예쁜 노래 불러서 들려주구요,
바다는 아이들과 재미나게 놉니다.
기슭은 흰 잇발 드러내어 웃습니다.

아득한 나라 바닷가에 아이들이 모였습니다.
길 없는 하늘에 바람이 일고
흔적 없는 물 위에 배는 엎어져
죽음이 배 위에 있고 아이들은 놉니다.
아득한 나라 바닷가는 아이들의 큰 놀이터예요.

그렇다면 저 진주眞珠의 섬 기슭으로 배 저어 가리다.
거기 아침 해에 비쳐 수많은 구슬들
꽃 위에 떨고
구슬은 눈물져 풀 위에 아롱져
거칠은 물결에 쓸려 모래사장으로 흩어지나니.

언니에게는 저 하늘 달리는 용마龍馬를 한 쌍 선사하리다.

아버지에게는 저절로 써지는 만년필을 가져오구요.

어머니, 어머니에게는 일곱 나라를 살 수 있는 큰 보석 상자를 가져오지요.

---

타고르(Tagore): 인도의 시인. [1861–1941]. 저서에 시집 "/끼탄자리/", "/원정園丁/", "/신월新月/" 들이 있음. 1913년 노벨 문학상을 탔음.

# III. 흥미 있는 이야기〈長篇小說〉

1. 장편 소설長篇小說 작법作法
2. 소설小說의 핀트
3. "상록수常綠樹"에서
4. "카인의 후예後裔"에서
5. "바람과 함께 사라지다"에서

장편 소설은 글자의 뜻 그대로 긴 소설, 분량이 많은 소설이다. 우리나라에는 대단히 긴 소설이 없지마는, 외국에는 그런 장편 소설이 많다.

가령 톨스토이의 "전쟁과 평화", 유고의 "레 미저러블", 현대의 것으로는, 우리나라에도 번역 소개된 미철의 "바람과 함께 사라지다" 들이 그것이다.

장편 소설은 어떤 경우에 쓰게 되는 것일까? 그것은 제재題材에 의존依存되는 경우가 많다. 즉, 복잡하고 긴 이야기를 쓰는 경우이다. 한 예를 들면 모파상의 장편 소설 "여자의 일생"에는 적어도 작가가 백 년에 가까운 한 여자의 일생을 그려 가는 데 있어서 단편 소설과 같은 작은 형식으로 그것을 써낼 수는 없다. 또 장편 소설은 사회 소설이다. 사회의 현실을 그대로 옮겨다 작품 세계로 하는 경우가 많다. 특히 근대 사회와 같이 크고 복잡한 현실을 그리는 데 있어서, 그 형식이 장편 소설이 아니고는 될 수 없는 것이다.

결국 사람의 일생을 그리거나 사회의 현실을 그리거나, 장편은 그 이야기가 흥미 있어야 한다. 인물과 사건을 만드는 데 있어서, 또는 이야기의 복선伏線을 두는 구상構想에 있어서, 그 긴 이야기를 흥미 있게 만들어 가는 것이 장편 작가의 재능인 것이다.

여기 보인 글들이 반드시 적당한 예가 아닐지 모르나, 장편의 편모를 엿보아 두기로 하자.

# 1. 장편 소설長篇小說 작법作法

정비석鄭飛石

나는 장편 소설을 쓰는 데 무슨 일정한 법칙이 있으리라고는 생각지 않는다. 문학 작품은 내용에 있어서나 형식에 있어서나 개인의 독창적인 산물이므로, 작가에 따라서 이렇게도 쓸 수 있고 저렇게도 쓸 수 있다. 그러므로 여기서는 나 개인의 경험을 토대로 하여 극히 기초적인 몇 가지만 말해 볼까 한다.

첫째, 장편 소설을 쓰자면 이것은 비단 장편 소설뿐 아니라, 소설 전체에 관한 문제이지만 우선 주제主題를 결정해야 한다. 주제란 나는 이 소설에서 무슨 문제를 쓰겠다고 하는, 그 작품의 정신적인 주체主體가 되는 것으로서 소위 테마라는 것이 바로 그것이다. 인생의 생사 문제를 그린다든가, 혹은 새 세대世代의 약진상躍進相을 그린다든가, 작가가 무슨 문제를 그리려 하거나 그것은 그의 자유이지만, 적어도 붓을 들기 전에 자기가 그리려는 정신적인 대상을 명확히 결정해야만 할 것은 말할 것도 없다. 왜냐하면 소설에 있어서의 테마라는 것은 마치 길을 걸어가는 사람에게 있어서 목적지와 마찬가지의 것이므로, 그것 없이는 작품을 제작할 의의가 없기 때문이다. 길을 걸어가는 사람에게 목적지가 없다고 가상해 보

자. 그러면 그는 동으로 가도 좋고 북으로 가도 상관없을 것이니, 그렇게 되고 보면 길을 걸어간다는 그 자체가 아무 의의를 가지지 못할 것이 아닌가? 우리가 길을 걸어가는 것은 길을 걷는 그 자체에 의의가 있는 것이 아니라, 그 길을 걸어감으로써 목적지에 도달하는 데 의의가 있는 것이다. 따라서 소설을 쓰자면 무엇보다도 먼저 테마가 확립되어야 한다.

둘째, 테마가 결정되면 그다음은 구성構成 문제다. 즉, 결정된 테마를 어떤 방도로 형상화形象化하느냐의 구도構圖를 마련해야 한다. 흔히들 집을 짓기 위해서는 설계도設計圖라는 그림을 만드는데, 구성이라는 것은 작품에 있어서의 설계도인 셈이다.

가령, 젊은 학생들의 발랄한 기상을 그리려는 것을 작품의 테마로 삼았다고 하자. 그러면 그 목적을 독자들에게 구체적으로 묘사해 보여 주기 위해서, 사건은 어떤 사건을 만들어야 하며, 등장인물의 성격 같은 것은 어떤 성격으로 해야 하나 – 하는 것이 모두 구성에 속하는 문제이다. 좀 더 알기 쉽게 말하면, 이야기의 줄거리를 구체적으로 꾸며 내야 한다는 것이다. 일반 독자들은 흔히 소설에 나오는 이야기의 줄거리에 재미가 나서 소설을 읽는다. 그러나 사실인즉, 소설의 줄거리라는 것은 그 작품의 기본 정신이 되어 있는 테마를 살리기 위한 수단일 뿐이지, 이야기 그 자체가 소설의 근본 목적은 아니다. 건축을 예로 들어 설명하면, 우리가 가옥을 건축하는 것은 사람이 들어 살려는 데 목적이 있는 것이지, 가옥을 건축하는 그 자체에 목적이 있는 것은 아니다. 그러나 설계가 잘된 집은, 누구나 그 집에 한번 살아 보고 싶은 의욕이 생기지만, 설계가 잘못되면 그 집에 살아 보고 싶은 의욕이 생기지 않는다. 테마가 아무리 좋더라도 구성이 잘못되면 그 작품은 실패작으로 돌아가고 말게 된다. 그러므로 사건을 꾸미는 데 있어서는 되도록이면 테마를 효과적으로 살릴 수 있도록 하되, 그러면서도 재미있게 엮어 나가도록 해야 한다. 그래야만 독자들이 이야기에 재미를 붙여 가지고 부지불식간에 테마에 대해 감동을 받을 수가 있기 때문이다.

어떤 작자는 구성을 세밀히 하기 위해 노트도 하고, 경우에 따라서는 그림을 그려 놓기도 한다. 그와 반대로 어떤 작자는 노트나 그림 같은 것은 기록하지 아니하고 그냥 써 나가기도 한다. 그러나 그것은 작가에 따라 습관이 다르기만 할 뿐이지, 소설을 쓰기 전에 일단 구성을 해야 하는 점에 있어서는 조금도 다름이 없다. 다만 구성한 내용을 노트에 적어 두느냐 그냥 머릿속에만 기억해 두느냐의 차이가 있을 뿐이다.

테마가 확립되고, 그 테마에 의한 구성이 결정되면, 그때야 비로소 붓을 들게 된다.

그런데 학생들 제군에게 참고 삼아 한 마디 말해 두고 싶은 것은, 소설이라고 하면 작자인 소설가가 등장인물들을 마음대로 다룰 수 있는 것처럼 생각하는 사람이 많지만, 실상은 그렇지가 못하다는 점이다.

소설을 쓰는 사람으로 볼 때에는 소설은 물론 자기 자신이 쓰는 것이기는 하지만, 일단 인물이 등장되고 나면 그 인물이 자기 성격에 따라 돌연적으로 움직여 가는 길이 있으므로, 그때부터서는 비록 작자라 할지라도 그의 필연적인 움직임에 따라 가지 않으면 안 된다는 말이다. 다시 말하자면, 독자가 등장인물에서 생명감生命感을 느끼게 하기 위해서는, 그 사람이 살아서 자기 의사대로 행동하는 것과 꼭 같은 법칙으로 그려 가야 하기 때문에, 작자는 그의 행동을 임의대로 좌우할 수 없게 된다. 그 점을 무시하고 등장인물을 맘대로 움직여 놓으면, 그 인물은 죽어 버리고, 그 소설에서는 거짓이 느껴지게 된다. 우리가 소설을 읽다가 어딘지 모르게 진실감이 느껴지지 않는 경우가 있는데, 그것은 작자가 그런 법칙을 무시

했기 때문이다. 소설의 묘미는 그런 점에 있다고 하겠다.

살아 있는 사람을 주의 깊게 관찰해 보라. 성질이 괄괄한 사람은 무슨 일에나 괄괄한 성격이 나타나고, 침착한 사람은 무슨 일에나 침착한 성격이 나타나는 법이니, 모든 사람의 모든 행동은 각각 자기대로의 통일성統一性을 가지고 있다. 그것이 즉 그 사람의 생명감인 것이다. 그러므로 소설에서도 살아 있는 사람을 그리기 위해서는 등장인물 각자의 필연적인 통일성이라는 것을 어디까지나 존중해야 한다.

소설이 쓰기 어려운 점도 거기에 있고, 소설이 재미나는 점도 거기에 있고, 소설의 비밀도 거기에 있다. 그 점을 터득해서 그대로 표현할 수가 있다면, 소설은 의외에 쉬운 일인지도 모른다.

---

정비석鄭飛石: 본명은 서죽瑞竹. 소설가. 평북 의주義州 출생. 일본 대학 문과 수업修業. [4244~ ]. 저서에 장편 소설 “장미의 계절”, “고원故苑”, “여성전선”, “자유 부인”, “민주어족”과 단편집 “/제신제諸神祭/”, “/성황당城隍堂/”과 “/소설 작법/”, “/비석 문학 독본/” 들이 있음.

# 2. 소설小說의 핀트

유진오兪鎭午

한 개의 소설은 항상 한 개의 핀트[Punt, 초점焦點]를 갖고 있다. 그것이 성공된 작품이면 그럴수록 그 핀트는 똑똑하게 나타난다. 핀트가 분명하지 못한 소설은 핀트를 맞추지 않고 박은 사진寫眞 같아서, 결국 요령부득要領不得이다.

한 소설의 전 구조全構造는 이 핀트를 선명鮮明히 하기 위하여, 가장 합리적合理的으로 구성構成되어야 하는 것이며, 그 속에 전개展開되는 모든 대소大小의 사건事件, 형형색색의 장면場面은 이 핀트를 가장 효과적效果的으로 나타내도록 배열排列하여야 한다. 핀트가 선명한 작품은 가장 인상적印象的이며, 가장 효과적임에 반反하여, 그것이 불선명不鮮明한 작품은 가장 몽롱하며, 작자의 의도意圖한 효과를 주지 못함은 물론이고, 까딱하면 그 반대의 결과를 — 작자의 우둔愚鈍에 대한 조소嘲笑를 초래招來함에 그치고 만다.

"핀트를 선명히 하라. 전全 구조構造를 한 개의 핀트로 향하라." 하는 것은, 결코 지금 새로이 내가 창조創造해 낸 주장主張도 아니며, 또 소설에만 국한局限된 수법手法도 아니니, 그것은 옛날부터 공인公認되어 있는 소설의 철칙鐵則이요, 또 소설뿐 아니라, 평론評論, 시가詩歌, 기타 일반 문학 작품에 다 공통됨은 물론, 나가서는 문학 이외의 모든 학문적 노작勞作, 내지乃至는 이여爾餘의 범백 사물 – 예例하면 처세술處世術, 소송訴訟의 변론辯論, 상업 광고, 구애술求愛術 등에까지도 변함없이 통용될 것이다.

"우물을 파도 한 우물을 파라."

"두 토끼를 쫓는 자는 한 토끼도 잡지 못한다."

등의 격언格言은 이 의미를 포장包藏한 것이라 할 것이다.

한 개의 소설에서는 한 개의 핀트를 위하여 전 노력努力을 집중하라는 말은, 또 얼른 생각하면 단편 소설에만 통용되는 것도 같으나, 실상은 장편 소설에도 통용되는 것이니, 이것은 이름 있는 고전적古典的 작품을 분석分析해 보아도 단번에 알 것이다. 그 일례一例로, 유고[5]의 "레 미저러블"[6]을 들어보자. "레 미저러블"만큼 무수無數한 사건과, 장면場面과, 환희歡喜와, 고민苦悶의 파도波濤를 갖고 있는 작품은 그 예가 드물 만하되, 그 모든 것은 결국 한 개의 핀트를 선명히 하기 위하여, 한 곳으로 집중集中되어 있는 것이다. 그것이 갖고 있는 초인적超人的 다면성多面性, 일일이 기록記錄할 수 없고, 다채多彩, 다방면多方面의 사건事件, 은촉대銀燭臺를 싸고도는 신神과 악마惡魔의 싸움, 마류스와 코제트와의 꿈 같은 사랑, 폭동暴動, 시가전市街戰, 워털루[7]의 대회전大會戰, 이 모든 것은 결국은 작자가 서序에서 말한바 "법률과 풍습風習에 의하여 어떤 영겁永劫의 사회적 처벌

5 유고(Hugo): 프랑스의 시인, 소설가, 희곡가. [1802–1885]. 희곡 크롬웰(Cromwell)의 서문序文은 낭만주의浪漫主義의 선언문宣言文이라고 할 만함.

6 레 미저러블(Miserable): 빅토르 유고가 지은 소설. 잔발잔이란 불운不運한 남자의 일생을 중심으로 사회社會의 가혹한 박해 때문에 비뚤어진 맘씨가 깨끗한 사랑 때문에 다시 회개한 경과를 묘사描寫한 것.

7 워털루(Waterloo): 벨지엄 중앙부의 마을로서, 서기 1815년 영국 장수 웰링턴이 나폴레온의 군사를 격퇴시킨 옛 전쟁터.

處罰이 존재存在하고, 이리하여 인위적人爲的으로 문명의 한가운데 지옥地獄을 만드는 곧 사회적 질식窒息이 가능可能한 것"을 보여 주고, 아울러 그 "영겁永劫의 문제"의 해결解決을 "영겁永劫의 문제는 무엇이뇨? 죽은 것이니라." 하는 유고 일류一流의 도피적逃避的, 운명적運命的인 세계관世界觀, 인생관人生觀에 귀착歸着시키려는 곳으로 집중集中되어 있는 것이다.

그러므로, 작자가 잔발잔(Jean Valjean)으로 하여금 모든 것을 다 잃은 후에 죽음의 운명을 등지게 하고, "빛이 보인다. 더 가까이 오너라. 나는 즐겁게 죽는다."라고 말하게 한 것은 결코 우연偶然이 아니다. 이것을 간단히 말하면, 유고는 "레 미저러블"을 통하여 피 흘리는 변혁變革이 승리勝利하고, 바야흐로 건설建設에 매진邁進하는 당시의 시민市民을 비판批判하는 동시에, 개혁改革의 환멸幻滅을 신神의 거룩한 손으로 도피逃避함에 의하여, 잊으려 하는 당시의 시민市民의 고민苦悶을 나타내려 한 것이다. 이 시민의 고민을 그는 "영겁永劫의 문제"로 대치代置하였으나, 그것은 하여간, "레 미저러블"이 소설로서 성공한 것은 이렇듯 그 핀트가 똑바로 맞아 있기 때문이었다. 이러한 분석分析은 보다 액셔니즘[8]이라 할 유고의 소설에만 적용適用되는 것이 아니라, 보다 심리 주의적心理主義的인 도스토예프스키[9]의 제작諸作, 이를테면 "죄罪와 벌罰"에도 똑같이 통용되는 것이다. "죄와 벌"에 대해서는 이곳에 분석分析을 시험하려 하지 않으나, 어찌하였든 이것으로써 소설에서 핀트를 선명히 함이 얼마나 중요한 것일까 하는 것만은 밝혀졌을 줄 생각한다. 물론 이 말은 아무리 큰 소설에라도 핀트는 단 하나뿐이라는 말은 아니다. 부분 부분을 떼어 보면, 그 부분마다 또 각각 핀트를 갖고 있는 것이 상례常例다. 문제는 그런 부분적 핀트

8 액셔니즘(actionism): 행동주의行動主義
9 도스토예프스키(Dostoevsky): 노서아 소설가. [서기 1825-1881]. 대표작은 "죄와 벌".

가 제멋대로 분산分散되어 있는가, 전체의 핀트를 향하여 통일되어 있는가에 의하여 결정되는 것이다.

핀트가 분명하지 못한 소설, 또는 둘 이상의 핀트를 갖고 있는 소설은 대개 소설로서 성공成功하지 못한다. 그 일례一例로 나는 톨스토이[10]의 "부활復活"[11]을 들고 싶다. 톨스토이가 일대一代의 문호文豪요, 수많은 걸작傑作을 남긴 것은 사실이나, 그의 "부활"만은 소설로서 성공한 것이라고 나는 보고 싶지 않다. "부활"은 전체의 구성構成이 산만散漫하고, 통일이 없으며, 작품의 핀트가 어디 있는지 찾기가 곤란하다. 네플류도프의 작죄作罪에 있는가, 그렇지 아니하면 참회懺悔에 있는가? 작자는 참회에다 핀트를 둔 듯하나, 작죄作罪의 장면場面의 기막힌 박력迫力은, 그 자신自身 한 개의 완족完足한 예술적 일체一體를 이루고 있어, 다른 사족蛇足의 첨가添加를 용서容恕ㅎ지 아니한다. 네플류도프가 카튜샤(Katusha)를 유혹誘惑하는 장면場面은 실로 모파상[12] 문학에서도 유례類例를 구할 수 없을 만큼 정열적情熱的인 생활의 긍적적肯定的 계시啓示다. 그것은 그것만으로 훌륭한 소설을 구성構成하는 것이며, 만일 톨스토이가 그것만을 따로 떼어 발표하였던들, 그것은 무류無類의 걸작傑作이 되었을 것이다. 그러함에 불구不拘하고, 톨스토이는 그의 인도주의人道主義로써 그다음에 장황張皇하게, 실로 장황하게, 네플류도프의 참회懺悔를 그려 놓았다. 이곳에서는 전반前半

---

10 톨스토이(Tolstoy): 노서아의 문호. 그의 사실주의적寫實主義的 수법은 서구西歐에까지 영향됨. [서기 1823~1910]

11 부활復活: 톨스토이가 지은 소설. 내용은 네플류도프 공작公爵이 일찌기 희롱하던 여자 카튜샤가 극도로 타락하여 살인 혐의로 시베리아에 유형流刑 가는 것을 구원하기 위하여 따라가서 가산家産을 버리고 그와 결혼하려 하므로 그는 감동하여 깨끗한 부인으로 갱생更生하여 그의 동무 죄수罪囚 시몬손과 사랑하게 되고, 공작은 만 사람을 구제함에 일생을 바치어 종교적인 큰 사랑으로 부활하였다는 것.

12 모파상: 프랑스의 자연주의파 소설가. [서기 1850-1893]. 대표작은 "여자의 일생".

에서 보던 타오르는 정열情熱의 예술가 톨스토이는 흔적도 없이 사라지고, 도덕가 종교가 인생 주의자 톨스토이의 차디찬 설교說教가 있을 뿐이다. 네플류도프 참회의 부분은 그 자신 핀트가 선명하지 못한데다가, 이렇게 하여 카튜샤 유혹誘惑 부분에 대한, 말하자면 사족蛇足을 형성形成하고 있으므로, 이 까닭에 "부활" 전체로서의 인상印象은 더욱더욱 애매 몽롱해진다. 우리는 예술가 톨스토이의 자연으로 터져 나오는 노래에 귀를 기울여야 할는지, 인도주의자人道主義者 톨스토이의 교훈에 귀를 기울여야 할는지, 향방向方을 몰라 갈팡질팡하게 된다. 요컨대 톨스토이는 나무에 대를 접接한 것 같이 네플류도프의 작죄作罪와 참회를 연락시켰다. 그 연락은 "죄와 벌"에서의 라스코리니코프의 참회懺悔와 같은 유기적有機的의 것이 아니다. 이 "부활復活"에서의 톨스토이의 파탄破綻은 궁극窮極에는 그의 생활, 그의 인도주의人道主義, 그의 종교로부터 오는 것이요, 이것을 철저히 논구論究 비판하려는 그곳에까지 들어가야 할 것이다. 지금 나는 그런 것을 하려는 것이 아니요, 단지 소설의 핀트라는 소설 기교奇巧의 문제로서 보려는 것이다.

소설의 핀트에 대하여 여기까지 써 온 본의本意는, 현재의 한국에 있어서의 소설 제작製作 및 그 비평批評에 대하여 한마디 하고자 하는 까닭이다. 소설 작자는 흔히 한 개의 소설에서 한국의 모든 단면斷面, 될 수만 있으면 전 세계全 世界의 전모全貌를 묘출描出하는 것을 이상理想으로 하고, 또 평자評者는 그렇게 하기를 요구하는 것 같다. 그러나 이러한 일은 사실에 있어서 불가능한 일이요, 가능하다 하여도 그렇게 할 필요가 없으며, 억지로 그렇게 하려다가는 작품은 도리어 실패로 돌아가고 말 것이다. 소설 작자는 자기의 역량力量, 시간時間, 문학 운동으로부터 오는 필요 등을 참작參酌하여, 한 개의 제재題材를 취한 다음에는, 그의 전全 정력精力을 그 제재題材를 선명하게 사출寫出하는 방면으로 집중集中하여야 한다. 제재題材가 크면 자연 작품의 구조構造도 커지고 거기 전개展開되는 장면과 사건도 비교적 다방면多方面일 수 있으나, 제재題材가 작으면 그렇지 않아도 좋고, 또 그렇지 않은 것이 핀트를 선명히 하는 데 도리어 효과적인 것이다.

제재題材의 대소로 적부適否를 논論할 수는 없다. 그러나, 일단一旦 선택選擇된 제재를 긍정肯定하는 이상에는, 그 제재의 범위 안에서 작품의 소설小說로서의 성패成敗를 논할 것이지, 함부로 그 이외의 것을 요구해서는 아니된다.

근일의 작품 평作品評에서는 한 작품의 스토리(story)를 소개한 후에, "좀 더 스케일(scale)이 큰 작품이었으면 한다"는 식의 언구言句를 붙이는 것이 한 유행流行인 듯하다. 그러나 이런 종류의 작품 평은 논선스(nonsense)에 지나지 않는 것이요, 평자評者의 무지無知를 말하는 것밖에 아무것도 아니다. 첫째로 스토리의 소개는 하등何等 평이 아니다. 그것을 소개하는 것이 작품의 성패成敗를 평가評價하기 위한 전제 조건前提條件이라면, 그것은 완전한 오류誤謬다. 좋은 테마(thema)를 잡으면 비교적 성공하기 쉬운 것은 사실이나, 작품의 성패는 결국은 어떤 테마를 선택하였나 하는 것에 의하여 결정되는 것이 아니고, 그것을 어떻게 작품으로 소화消化하였나 하는 것에 의하여 결정되는 것이다.

다음에 "스케일이 좀더 컸으면" 하는 것도 대다수大多數의 경우에는 논선스다. 제재題材의 선택은 작품의 자유요, 평자評者는 그 선택된 제재를 어떻게 소화消化하였나를 보면 그만이다. 그러므로 작자는 때로는 스케일이 큰 웅대雄大한 장편長篇을 쓰기도 하겠지만, 때로는 스케일이 작은 주옥珠玉 같은 단편短篇도 쓸 수 있는 것이다. 평자가 주옥 같은 단편을 앞에 놓고, 그것의 스케일이 작음을 비난非難하는 것은 논선스 이외의 아무것도 아니다. 물론 이렇게 말함으로써 나는, 평자가 작자에게 눈앞에 제시提示된 단편과는 별문제別問題로, 장편 대작大作에 대한 주문註文을 내는 것을 비난非難하는 것은 아니다. 작품 평자는 모름지기 작자가 그 제재를 어떻게 보았나를 검토한 다음에는, 그 제재를 살렸나, 못 살렸나, 환언換言하면 핀트를 잘 맞췄나 못 맞췄나를 검토함에 그칠 것이다.

---

유진오兪鎭午: 소설가, 법학자. 서울 출생. 경성 대학 법학과 출신. 현재 고려대학교 총장. [4241~ ]. 저서에 "/유진오 단편집/", 장편소설 "화상보華想譜" 들이 있음.

# 3. "상록수常綠樹"에서

심훈沈熏

"상록수"는 1934년 동아일보 현상에 당선된 그의 대표작으로 그 당시의 농촌 계몽 운동을 배경으로 하여 하나의 이상理想을 그린 것이다.

즉 정면으로 민족 운동을 그릴 수 없었던 일제日帝 시대에 있어서 농촌 계몽 운동에 취재取材한 작품으로 높이 평가되어 있다. 소설의 줄거리는 이러하다.

신문사 주최 학생 계몽 운동에 참가하였던 대원들의 다과회 석상에서 서로 알게 된 고등 농림의 박동혁朴東赫 군과 여자 신학교 채영신蔡永信 양은 뜻이 맞는 동지가 된다.

어떤 날 외국에 다녀와서 농촌 사업을 하는 백현경 여사네 집에 청년 남녀들이 모여 이야기를 듣는 중, 너무나 실천을 떠난 이론에 환멸을 느낀다.

그 후 동혁은 학비를 대느라고 말이 아니된 시골 집을 바로잡는 한편, 농촌 운동을 전개차 학업을 중단하고 고향 환곡리로 돌아와, 시골 청년들을 모아 놓고 농우회를 조직하여 농촌 사업에 헌신한다.

홀어머니의 고생으로 학업을 계속해 나가던 영신 역시 기독교 청년회

특파원으로 청석골로 내려가 농촌 사업에 종사한다. 그리하여 두 남녀는 사업 보고 겸 편지가 끊일 사이 없었는데, 돌연 영신에게서 그동안 사업에 열중한 나머지 몸이 극도로 쇠약해져서 얼마간 쉬어야겠다 하며 환곡리로 가서 쉬면서 동혁의 사업을 견학하겠노라는 편지가 오고, 영신이 환곡리로 동혁을 찾아왔다.

영신이가 막 싸리문 안으로 들어서는데, 별안간 건배가 미친 사람처럼, 작대기를 휘두르며 뛰어나온다.

건배가 놓여 나간 닭을 잡으려고, 작대기를 들고 논틀 밭틀로 껑충껑충 뛰어 다니는 광경은 혼자 보기 아까웠다.

그는 닭을 잡아 가지고 헐레벌떡거리며 들어오더니,

"이거 우리 아버지 제사 때 잡으려던 씨암탉인데, 우리가 청석골 가면, 송아지 한 마리는 잡으셔야 합니다. 이게 미끼니까."

하고 생색을 내고 나서, 푸득거리는 대로 흰 털을 풍기는 닭의 모가지를 바짝 비틀어, 부엌 바닥에다 던지고는, 손을 탁탁 털며 방으로 들어온다.

수란을 뜨고 닭고기를 볶고 하여서, 세 사람은 아침을 맛있게 먹었다. 사실 영신은 상일까지도 힘에 부치도록 했거니와, 돈 한 푼이라도 적게 쓰려고, 지나치게 악의악식을 하고 지냈다. 그래서 한창 나이에, 영양이 대단히 부족되어 건강을 상한 것이었다.

영신은 밥상으로 달려드는 두 어린것에게 닭의 다리를 하나씩 물려주고는,

"오늘이 내 생일인가 봐요."

하고 잠시 고향의 어머니 생각을 하였다.

"고만 이리 들어오셔요. 어서요."

하고 영신은 건배의 아내를 자꾸만 끌어들이려고 하건만, 그는 동혁이가 시스러운지,

"부엌 시중을 할 사람이 있어야죠."
하는 핑계로 들어오지를 않는다. 영신은 말머리를 돌려,

"그런데 공동답은 어떻게 허시는 거야요?"
하고 묻는다. 그 말에 선전부장이 잠자코 있을 리 없다.

"이 일 저 일 헐 것 없이 박 군이 다 발설을 해서 실행해 오는 거지만, 저 너머 큰 말 강 도사네 집 논 닷 마지기를 억지루 떼를 써서 도지로 얻었에요. 그래 우리 농우회원 열 두 사람이 합력을 해서 작년버텀 짓는 게야요."

"그럼 추수허는 건 어떻게 허나요?"

"도지 닷 섬만 그 집에 치르구선 그 나머지는 우리가 농사를 잘 지어서 열 섬이 나든 열 닷 섬이 나든 적립을 했다가, 다른 돈허구 보태서 우리의 회관을 꼭 지을 작정인데..."

"참 좋은 계획이로군요. 우리 '청석골'두 강습소 겸 공회당처럼 쓸 회관을 시급히 지어야 할 텐데 당초 예산이 서질 않아요. 지금 임시로 빌려 쓰는 예배당은 워낙 협착헌 데다가 주일날허구 삼일날 저녁은 쓰질 못하니까, 여간 불편하지가 않아서, 이번에 좀 쉬었다가 가선 억지루라두 집 한 채를 얽어 볼 작정이야요."

동혁은 구수한 보리밥 숭늉을 훌훌 마시고 앉았다가,

"회관을 짓는 게 그닥지 시급헐 것 같진 않지만, 회원들이 무시루 모여서 신문, 잡지나 돌려 보며 무슨 일이든지 서루 의논해 허려면, 아무래두 적합한 장소가 필요허겠어요. 야학만 해두 사철 한 데서 헐 수는 없으니까요."
하고는 눈을 아래로 깔고 무엇인지 생각하더니,

"허지만 공동답을 짓거나 또는 이용조합을 만들어, 씨앗이나 일용품을 싸게 사다가 쓰거나, 허다 못해 이발조합 같은 것을 만들고, 우리가 술 담배를 끊고 그 절약헌 돈을 저축하는 것은 반드시 회관 하나를 짓기

위한 게 아니지요."

"그럼 일테면 어느 비상시기非常時期에 한몫 쓰시려는 건가요?"

"아니오. 우린 언제나 비상시를 당허구 있는 게니까, 우선 조그만 일이래두 여러 사람이 한 몸, 한 뜻이 돼서, 직접 벗어붙이구 나서서 일을 허는 데 정신적으루 통일을 얻고, 또는 육체적으루 단련을 받으려는 데 있어요. 무엇버덤두 우리헌텐 단결력이 부족허니까요. 제각금 뿔뿔이 헤져서 눈앞에 뵈는 조그만 이익을 위해서 다투는 것버덤은, 그렇게 팔다리를 따루따루 놀리질 말구서, 너나할 것 없이 한 몸뚱이루 딴딴히 뭉쳐서, 그 뭉친 덩어리가 큼직허게 움직이는 것이 위력이 얼마나 있다는 것과, 모든 일에 능률이 올라가는 것과, 또는 땀을 흘리면서두 유쾌허게 일을 헐 수 있다는 것을 실지로 체험을 해서, 그 이치를 자연히 터득허두룩 훈련을 시키려는 데 있에요. 조기회만 해두 그렇지요. 지금 동네 늙은이 측에선 밥지랄을 헌다구 여간 반대가 아닌데, 실상 진종일 그 괴로운 일을 허구두, 먹을 것이 없어서 쩔쩔매는 우리들헌테는 영양분이 필요할지언정, "정말체조" 같은 운동이 필요하진 않으니까요. 허지만 아침마다 떨어지지 않는 눈을 억지루 비비면서 으능나무 밑으로 치닫는 것은, 일이 있으나 없으나 하루 한번씩 깨끗한 정신으루 한 장소에 모이자는 거지요. 그 모인다는 것, 한 사람의 호령 아래에 여러 사람의 몸이 똑같이 움직이고, 한 맘, 한 뜻으로 애향가를 부르는 데서 우리가 살아 있다는 의식을 찾구, 용기를 회복하려는 거예요."

동혁은 고개만 끄덕이며 듣는 영신의 얼굴에서 "나도 동감이야요." 하는 표정을 뵈며 말 구절마다 힘을 들인다.

건배는 물론, 영신이도 매우 긴장한 태도로 무엇보다도 단결이 필요하다는 말을 되풀이하고 식전에 느낀 감상을 이야기하는데 동화가 와서, 문밖에서 헛기침을 칵칵 하더니,

"형님 회원들이 벌써 왜서 기다리구 있수."

하고 나오기를 재촉한다.

한 백 평쯤 되는 못자리는 논둑이 찰찰 넘치도록 물이 잡혔다. 가벼운 아침 바람에 주름이 잡히는 잔물결을 헤치며, 칠룡이는 쟁기를 꼬느고 소를 몰아 갈기를 시작한다. 못자리 논은 적어도 한 열흘 전에 갈아 두어야, 벼 끝도 썩고 땅도 곯아지는데, 가뭄 때문에 이제야 갈게 된 것이다.

"이러, 이놈의 소!"

"어디어, 쩌쩌쩌쩌!"

연골에 상일이 몸에 밴 칠룡이는, 여자 손님이 논둑에 앉아서 내려다보는 바람에, 연방 혀를 차 가면서 소 모는 소리를 멋지게 내 뽑는다. 개량 보습이 논바닥을 무찌르고 나가는 대로, 물과 함께 시꺼멓게 진흙이 솟아올랐다가는 한쪽으로 착착 엎친다.

"다른 일은 거의 다 흉내를 내겠는데, 아직 논 가는 건 서툴러서 저 사람들한테 흉을 잡히는 걸요. 학교서 실습이라구 할 때 어디 쟁기질이야 해 봤어야지요."

동혁은 논둑 위에서 치맛자락을 날리는 영신의 곁으로 오며 말을 건넨다. 선전부장은 논을 다 갈기 전에는 아직 할 일이 별로 없는데도, 넓적다리까지 걷어붙이고 공연히 흙탕물을 텀벙거리며 돌아다닌다. 흰 저고리에 검정 바지를 입었는데, 아랫도리가 껑충한 것이 물고기를 찍으러 다니는 황새와 흡사하다. 영신은 그 꼴을 보고는 웃다가 손등으로 입을 가리고,

"남 허는 일이 보기엔 쉬운 것 같지만, 제가 실지루 해 보니까, 사뭇 다르더군요. 청석골은 부인 친목계婦人親睦契가 있는데요. 여편네들이 모두 나와서 벗어붙이구 일을 허길래, 남한테 지긴 싫어서, 하루 종일 목화밭을 매지 않았겠어요? 아 그랬더니만 그 이튿날은 허리가 빳빳허구 오금이 떨어지질 않아서 꼼짝두 못했어요."

하면서 남들은 다 꿈지럭거리는데, 저 혼자 구경을 하고 섰는 것을 매우 미안쩍게 여기는 눈치다.

"그러길래 힘드는 일을 하는데두, 저 사람네와 똑같이 헐 수 있도록 단련을 받아야만 허겠에요. 책상물림들이 상일에 잔뼈가 굵은 사람들처럼 그 세찬 일을 진종일 허구두, 배겨 낼만치 되려면, 첨엔 코피를 푹푹 쏟아야지요."

"그럼요. 그게 좀 어려운 노릇이야요? 서양선 소나 말이 허는 일을 우린 사람이 허니까요. 그럴수록 소위 우리 같은 지도 분자버텀 나서서 직접 일을 해야만 그게 모범이 돼서 남들이 따라오지요. 그러니까 우리는 정신적으로나 육체적으로나 잠시두 쉴 새가 없을 수밖에요."

하는데, 눈앞에서 소 머리를 돌리던 칠룡이가 종아리에서 커다란 거머리를 잡아 떼더니,

"이 정칠놈의 게 벌써버텀 붙어 당기나?"

하고 논두렁에다 힘껏 메어 붙인다. 굵다란 지렁이가 기어 올라가는 듯 심줄이 불뚝불뚝 솟은 종아리에서는, 검붉은 피가 줄줄이 흘러내린다. 영신은 씻지도 않고 내버려 두는 그 피를 바라보다가, 서울 백 선생이 말쑥한 양장에 비단 양말을 신고, 학교 실습장으로 나돌아다니던 것을 연상하였다. 파리라도 낙상을 할 듯이 매끈하던 그 종아리와, 거머리에게 빨려 논물을 시뻘겋게 물들이는 칠룡이의 종아리 —

"그렇구 말구요, 지도자라구 무슨 감독이나 십장처럼 힘든 일은 남에게 시키구서, 뻔뻔스레 놀구 먹으려는 건 아니니까요. 남녀의 구별꺼정두 없이 다 함께 덤벼들어서 일을 해야지요."

영신은 그제야 그 전에 백씨의 집에서 들은 동혁의 말을 되풀이하듯 하였다. 그러나 오늘 이 경우에 있어서는, 저 역시 피를 흘려가며 일을 하는 사람들을, 편히 앉아 바라다보는 처지에 있는 것을 생각하고 불안한 것뿐 아니라, 일종의 수치羞恥를 느끼며, 일어섰다 앉았다 한다.

갈아 놓은 논바닥을 다시 써레로 썰고 여러 회원들이 덤벼들어서 잡아 놓은 물을 바가지로 혹은 두레질을 해서 퍼 내느라니, 거의 점심 때가 되었다. 회원들은 우스운 소리를 해 가며, 자못 유쾌한 듯이 일을 하는데, 그네들의 이마에는 구슬 같은 땀이 숭숭 내배었다. 동혁은 가래 장부를 꼬느고, 건배는 키에 어울리지 않는 조그만 고무래를 들고, 못자리판을 판판히 고르기 시작한다. 한편으로는 줄을 띄워서 한 판씩 두 판씩 갈라 나간다. 나머지 회원들은 바소쿠리 지게에 거름을 지고 낑낑거리고 와서 펴는데, 퇴비堆肥 같은 거친 거름은 누르고, 재 같은 몽근 거름은 손으로 내저어 골고루 편다. 그러고 나서 다시 죽가래로 쪽 고르게 번대질을 치는데, 건배의 아내가 점심을 이고 도랑을 건너오는 것이 보였다.

내려쬐는 오월의 태양 아래에, 숭늉을 담아 든 오지병이 눈이 부시도록 번쩍거린다.

시계도 없는데 점심때를 어떻게 그렇게 일제히 맞추는지, 건배의 아낙의 뒤를 따라 회원들의 사내 동생이며 누이동생들이 밥보자기를 들고 혹은 함지박을 이고, 한 군데서 모였다 나온 것처럼, 죽 열을 지어 언덕을 넘고 논둑을 건너온다.

"이를 어쩌나, 저고리가 다 젖었군요."

영신은 건배의 아낙이 이고 나온 묵직한 함지박을 받아 내려놓는다. 보자기를 열고 보니, 아침에 먹다 남긴 것인지 미역을 넣고 끓인 닭국에는 노란 기름이 동동 떴다. 건배의 밥은 보리 반 섞임인데, 새로 닦은 주발에 고슬고슬하게 피워 담은 영신의 밥은 외씨 같은 이팝이다.

"찬은 없지만, 들밥이 맛있겠길래, 가지구 나왔어요."
하고 그는 밥 보자기로 어깨에 흐른 국물을 닦는다. 영신은 건배의 아낙을 붙잡고 점심을 같이 먹자고 하건만, 그는 어린애를 볼 사람이 없다고 되짚어 들어갔다.

"속이 궁해 죽겠는데, 우리 밥은 웬일이요?"

동화의 거센 목소리가 등 뒤에서 들렸다.

"참 두 분 점심은 왜 그저 안 가져올까요?"

영신이가 돌아다보며 물으니까 동화는.

"가져올 사람이 있어야죠."

한다. 그러자,

"얘, 저기 어머니가 오신다."

하고 동혁이가 손을 들어 멀리 축동 편짝을 가리킨다.

동화는 마주 가서 어머니의 머리에서 함지박을 받아 들고 뛰어 왔다. 동혁의 어머니는,

"고만둬라 그만둬. 내가 가지구 가마니깐."

하고 아들 형제의 밥 함지를 손수 들고 가겠다고 고집을 하다가, 숭늉병을 들고 작은아들의 뒤를 따라온다. 이런 계제에 아들을 찾아온 여학생을 먼발치로라도 보고 싶었던 것이다.

회원들은 웅덩이로 가서, 흙과 거름을 주무르던 손을 씻고, 논두렁에 가 둘러 앉아서 점심을 먹는다. 그들의 점심은 쌀을 양념처럼 둔 보리밥이다. 조가 반 넘어 섞인 덩어리를 짠지쪽과 고추장만으로 먹는다. 그중에서는 돌나물김치에, 마른 새우를 넣고, 지짐이처럼 끓인, 동혁이 형제의 반찬이 상찬이다.

"여보게들, 우리 합병을 허세."

새가 똥을 깔기고 간 것처럼, 얼굴에 온통 흙이 튄 것도 모르는 건배가, 함지박을 들고 동혁에게로 간다.

"참 그러십시다요. 나 혼자 맛난 걸 먹으니까, 넘어가질 않는 걸요."

하고 영신은 밥을 따라 동혁이 형제의 곁으로 간다. 동혁은 커다란 숟가락으로 보리밥을 모를 지어서 푹푹 떠 넣다가,

"왜 일 안하구 편하게 지내는 사람이라야만 기름진 걸 먹는, 그 쉬운

이치 속을 모르세요?"
하고 껄껄껄 웃는다. 영신은 저를 빗대어 놓고 하는 말이 아닌 줄 알면서도, 얼굴을 살짝 붉혔다.

닭국 한 그릇을 들고 서로 권하느라고 이리 밀어 놓고 저리 밀어 놓고 하니까, 아까부터 넘실거리고 있던 동화가,

"그럼 이리 내슈. 먹는 죄는 없다우."
하고 뚝배기를 집어 들고 돌아앉아 훌훌 마시더니, 건더기까지 두매 한 짝으로 건져 먹는다. 형은 어처구니가 없어서,

"아무튼 비위는 좋다!"
하고 아우의 턱밑의 어기적거리는 근육을 곁눈으로 본다. 영신은,

"퍽 쾌활하시군요."
하고 웃어 보일 수밖에 없었다. 건배는 동화를 물끄러미 보다가,

"참말 우리들의 먹는 거란 말씀이 아니지요. 그래두 오늘은 일을 헌다구 반찬이 좀 나은 셈인데요. 인제 보릿고개를 넘기려면, 굴뚝에서 연기가 못 나는 집이 경성드뭇해요. 높은 고개는 올라갈수록 숨이 가쁜 것처럼, 이 앞으로 몇 달 동안이 한창 어려운 고비니까요."
하고 여러 사람의 밥 먹는 것을 돌아보면서,

"우리 동네 사람들이 지내는 걸 보면 기막히지요. 몇십 리 밖에 나가서 품팔이를 허면, 삯메기로 한 대두 고작해야 삼십오 전이나 사십 전을 받는데, 어둑어둑헐 때꺼정 일을 허려면 허기가 지니까, 막걸리라두 한 사발 마셔야 견디지 않겠어요? 그러니 나머지 돈을 가지구는 수다 식구가 입에 풀칠두 허기가 어렵거든요. 나무 장사들두 허는데, 남의 멧갓의 솔가지 한 개피래두 꺾다가, 산림 간수헌테 들키는 날이면, 불려 가서 경치구 벌금을 무니까, 그나마 근년엔 못 해 먹어요."
하는데 동혁이가,

"여보게, 궁상은 그만 떨게. 원, 밥이 체허겠네그려."

하고 숟가락을 놓더니,

"허지만, 우리 농민들의 육체는 비타민 A가 어떠니 B가 어떠니 하는 현대의 영양 학설營養學設은 당초 적용되지 않는데, 그래두 곧잘 살거든요."

하고 입속으로 몰래 양치질을 하고 영신을 쳐다본다. 영신은 눈을 깜박이더니,

"그렇구 말구요. 칡뿌리를 캐거나 나무껍질을 벗겨 먹구두 사는 수가 용허지요."

한다. 건배는 그 말을 받아,

"흥!"

하고 콧방귀를 뀌더니

"그게 다른 게 아니라, 기적奇蹟이거든!"

하고 하늘을 우러러,

"헛 허허허"하고 허청웃음을 짓는다.

---

심훈沈熏: 본명은 대섭大燮. 소설가. 서울 출생. 저서에 장편소설 "상록수", "영원의 미소" 들이 있음.

# 4. "카인의 후예後裔"에서

황순원黃順元

"카인의 후예後裔"는 우리나라의 중견 작가 황순원黃順元의 소설이다. "카인의 후예"란 카인의 자손들, 다시 말하면 악惡한 자손들이란 뜻이다. 그러면 이 소설에선 어떤 사람들을 말함인가 하면 북한의 공산주의자들을 가리키고 있는 것이다.

이야기는 해방 뒤 북한北韓의 어떤 시골에 일어난 일들이다. 주인공인 박 훈이는 양심 있는 지식인知識人이다. 그는 야학夜學을 열고 시골 애들을 교육하고 있었는데 공산주의자들은 박훈이가 지주의 아들이요, 지식층이라는 이유로 야학을 해산시키고 만다. 뒤이어 이 시골에는 공산주의자들에 의한 갖은 행패가 계속해서 일어난다. 토지를 몰수하고 가산을 공공연히 뺏아가고 이유 없이 반동분자라는 죄목을 걸어 추방을 했다. 야속한 것은 인심이었다. 어제까지도 박훈의 아버지 그늘에서 농사를 짓고 밥을 먹고 하던 사람들도, 하루아침에 원수가 되어 박훈을 적대시敵對視했다. 그러나 그 속에도 인정이 있었다. 그것은 오장네라는 여자였다. 그는 박훈에 대한 의리도 있으려니와 마음으로부터 훈을 사랑한다. 악이 중한 때문에 더 인정적인 장면이 나오게 되는 것이다.

박훈은 갖은 모략을 받으면서도 자기 할 일을 하려고 했으나 악한 카인의 후예 속에선 도저히 오래 머무를 수가 없었다. 그는 드디어 결심을 하고 오장네와 함께 북한을 탈출하여 남한으로 올 계획을 세운다. 여기 나오는 장면은 그 탈출할 길을 알아보기 위하여 훈이가 평양으로 나오는 대목으로 되어 있다.

웬일인지 집집마다 문패가 하나도 붙어 있지 않았다. 그러나 대번에 그 집을 찾아낼 수 있었다. 그런데 안으로 대문이 걸려 있는 것이었다. 대문 위로 눈을 주니, 가시철사가 치어져 있었다.

훈은 지금 이리로 오는 길에서도 집집마다 담장 위에는 이와 같은 가시철사를 두르고, 집과 집 사잇 담장에는 석유통 같은 것을 달아 놓은 걸 본 것이었다. 이것이 시골에까지 소문이 퍼진 해방군(쏘련군)의 행패를 막기 위해 만든 장치란 것인가? 가련한 방어책이 아닐 수 없었다.

그래 대낮에도 이렇게 대문을 걸고 있어야 한다는 것. 훈은 해방 직후의 흥분이 가라앉은 듯한 이 거리가 그대로 편안하지만도 않은 것을 느꼈다.

대문을 흔들었다. 빈집 같이 조용했다. 안으로 문이 잠긴 걸 보아 누가 있기는 있을 터인데? 좀 더 세게 흔들었다.

그제야 인기척이 나면서 대문 틈으로 흰 옷자락이 희끗거렸다. 그러나 흰 옷자락은 그냥 대문께로 나오는 것이 아니었다. 저만큼 대문에 빗서서 이쪽을 살피는 것이었다.

"이 댁이 김시걸 씨 댁이지요?"

그러나 저편에서는 그 자리에 선 채,

"예, 어디서 왔습네까?"

하고 되묻는 것이었다. 조심스런 사내의 목소리였다.

"잠간 만나 볼 일이 있어서 왔는데요."

"지금 집에 없습니다. 촌에 갔습니다. 자기 외갓집에…"

훈은 김 청년은 벌써 서울로 떠났구나 하는 생각이 들었다.

그래 떠났으면 떠난 대로 분명한 말을 듣고 가리라 했다. 그러려면 먼저 자기가 누구라는 것을 알려 상대편의 경계심을 풀어 줄 필요가 있었다.

"저, 순안서 온 사람인데요."

훈은 자기 동네 이름보다도 순안이라는 게 상대편에게 알기 쉬울 것 같아 이렇게 말했다.

그러나 저편에서도 마음에 지피는 데가 있는 듯이,

"순안? 순안 어디서요?"

했다.

"순안 박혁이한테서 왔습니다."

조용히 흰 옷자락이 대문으로 가까이 왔다. 그리고 조용히 빗장을 뽑았다. 꺼먼 구레나룻을 기른 중년 사내였다. 직감으로 김시걸 청년의 아버지라는 걸 알 수 있었다.

사내는 훈의 얼굴을 한 번 쳐다보고는 훈의 어깨너머로 골목 밖을 살피는 것이었다.

"실은 부탁을 받구 왔는데요."

"그 박 군과 어떻게 되시나요?"

"사촌끼립니다. 그래 제 사촌동생과 댁의 자제와 오늘 밤 무슨 약속한 일이 있다구 해서 왔더니..."

사내도 이제는 훈이 누구라는 걸 알아차린 모양이었다. 반쯤 열어 잡은 대문 한 옆으로 비켜섰다. 들어오라는 표시였다. 훈의 뒤에서 사내가 다시 조용히 대문을 닫았다.

"그래 벌써 떠났군요?"

"아니요. 아직 안 떠났습니다."

그리고 사내는 아주 나직한 말로,

"지금 저의 이모네 집에 가 있습니다."

"네에."

"사실은 그 애가 박 군이 오는 대루 자기한테루 보내 달라구 그러더군요. 바루 장댓재 뒤인데..."

훈이 들고 있던 약도 그린 종잇조각을 내주었다. 그 뒷등에다 다시 그 집의 약도를 좀 그려 달라고.

사내가 방으로 들어가 연필을 들고 나왔다. 그리고는 이리 와 좀 앉으라고 툇마루를 가리켰다.

"숭인통 쪽으로 가면 더 찾기 쉽습니다마는, 면차를 타구 가실라믄 신창리에서 내레서 녯날 광명 서관 자리 옆으로 해서 올라가세야디요."

장댓재 고개를 넘어 숭인통 쪽으로 얼마큼 가야 하는 곳이었다. 그려주는 약도면 넉넉히 찾을 만했다.

칠성문 통으로 올라가 모란봉 입구에서 전차를 탔다.

차 안은 그다지 붐비지 않았다. 사창당 마당 앞을 지나는데, 복작거리는 사람의 떼가 확 눈에 들어왔다. 거리의 사람들이 모두 이리로 모였는 성싶었다. 어떤 여인이 자기 물건을 팔아 달라고 외국인의 배를 꾹꾹 지르며 무어라 주절거리는 모양도 보였다.

신창리에서 전차를 내렸다. 거기서 전찻길을 끼고 얼마쯤 내려가다 옛날 광명 서관 자리 옆 골목으로 들어섰다.

장댓재 고갯길은 상당히 높고 가파로운 길이다. 오른편 쪽은 곧 장댓재 예배당 담장이 되어 마루턱까지 올라갔고, 왼편 쪽은 인가가 이어져 숭덕 학교 둑담에 가 붙었다.

훈은 이 인가가 다한 데까지 와서는 걸음을 멈추고 숨을 태웠다. 이마의 땀을 문지르며 지금 올라온 길을 돌아다 보았다. 꽤 높이 올라와 있었다.

저만큼 어떤 사내 하나가 훈의 뒤로 올라오다가 훈만큼도 못 올라와서 숨을 태우고 있는 게 보였다.

고개 막바지에 올라서 다시 숨을 태우며 보니, 거기 길이 세 갈래로 갈라져 있는 것이었다. 올라온 길과 거의 맞서서 숭인통 쪽으로 내려간 길이 하나, 그리고 좌우로 에돌아서 내려간 길이 각각 하나씩.

약도에는 그것이 분명히 그려져 있지 않았다. 그래 우선 마주 뵈는 길을 잡아 내려가기로 했다. 왼편으로 골목이 나섰다. 들어섰다. 그러나 푸른 펭키칠 한 일각대문은 뵈지 않았다. 다음 골목으로 들어가 보았다. 역시 그런 집은 없었다. 숭인통에 나서기까지 왼편 골목에는 그와 같은 집은 뵈지 않았다. 자기가 잡아 내려온 길이 틀렸음이 분명했다. 다시 올라가 다른 길을 더듬어 보는 수밖에 없었다.

도로 올라가는 길에 미심결로 왼편 쪽 골목으로 들어가 보았다. 거기에 빛 낡은 푸른 펭키칠을 한 일각대문이 하나 보였다. 약도를 다시 펴 보아도 방향이 틀렸다. 그러나 아까 약도를 그릴 때 자기네는 언제나 숭인통으로 해서 다니는 길이라, 장댓재 쪽에서 내려오는 길로도 그만 왼편 골목이라고 잘못 그렸는지도 모를 일이었다,

좌우간 물어보는 수밖에 없었다. 대문 위에는 역시 가시철사가 둘리고 안으로 잠겨져 있었다. 대문을 흔드니 좀만에 한 중늙은이 사내가 나왔다. 아까의 경험이 있는 터라, 훈은 먼저 자기가 어디서 온 누구라는 걸 말했다.

중늙은이 사내는,

"순안서 오신 박 선생?"

하고, 천천히 훈의 말을 되뇌었다.

그러나 그 음성이 자기 혼자 생각하는 말치고는 필요 이상으로 큰 것이었다. 과연 이 말소리를 듣고 나오는 듯이 한 청년이 나왔다. 얼마 동안 햇빛을 피해 온 얼굴이었다.

이 청년이 나직이,

“박 동지의 형님이 아니십니까?”

했다.

“네, 사촌형입니다.”

“알갔습니다.”

하고, 청년이 중늙은이에게 눈짓을 했다. 대문을 걸라는 것이었다.

훈이 들어간 웃방은 조그만 단간 방으로 한 옆에 이부자리와 책 몇 권이 놓여 있었다.

훈이 자리에 앉자, 청년은,

“선생님 말씀은 벌써 박 동지를 통해 들어 알구 있습니다.”

했다. 아주 침착한 어조였다.

훈은 자기가 찾아온 뜻을 말했다.

“실은 사촌동생이 오늘밤엔 사정이 있어서 떠날 수 없게 됐습니다. 그래 여기 형편만 과히 뭣하지 않다면 좀 연기해 줄 수 없을까 해서요.”

잠시 청년은 무엇을 생각하고 있더니,

“연기한다믄 메칠이나 하믄 될까요?”

“오늘밤만 아니면 언제구 좋을 겝니다.”

청년은 다시 잠시 생각에 잠겼다가,

“그럼 이렇게 하시디요. 실은 배 부리는 이의 말이… 배 부리는 이가 바루 제 이종 사촌형입니다마는, 그 형님의 말이 내일 모래 글피가 사리가 돼서 밤배 떠나기엔 데일 돟다구요. 사리엔 밀물이 밤 열두 시에 찌기 시작해서 밤새두룩 찌니까요. 그걸 우리가 우게서 오늘밤 떠나기루 작뎡했던 겁니다. 선생님두 아시다시피 어디 불안해서 하루라두 더 오래 여기 머물러 있을 수가 있어야디요. 그르나 박 동지 사정이 그렇다믄 내일 모래 글피 사리에 떠나도록 하디요. 그 날만은 어게서 안될 겝니다. 시각은 배가 밤 열두 시 전에 떠야 할 테니까, 적어두 열한 시

반까지는 나와야 할 게구요. 당소는 전에 말한 만경대 고니섬 나룹니다. 바람세만 좋으믄 네 물거리믄 딘남포를 빠데 나갈 수 있을 겝니다. 낮에는 고기 사냥을 하는 척 날을 보내믄서…"

청년은 맑은 눈을 빛내며,

"하여튼 죽느냐 사느냐 하는 모험이디요."

"그런데 김형, 한 가지 더 부탁이 있는데요."

무엇 말이냐고 이쪽을 바라보는 청년의 시선을 면바로 받으며,

"배에 자리를 더는 낼 수 없을까요?"

"선생께서 쓰시게요?"

"예. 제 자리하고 한 자리만 더…"

"실은 배두 크디 않구 해서 사람 수를 극히 제한하구 있습니다. 그러나 선생님이 쓰신다믄 어떻게 해 보디요."

"감사합니다."

훈은 자기로서도 모를 일이었다. 이리로 오기까지 자기는 떠나는가 어쩌는가를 결정짓지 못하고 있은 것이었다. 그것을 지금 한 자리도 아니요 두 자리씩이나 부탁한 것이었다. 물론 그 중의 한 자리는 오장네의 것이었다. 뜻밖의 일이 아닐 수 없었다. 그러나 어쩐지 마음속에 오래 품고 있던 것이 흘러나왔다는 느낌이었다.

"그럼 배에 널락을 해 놓을 테니 선생님께서두 그 날 같이 나오십시오."

그리고 청년은 한 층 말소리를 낮추어,

"그런데 그 날은 곧당 고니섬 나루루 나오시두룩 하십시오. 실상은 일전에 박 동지가 댕게간 뒤에 수상한 사람이 우리 집 골목을 기웃거린 일이 있어서요. 그래 여기 이모네 집으루 옮가와 있는 겝니다. 오늘두 선생님이 돌아가신 후에 다시 다른 데루 자리를 옮기갔습니다. 잠시나마 거동을 조심하디 않으믄 결단나니까요. 놈들의 감시가 오죽해야디

요? 요새 나는 이 들창 하나만 믿구 삽니다."

여기서 청년은 뒤곁에 나 있는 들창을 한번 바라보고 나서,

"그러니 박 동지보구두 그날 나 있는 데를 찾을 게 아니라, 곧당 고니섬 나루루 나오라구 닐러 주십시오."

그러자 푸뜩 훈의 머릿속을 스치고 지나가는 게 있었다. 그것은 지난날 개털 오바 청년한테서 받은 선언이었다. 앞으로 허락 없이는 동네에서 십 리 밖을 나가서는 안 된다는 선언이었다. 그것을 자기는 이렇게 아무 말 없이 평양까지 온 것이다. 하기는 그건 토지 개혁이 있기 전의 일이니 이제 와서는 문제가 안 될는지 모른다. 그러나 김 청년의 말을 듣고 보니, 자기는 지금 반드시 누구의 감시를 받고 있음에 틀림없다고 생각됐다.

청년과 헤어져 나오면서 훈은 지금 누가 어느 집 모퉁이 같은 데 몸을 숨겨 가지고 자기의 거동을 감시하고 있는 것만 같음을 느꼈다. 그러나 그는 주위를 둘러보지는 못하는 것이었다.

좀 전에 장댓재 고개에서 어떤 사내 하나가 자기 뒤로 올라오다가 숨을 태우던 일이 생각났다. 혹 그가 자기를 감시하는 자나 아닌가? 그러나 그 사내의 얼굴 모습은 그만두고, 어떤 빛깔의 옷을 입고 있었는지조차 기억에 없었다.

숭인통 쪽으로 내려왔다. 그리고 거기 가게에서 담배와 성냥을 샀다. 그리고는 한 대 빼어 물고 성냥을 그었다. 그러나 성냥개비가 다 타도록 담배에 불을 당기지는 않았다. 다시 성냥을 그었다. 그러나 이번에도 담배에 불을 당기지는 않았다. 그러면서 그는 자기 옆을 지나쳐 앞서는 사람을 살피는 것이었다. 피울 줄 모르는 담배를 산 것은 이 때문이었다.

그러나 자기를 감시하는 사람이 있다면 결코 자기보다 앞서지는 않으리라는 생각이 들었다. 다시 걷기 시작했다.

서문 거리와 만나 네거리를 이룬 모퉁이에 음식점이 있었다. 들어가

장국밥을 시켰다. 그리고 무심코 내려다보니 손에다 아직 약도 그린 종잇조각을 접어 들고 있는 것이었다. 변소로 가 거기 변기통에 넣어 버렸다.

음식점을 나와 제일관 뒤까지 와서는 옆 골목으로 빠져 큰 거리로 나섰다. 사람이 제법 많이 오고 가고 있었다. 이렇게 많은 사람들 틈에 끼어 기차 시간까지 서성거리는 것도 좋을 성싶었다.

---

황순원黃順元: 소설가. 평남 대동大同 출생. 일본 조도전 대학 문학부 출신. [4248~ ] 저서에 단편집 "/곡예사/", "/기러기/"와 장편소설 "별과 같이 살다", "카인의 후예" 들이 있음.

# 5. "바람과 함께 사라지다"에서

M·미철 원작
양원달 번역

"바람과 함께 사라지다"는 우리말의 원고지로 해서 일만 장에 가까운 대 장편인데 전체가 다섯 부로 나누어져 있다. 제일 부는 남북 전쟁 이전의 그 한가롭고 아름다운 "면화왕국棉花王國" 시절, 제이 부는 전쟁의 초기, 제삼 부는 종전終戰까지, 제사 부는 오늘의 미국이 탄생하던 장엄한 전주곡前奏曲에 비길 만한 재건 시절, 제오 부는 오늘의 미국인들을 대표하는 작중 인물作中人物들에 대한 피나레.

위에 말한 전 오부를 다시 크게 나누어서 전, 후의 두 권으로 나눌 수 있다면, 여기에 뽑은 장면은 꼭 중간의 간주間奏곡, 혹은 전편의 피나레에 해당하는 부분이다. 남북 전쟁이라는 거대한 선풍이 지나간 뒤의 그 역사적인 광경을 그린 웅장한 필치筆致, 인류의 거인巨人인 오늘의 미국이 탄생하려는 진통陣痛 전야前夜의 그 막막함과, 어두움을 그린 부분이다. 그 암담暗淡한 무거운 공기, 컴컴한 절망 속에서도 마치 새벽하늘의 샛별과도 같이 아득히 또렷이 비치는 한 줄기 빛이 보이며, 무덤 속 같은 고요 속에서 은근히 들려 오는 한 울림의 선율旋律이 있다.

세기世紀의 여왕, 유나이티드 스테이츠 어브 어메리커의 탄생의 전조前

兆이다. 한 줌의 재 속에서 찬란한 새 생명이 싹트려고 꿈틀거린다. 무겁지 않을 수 없고 웅장하지 않을 수 없는 장면이다. 여기 인용한 부분은 양원달梁元達씨 번역 "바람과 함께 사라지다" 제 3권 255페이지에서 277페이지에 해당한 것인데, 그 남북 전쟁이 막 끝난 뒤에 여주인공 "스칼레트"가 자기의 고향인 테라로 찾아가는 참담한 풍경과 고생된 이야기의 장면이다. 그러나 "스칼레트"는 테라에서 아버지를 만나고 겨우 안도安堵의 숨을 내쉬는 것이다.

"어머니! 어머니!"

이렇게 속삭이어 보았다. 아아, 어떻게 해서든지 엘렌 앞에까지 갈 수만 있었으면! 아아, 하느님의 기적으로 지금도 테라의 저택이 우뚝 서 있고, 그래서 집 앞의 그 긴 가로수 길을 뚜벅뚜벅 달리어 집으로 들어설 수가 있었으면! 그리고 어머니의 그 부드럽고 인자하신 얼굴을 바라보며, 제 무서운 생각을 모두 몰아내어 줄 수 있는 그 부드러운 손길을 다시 한번 느끼며, 치맛자락을 움켜쥐고 그 속에 제 얼굴을 파묻을 수가 있었으면! 어떻게 하면 좋을는지 어머니는 아시리라. 어머니는 멜리와 갓난이를 살려 놓으시리라.

스칼레트는 고달픈 말잔등에 다시 채찍질을 하였다. 아, 좀 더 빨리 가야지! 그 길고 뜨거운 하루가 종일 걸리어 끝이 없는 듯한 이 길을 타달타달 여기에까지 왔다. 그는 군데군데 물이 잡힌 손으로 말고삐를 더욱 꽉 쥐고, 말잔등을 맹렬히 때리곤 하였다. 그럴 적마다 두 팔이 타는 듯이 아팠다.

아주 피로한 말이라, 채찍이나 고삐에도 아무런 반응이 없이 발을 끌며 조그마한 돌멩이에도 엎드러지곤 하며, 금방 쓰러질 듯이 비틀거리면서 여전히 타달타달 걸어간다. 그리하여 황혼이 되자, 마침내 이 끝이 없는 듯하던 긴 여행도 마지막 고개로 접어들었다. 모퉁이를 돌아서자, 샛길은 끝이 나고 신작로가 나타났다. 테라까지 이제는 한 마일밖에 남지 않았다!

눈앞에는 산 귤나무로 된 울타리가 거무스름하게 우뚝 솟아 있었다. 가로수 길 앞에서 말을 세웠다. 그리고 짙어 가는 황혼 속으로 두 줄로 늘어선 낯익은 가로수를 내다보았다. 모두가 컴컴하였다. 저택에나 노예들의 숙사에나 불빛 하나 반짝하지는 않았다. 어두움 속에서 자세히 보니, 희미하게 눈앞에 나타나는 것은 그 날 하루에 무수히 보아 온 그 낯익은 광경이었다. ― 파괴된 이층 위에, 마치 거대한 묘석墓石 모양, 우뚝 솟아 있는 두 개의 높다란 기둥과, 마치 알을 파낸 눈방울 모양 뺑 하고 뚫려 있는 부서진 컴컴한 유리창들.

그는 고삐로 딱딱 소리를 내어 말을 몰았다. 테라는 이 길 위에 불과 반 마일밖에 안 되는 곳이 아니냐?

멜라니

가 눈을 떴다. 스칼레트가 제 옆에 서 있음을 보고,

"언니- 집에 왔어요?"

하고 속삭인다.

집에! 이 말을 듣자 스칼레트의 눈에는 뜨거운 눈물이 맺히었다. 집, 집은 없어지고, 그리고 저희들은 미칠 듯이 황량한 세계에서 홀로의 몸이 되어 있음을 멜리는 모르는구나.

"아직 못 왔어. 그러나 곧 될 게야."

될 수 있는 대로 부드러운 소리로 말해 주었다.

"가엾은 것난이."

하고 속삭이면서 멜리의 한 손이 어린애 있는 대로 간신히 뻗어 가다가 도로 털썩 떨어지고 말았다.

스칼레트는 갖은 힘을 다하여, 간신히 마차 안으로 기어 올라가서 다시 고삐를 쥐었다. 말은 머리를 축 늘어뜨리고 선 채, 움직이려고 하지를 않았다. 스칼레트는 용서 없이 나뭇가지를 휘둘렀다. 고달픈 말을 이렇게까지 학대해야만 하는 제 심정을 하느님이 알고 용서해 주시겠지. 용서해 주시지 않더라도 할 수 없는 일이었다. 마침내 테라도 바로 눈앞이니 반의 반 마일만 더 가서는 이 말도 마음대로 자리에 누울 수가 있을 것이 아니냐?

마침내 말이 천천히 움직이었고, 한 발자국씩 발길을 옮길 적마다 마차는 삐걱거리고 구슬픈 울음소리를 하였다.

드디어 밋밋이 경사진 언덕길 아래에까지 오자 스칼레트의 눈에는 눈물이 글썽글썽해졌다. 이 고개를 넘어서면 바로 테라이다. 그러자 다시금 가슴이 내려앉았다. 이 늙어 빠진 말이 아무리 해도 고개를 올라가려고 하지 않는 것이었다. 옛날에 좋은 말로 달릴 적에는 언제나 아주 밋밋한 조그만 고개로 생각되었다. 그러나 그 고개가 그 뒤에 아무리 이렇게까지 험해졌을 리가 있나? 하여간 힘에 겨운 짐을 실은 이 말로서는 도저히 올라갈 수 없을 것 같았다.

고달픈 몸을 다시 말에서 내리어서 말고삐를 입 밑에까지 다가 쥐었다.

아아, 말의 걸음이 어떻게나 느리었던지! 말의 입에서는 침이 줄줄 흘러 스칼레트의 손 위에 떨어졌으나 다음 구절은 생각이 나지 않았다.

"무거운 걸음으로 오늘도 저무나니 며칠만 더 가면 끝이 오려나!"

"몇 발짝만 더 가면은" 하고 여러 번 머릿속에서 중얼거리어 보았다.

"몇 발짝만 더 가면, 고달픈 이 걸음도ㅡ"

마침내 고갯마루에 올라섰다. 눈앞에 어두워 가는 하늘을 배경으로 컴컴한 나무숲이 우뚝 솟은 것이 보이었으니, 이것이 테라의 참나무였다. 불빛이 하나라도 보이나 하고 스칼레트는 부리나케 사방을 둘러보았다. 불빛은 하나도 없었다.

"모두 가 버렸구나!"

하고 마음속으로 중얼거리면서, 그는 써늘한 납덩어리와 같은 것을 가슴 속에 느끼었다. 모두가 사라졌구나!

그는 신작로를 버리고, 말 머리를 마차 길로 돌리었다. 머리 위를 덮은 삼나무 때문에 주위는 캄캄한 밤중과도 같았다. 이 긴 어두운 굴속으로 주의력을 다하여 앞을 내어다보았다. 그리고 그는 제 눈을 의심하였다. 아니, 피로한 눈이라, 허깨비를 본 셈이냐? — 저기에 어둠에 가리어 희미하게 보이는 흰 벽돌집, 저것은 테라의 저택이 아니냐! 집이구나! 그리운 내 집! 저 정다운 흰 벽, 펄럭이는 창장을 드리운 유리창, 널따란 베란다 — 이런 것이 모두 저 앞에, 어둠 속에 정녕코 서 있단 말이냐?

가로수 길은 여러 마일이나 되는 듯싶었고, 말은 완강하게 버티고 서서 끌어야만 걷고, 발길은 더욱더욱 느려졌다. 그의 시선은 어둠 속을 열심히 더듬었다. 아무리 보아도 지붕은 온전히 남아 있는 모양이었다. 그럴 수가 있나, 그럴 수가 있나? 아니, 그럴 수는 없는 일이다. 아무것도 용서할 줄을 모르는 것이 전쟁이매, 테라라고 용서했을 리가 없다 — 아무리 여러 백 년을 견딜 수 있게 지어 놓은 테라일망정, 이 전쟁이 테라 위로 그냥 지나갔을 리는 없다.

그러자, 좀 더 가까이 오노라니까, 저택의 윤곽선이 그림자 같이 떠오르는 것이었다. 그는 말을 좀 더 빨리 끌었다. 어둠 속으로도 흰 벽이 뚜렷이 나타났다. 그리고 거기에는 연기도 끓지 않았다. 아아, 테라만은 난을 피할 수가 있었구나! 나의 집! 그는 고삐를 놓고 마지막 몇 발짝을 뛰어서 갔다. 벽을 모두 두 팔 안에 끼어 안고 싶은 충동을 느끼면서 정신없이 뛰었다. 그러자 어둠 속에서 어른거리는 그림자가 보인다. 컴컴한 앞 베란다에서 나오더니, 층계 맨 꼭대기에 우뚝 선다. 테라는 빈집은 아니로구나. 집에 남아 있는 사람이 있구나!

기쁨의 함성이 목구멍까지 올라왔으나, 거기서 그만 사라지는 것이었다. 사람이 사는 집이 이렇게 컴컴하고 잠잠할 수가 있느냐? 또 저것이 사람일진대 이렇게도 고요하고 제게 소리도 안 질러 줄 리가 있느냐? 대체, 어떻게 된 셈이냐? 어찌 된 영문이냐? 테라는 상처 없이 서 있기는 했지만, 오늘 지나온 모든 폐허 위에 떠돌던 그 불길스러운 정적이 온 집을 덮고 있었다. 그러자, 그림자가 움직이었다. 뻣뻣이 서서 천천히 층계를 내려온다.

"아버지?"

하고 스칼레트가 힘주어 속삭이었다. 아버지가 아닌가 하는 생각에서였다.

"저예요 — 스칼레트요. 제가 돌아왔어요."

아버지가 스칼레트 쪽으로 온다. 마치 자다 깬 사람 모양, 말이 없고, 뻣뻣한 다리를 끌면서 왔다. 앞으로 오더니, 마치 꿈속으로 아는 모양, 꿈속의 사람을 바라보는 듯이 딸을 쳐다본다. 그러다가, 손을 내어밀어 딸의 어깨 위에 얹는다. 이 손의 떨림을 스칼레트는 느끼었다. 마치 무서운 악몽에서 깨어 아직 절반밖에는 제정신이 돌아오지 않은 사람의 손처럼 떨리었다.

"내 딸." 하고 그는 간신히 입을 떼었다. "내 딸."

아버지와 딸은 아무 말도 없이 서로 껴안은 대로 오랫동안 서 있었다.

터덜터덜 발자국 소리가 나더니 굴속 같은 복도로부터 검은 그림자가 나타났다.

포크가 층계를 뛰어 내려오는 것이었다.

"아씨! 스칼레트 아씨!"

하고 포크가 부른다.

스칼레트가 포크의 팔을 잡는다. 포크 — "테라"의 한 조각, 한 기둥과도 같은 포크, 저 벽돌이나 복도처럼 정다운 포크! 그 서투른 손으로 저를 쓸어 주는 포크의 눈에서는 눈물이 흘렀다. 줄줄 흘러 제 손을 적시었다.

"아씨가 돌아오셨구먼, 아씨가!"

하고, 프리시에게서는 울음이 터지면서 드문드문 말소리가 들린다.

스칼레트는 이 사람들을 보고만 있을 수가 없었다.

"멜리 아씨가 마차 안에 있어, 간난이하구. 포크 자네가 이층으로 안아 올려 가게. 잘 주의해. 이층 응접실에 눕혀 줘. 프리시 너는 갓난이를 안구 웨이드를 데리구 안으루 들어가서, 웨이드에게 물을 한 모금 먹여 줘. 매미두 여기 있나, 포크? 내가 부른다구 좀 그래 주게, 응."

주인 아씨의 위엄 있는 목소리에 기운을 얻어 포크는 얼른 마차 앞으로 가서 차 안을 더듬었다. 그 오랫동안 누워 있던 깃이불에서, 반은 쳐들리고 반은 끌리어 나오면서, 어린애처럼 고개를 포크 어깨 너머로 떨어뜨리었다. 프리시가 갓난이를 안고 웨이드의 팔을 잡아끌면서 포크의 뒤를 따라, 넓은 층계로 걸어갔다.

---

M·미철(Mitchell Margaret): 미국의 여류 소설가. [1900–1949]. 의학을 공부하려다가 중단한 후 잡지 기자를 거쳐 10년간에 걸쳐 그의 유일한 작품 "바람과 함께 사라지다"를 완성. 1936년에 발표하여 세계적 인기를 얻었음.

# IV. 붓 가는 대로〈隨筆〉

1. 수필隨筆 쓰는 법
2. 수필론隨筆論
3. 보리
4. 그믐달
5. 해운대海雲臺에서
6. 기우문祈雨文
7. 대춘待春

수필隨筆은 그때그때 보고 느끼고 생각나는 것을 자유스럽게 써 가는 산문 문학散文文學의 한 종류이다.

다른 종류의 문학 – 시詩나 소설과 비교한다면, 수필은 특별한 형식의 제약制約을 받지 않고, 미리 주제主題를 만들거나 인물人物, 장소場所, 사건事件 등을 특별히 잡지 않고 수시로 느끼며 생각한 것을 자유롭게 기록하는 문학이다.

수필은 본시 대화對話가 그 기원起源이라고 하는 것을 생각하면, 그 성격이 짐작된다. 말하자면 선생과 제자가 때에 따라 이야기한 것, 예를 들면 플라톤의 "대화록對話錄"이나, "성서聖書" 같은 것이 그것이며, 우리 동양에서는 "논어論語", "맹자孟子" 같은 것이 모두 그런 대화의 기록으로서, 수필의 선구先驅가 된 것이다.

그러나 자유스런 글이란 것은 반드시 쓰기 쉽다는 뜻이 되지는 않는다. 자유스러우니만큼 도리어 그것으로 일가一家를 이루는 것은 어렵다. 우리 나라에도 시인詩人 소설가小說家는 많지만, 수필가는 극히 드물다는 것이 그 한 반증反證일 수 있을 것이다.

여기 양주동梁柱東씨 등 몇 분의 수필 쓰는 법을 소개하고, 이은상, 피천득씨 등 몇 분의 작품을 들어, 수필 공부의 교재로 한다.

# 1. 수필隨筆 쓰는 법

양주동梁柱東

수필은 시詩나 소설이나 평론評論처럼 정확한 계획과 일정한 형식에 맞추어 쓰는 것이 아니요, 지극히 자유로이 아무런 법식에도 의하지 않고 쓰는 글이다.

다만 현대의 수필이 산문散文으로 쓰여지는 것을 원칙으로 하고 있을 뿐, 다른 아무런 제한制限도 없이, 쓰는 사람의 의사意思에 따라 마음대로의 형식과 내용을 담는 것이다.

수필을 그 내용이나 주제主題에서 이를 정의定義하기는 어려운 것이다.

수필에서는 쓰는 사람의 신변잡사身邊雜事에서 비롯하여 스케치, 사색思索, 감상感想, 비평批評 등 온갖 종류의 글을 다 쓸 수 있으나, 그것이 문학으로서의 가치를 가지는 데는, 쓰는 사람의 지성知性과 높은 인격이 풍겨 있어야 한다.

소설에서는 가상假想의 이야기에 작가의 도덕관이나 사회관을 은연중 풍기고, 또 간접적으로 담을 수 있으나, 수필은 그러한 가공적架空的인 이야기를 만들지 않고 자기의 마음을 얘기하듯 기록하는 것이므로, 쓰는 사람의 마음의 거울과도 같은 것이다.

세련洗練된 감성感性, 연마鍊磨된 품성品性이 나타나 있지 않은 수필은 쓰는 솜씨의 졸拙함을 탓하기보다 쓴 사람의 인품人品에서 오는 결과라고 할 수 있는 것이다.

이와 같이 수필에는 필자筆者 자신의 인간이 잘 나타나 있게 된다. 따라서 그러한 진실된 글이라 할지라도 그것은 극히 부드러운 마음으로 이야기하는 기분으로써 쓰여지는 것이다.

아무런 구속도 조건도 받지 않고 자유롭고 안온한 마음으로 기술記述해 가는 자기 자신의 이야기, 그것이 수필이라고도 할 수 있다.

수필을 쓰는 데 생각해야 할 몇 가지를 들어 보기로 하면,

(1) 무엇을 어떻게 쓸까 하고 망설일 필요가 없다. 아무런 일이나 감흥을 느낄 수 있는 일을, 곁에 앉은 사람에게 이야기하듯 좌담座談처럼 쓸 수도 있고, 추억을 더듬고, 인간의 애정을 그려도 좋을 것이다.

(2) 소설과 달라서, 쓰는 사람의 심경을 뚜렷이 나타낸다. 그 사람의 생활이나 생각이 역연歷然히 나타날 때, 그 수필은 독자의 친밀감親密感을 깊이하게 된다. 이 친밀감이란 수필의 특유한 생명이기도 하다.

(3) 조그마한 일, 예사로운 것에도 주의 깊이 보고 생각하는 태도를 가져야 한다. 그렇게 함으로써 수필이 될 이야기는 많아지고, 거기서 인생을 깨닫고 아름답게 보는 눈과 마음이 밝아진다.

(4) 소설이 주로 꾸며 낸 이야기로써 만들어지는 데 대하여 수필은 필자 자신의 진실 그대로 아무런 가작假作된 스토리를 빌리지 않고 표현되는 것이므로 항상 주관적이요 개인적이다. 그러나 어떠한 자기 이야기를 더 효과 있게 표현하기 위하여 하나의 스토리를 꾸며서 그것으로 자기의 이야기를 할 수도 있다. 이런 경우의 스토리는 어디까지나 자기 마음을 표현하기 위한 방법으로써 차용借用된 것이다.

(5) 도덕을 논하고 사회를 비평批評하는 것도, 그것이 자기의 심정心情에서 우러나는 것이면 수필이 된다.

(6) 수필의 길이는, 이 역시 자유로울 것이나, 일반적으로 소설처럼 길 수는 없는 것이다. 즉 수필은 그것이 바로 자기 표백表白이기 때문이다. 어떠한 문장에서나 마찬가지로 자기의 생각을 지리하게 그리는 것은 좋지 못하다.

---

양주동梁柱東: 호는 무애無涯. 개성 출생. 시인, 평론가, 고전 문학 연구가 [4236~ ]. 일찌기 시집 "/금성金星/", 문예잡지 "/문예 공론/" 등을 주재主宰. 현재 동국, 국학 그 외 각 대학에서 고전 문학을 강의하고 있으며, 시집 "/조선의 맥박/"을 비롯하여 "/조선 고가 연구朝鮮古歌研究/", "/여요전주麗謠箋註/", "/고전 문학 독본/" 등 많은 저서가 있음.

# 2. 수필론隨筆論

피천득皮千得

수필은 청자연적靑磁硯滴이다. 수필은 난蘭이요, 학鶴이요, 청초淸楚하고 몸맵시 날렵한 여인이다. 수필은 그 여인이 걸어가는 숲속으로 난 평탄하고 고요한 길이다. 수필은 가로수街路樹 늘어진 페이브먼트(pavement)가 될 수도 있는 것이다. 그러나 그 길은 깨끗하고 사람이 적게 다니는 주택가住宅街에 있다.

수필은 청춘의 글은 아니요, 서른여섯 살 중년 고개를 넘어선 사람의 글이며, 정열情熱이나 심오深奧한 지성知性을 내포內包한 문학이 아니요, 그저 수필가가 쓴 단순한 글이다.

수필은 흥미는 주지만 읽는 사람을 흥분興奮시키지는 아니한다. 수필은 마음의 산책散策이다. 그 속에는 인생의 향취香趣[13]와 여운餘韻이 숨어 있는 것이다.

수필의 색깔은 황홀 현란恍惚眩亂하거나 진하지 아니하며, 검거나 희지 않고, 퇴락頹落하여 추하지 않고, 언제나 온아 우미溫雅優美하다. 수필의 빛은 비둘기 빛이거나 진줏빛이다. 수필이 비단이라면 번쩍거리지 않는

13 '香臭'의 오기.

바탕에 약간의 무늬가 있는 것이라, 그 무늬는 읽는 사람 얼굴에 미소微笑를 띠게 한다.

수필은 한가하면서도 나태懶怠하지 아니하고, 속박束縛을 벗어나고서도 산만散漫하지 않으며, 찬란하지 않고 우아優雅하며, 날카롭지 않으나 산뜻한 문학이다.

수필의 재료는 생활 경험, 자연 관찰, 인간성이나 사회 현상에 대한 새로운 발견, 무엇이나 좋을 것이다. 그 제재題材가 무엇이든지 간에 쓰는 이의 독특한 개성個性과 그때의 무드(mood)에 따라, "누에의 입에서 나오는 액液이 고치를 만들 듯이" 수필은 써지는 것이다. 수필은 플로트(plot)나 클라이막스(climax)를 필요로 하지 않는다. 필자筆者의 가고 싶은 대로 가는 것이 수필 행로行路이다. 그러나 차를 마시는 것과 같은 이 문학은, 그 차가 방향芳香을 갖지 아니할 때에는 수돗물같이 무미無味한 것이 되어 버리는 것이다.

수필은 독백獨白이다.

소설가나 극작가는 때로 여러 가지 성격을 가져 보아야 된다. 셰익스피어(Shakespeare)[14]는 해믈리트[15]도 되고 포로니아스[16] 노릇도 한다. 그러나 수필가 찰스 램(Charles Lamb)[17]은 언제나 램이면 되는 것이다. 수필은 그 쓰는 사람을 가장 솔직히 나타내는 문학 형식이다. 그러므로 수필

---

14 셰익스피어(Shakespeare, William) 1564–1616: 영국의 극시인. 빈한한 가정에 태어나 나중에 배우가 되어 활약하는 한편, 시작과 극작에 힘써 마침내 세계 최대의 극작가요 시인이란 칭호를 획득하였다. 그의 작품으로 현재 전해 오는 것이 37편, "해믈리트", "리어 왕", "맥베드", "오세로", "베니스의 상인", "로미오와 줄리에트" 들은 유명함.

15 해믈리트; 셰익스피어의 극 "해믈리트"의 주인공. 우유부단優柔不斷의 성격 소유자.

16 포로니아; "해믈리트"의 여주인공

17 찰스 램(Charles Lamb): 영국의 수필가. [1775–1834]. 대표작으로 "셰익스피어의 이야기" "영국 시인의 모범" "시" 등이 있음.

은 독자에게 친밀감을 주며, 친구에게서 받은 편지와도 같은 것이다.

덕수궁德壽宮 박물관에 청자연적이 하나 있었다. 내가 본 그 연적은 연꽃 모양으로 된 것으로, 똑같이 생긴 꽃잎들이 정연整然히 달려 있었는데, 다만 그중에 꽃잎 하나만이 약간 옆으로 꼬부라졌었다. 이 균형均衡 속에 있는 눈에 거슬리지 않는 파격破格이 수필인가 한다. 한 조각 연꽃잎을 옆으로 꼬부라지게 하기에는 마음의 여유餘裕를 필요로 한다.

이 마음에 여유가 없어 수필을 못 쓰는 것은 슬픈 일이다. 때로는 억지로 마음의 여유를 가지려다가는 그런 여유를 갖는 것이 죄스러운 것 같기도 하여, 나의 마지막 10분지 1까지도 숫제 초조焦燥와 번잡煩雜에다 주어 버리는 것이다.

---

피천득皮千得. 서울 출생. 영문학자. [4243~ ]. 영문학에 관한 많은 논문을 발표하며, 1949년에 "/서정 시집/"을 내었음.

# 3. 보리

한흑구韓黑鷗

## 1

보리.

너는 차거운 땅속에서 온 겨울을 자라 왔다.

이미 한 해도 저물어, 논과 밭에는 벼도 아무런 곡식도 남김없이 다 거두어들인 뒤에, 해도 짧은 늦은 가을날, 농부는 밭을 갈고, 논을 잘 손질하여서, 너를 차디찬 땅속에 깊이 묻어 놓았었다.

차거움에 응결된 흙덩이들을, 호미와 고무래로 낱낱이 부숴 가며, 농부는 너를 추위에 얼지 않도록 주의해서, 굳고 차거운 땅속에 깊이 묻어 놓았었다.

"씨도 제 키의 열 길이 넘도록 심어지면, 엄이 나오기 힘이 든다."

옛 늙은이의 가르침을 잊지 않으며, 농부는 너를 정성껏 땅속에 묻고, 이에 늦은 가을의 짧은 해도 서산을 넘은 지가 오래고, 날개를 자주 하여 까마귀들이 깃을 찾아 간 지도 오랜, 어두운 들 길을 걸어서, 농부는 희망의 봄을 머릿속에 간직하며, 차거운 허리도 잊고 집으로 돌아오곤 했다.

2

온갖 벌레들도 부지런한 꿀벌들과 개미들도, 다 제 구멍 속으로 들어가고, 몇 마리 산새들만이 나지막하니 울고 있던 무덤가에는, 온 여름 동안 키만 자랐던 속새풀 더미가, 갈대꽃 같은 솜꽃만을 싸느란 하늘에 날리고 있다.

물도 흐르지 않고, 다 말라 버린 갯장변 밭둑 위에는, 앙상한 가시덤불 밑에, 늦게 핀 들국화들이 찬 서리를 맞고, 고개를 숙이고 있었다.

논둑 위에 깔렸던 잔디들도, 푸른 빛을 잃어버리고, 그 맑고 높던 하늘도 검푸른 구름을 지니고 찌푸리고 있는데, 너, 보리만은 차거운 대기大氣 속에서, 솔잎 끝과 같은 새파란 머리를 들고, 머리를 들고, 하늘을 향하여, 하늘을 향하여, 솟아오르고만 있었다. 이제 모든 화초는 지심地心 속의 따스함을 찾아서 다 잠자고 있을 때, 너, 보리만은 그 억센 팔들을 내뻗치고, 새말간 얼굴로 생명의 보금자리를 깊이 뿌리박고 자라 왔다.

날이 갈쑤록 해는 빛을 잃고, 따스함을 잃었어도, 너는 꿈쩍도 아니하고, 그 푸른 얼굴을 잃지 않고 자라왔다.

칼날같이 매서운 바람이 너의 등을 밀고, 얼음같이 차디찬 눈이 너의 온몸을 덮어 엎눌러도, 너는 너의 푸른 생명을 잃지 않았었다.

지금 어둡고 차디찬 눈 밑에서도, 너, 보리는 장미꽃 향내를 풍겨오는 그윽한 유월의 훈풍薰風과, 노고저리 우지지는 새파란 하늘과 산 밑을 훤히 비추어 주는 태양을 꿈꾸면서, 오로지 기다림과 희망 속에서, 아무 말이 없이 참고 견디어 왔으며, 오월의 맑은 하늘 아래 아직도 쌀쌀한 바람에 자라고 있다.

## 3

춥고 어두운 겨울이 오랜 것은 아니었다.

어느덧 남향 언덕 위에 누른 잔디가 속잎을 날리고, 들판마다 민들레가 웃음을 웃을 때면, 너, 보리는 논과 밭과, 산등성이에까지, 이미 푸른 바다의 물결로서 온 누리를 덮는다.

보리다.

낮은 논에도, 높은 밭에도, 산등성이 위에도 보리다. 푸른 보리다. 푸른 봄이다.

아지랑이를 몰고 가는 봄바람과 함께 온 누리는 푸른 봄의 물결을 이고, 들에도, 언덕 위에도, 산등성이에도, 봄의 춤이 벌어진다. 푸르른 생명의 춤, 새말간 봄의 춤이 흘러넘친다.

이윽고 봄은 너의 얼굴에서, 또한 너의 춤 속에서, 노래하고 또한 자라난다.

아침 이슬을 머금고, 너의 푸른 얼굴들이 새날과 함께 빛날 때에는, 노고지리들이 쌍쌍이 짝을 지어, 너의 머리 위에서 봄의 노래를 자지러지게 불러 대고, 너의 깊고 아늑한 품속에 깃을 들이고, 사랑의 보금자리를 틀어 놓는다.

## 4

어느덧 갯장변에 서 있는 수양버들이 그의 그늘을 시내 속에 깊게 드리우고, 나비들과 꿀벌들이 들과 산 위를 넘나들고, 뜰 안에 장미들이 그 무르익은 향기를 솜같이 부드러운 바람에 풍겨 보낼 때면, 너, 보리는 고요히 머리를 숙이기 시작한다.

온 겨울의 어둠과 추위를 다 이겨 내고, 봄의 아지랑이와, 따뜻한 햇볕과, 무르익은 장미의 그윽한 향기를 온몸에 지니면서, 너, 보리는 이제 모든 고초와 사명을 다 마친 듯이, 고요히 머리를 숙이고, 머리를 숙이고, 성자聖子인 양 기도를 드린다.

## 5

이마 위에는 땀방울을 흘리면서, 농부는 기쁜 얼굴로 너를 한아름 덥썩 안아서, 낫으로 스르릉스르릉 너를 거둔다.

농부들은 너를 먹고 살고, 너는 또한 농부들과 함께 자란다.

너, 보리는 그 순박하고, 억세고, 참을성 많은 농부들과 함께 자라나고, 또한 농부들은 너를 심고, 너를 키우고, 너를 사랑하면서 살아간다.

## 6

보리, 너는 항상 그 순박하고, 억세고, 참을성 많은 농부들과 함께, 이 땅에서 영원히 사라지지 않을 것이다.

---

한흑구韓黑鷗: 본명은 세광世光. 시인. 평남 출생. 미국 노드파크 대학 출신. [4242~ ]. 저서에 "/현대 미국 시선詩選/"이 있음.

# 4. 그믐달

나도향羅稻香

나는 그믐달을 몹시 사랑한다.

그믐달은 너무 요염妖艶하여 감히 손을 댈 수도 없고 말을 붙일 수도 없이 깜찍하게 예쁜 계집 같은 달인 동시에, 가슴이 저리고 쓰리도록 가련한 달이다.

서산 위에 잠깐 나타났다 숨어 버리는 초생달은 세상을 후려 삼키려는 독부毒婦가 아니면, 철모르는 처녀 같은 달이지마는, 그믐달은 세상의 갖은 풍상風霜을 다 겪고 나중에는 그 무슨 원한怨恨을 품고서 애처롭게 쓰러지는 원부怨婦와 같이 애절哀絶하고 애절한 맛이 있다.

보름의 둥근 달은 모든 영화와 끝없는 숭배를 받는 여왕 같은 달이지마는, 그믐달은 애인을 잃고 쫓겨남을 당한 공주公主와 같은 달이다.

초생달이나 보름달은 보는 이가 많지마는, 그믐달은 보는 이가 적어 그만큼 외로운 달이다. 객창한등客窓寒燈에 정든 임 그리워 잠 못 들어 하는 분이나, 못 견디게 쓰린 가슴을 움켜잡은 무슨 한 있는 사람 아니면, 그 달을 보아 주는 이가 별로 없는 것이다. 그는 고요한 꿈나라에서 평화롭게 잠든 세상을 저주하며 홀로 머리를 풀어뜨리고 우는 청상靑孀과 같은 달이다.

내 눈에는 초생달 빛은 따뜻한 황금빛에 날카로운 쇳소리가 나는 듯하고, 보름달을 쳐다보면 하얀 얼굴이 언제든지 웃는 듯하지마는, 그믐달은 공중에서 번뜻하는 날카로운 비수匕首와 같이 푸른 빛이 있어 보인다.

내가 한 있는 사람이 되어서 그러한지는 모르되, 내가 그 달을 많이 보고 또 보기를 원하지만, 그 달은 한 있는 사람만 보아 주는 것이 아니라, 늦게 돌아가는 술주정꾼과 노름하다 오줌 누러 나온 사람도 보고, 어떤 때는 도둑놈도 보는 것이다.

어떻든지, 그믐달은 가장 정 있는 사람이 보는 중에, 또는 가장 한 있는 사람이 보아 주고, 또 가장 무정한 사람이 보는 동시에, 가장 무서운 사람들이 많이 보아 준다.

내가 만일 여자로 태어날 수 있다 하면, 그믐달 같은 여자로 태어나고 싶다.

---

나도향羅稻香: 본명은 빈彬. 소설가. 서울 출생. 경성 의전 수업修業. [4235-4259]. 저서에 장편 소설 "환희幻戲", "어머니", "벙어리 삼룡이" 들이 있음.

# 5. 해운대海雲臺에서

이은상李殷相

양풍涼風을 찾아 나는 이제 해운대[18] 바위 위에 섰다, 가슴을 헤치고.

그러나 바다는 내게 뜨거운 불길을 퍼붓는다. 고열高熱의 노상爐上에나 오른 듯이 내 가슴은 탄다. 바다를 그 누구가 시원한 곳이라고만 이르더냐?

성城 같이 둘린 저 높은 파도波濤, 저리로 돌아 나가는 희고 붉은 두서너 범선帆船, 물 차며 나는 무수한 갈매기, 호수湖水를 베고 누운 백사白沙의 장정長汀, 어느 경관景觀이 지금 내 가슴에 불 지르지 않는 것이 없다. 기억記憶과 번뇌煩惱의 뜨거운 불을 아람아람 퍼붓는다.

무상無常 신속迅速의 대법칙大法則은 가는 바람 오는 바람이 되어, 가며 오며 내 가슴에 타는 불을 더 지르고, 더 태우는 것이다.

"풍연해파평風軟海波平"[19]이라 하여, 저 여말麗末의 시인詩人 정운곡鄭雲谷은 여기 와 고요한 바다를 보고 갔고, "어룡분노해산명魚龍憤怒海山鳴"[20]이라 하여, 근시近時의 시인詩人 이간옹李艮翁은 이 바다의 성낸 물결을 보고

---

18 해운대: 경남 동래東萊 바닷가에 있는 이름난 석대石臺.
19 風軟海波平: 바람이 부드러우니 바다 물결이 잔잔하다.
20 魚龍憤怒海山鳴: 고기와 용이 성내니 바다와 산이 울리다.

갔거니, 그들은 다 고요한 바다, 성낸 바다의 물결만 노래하며, 괴로운 생각 없이 황대荒臺[21]를 지나가던가?

저 최고운崔孤雲[22]의 자字가 해운海雲이요, 또 여기 이곳이 그가 와 놀던 곳이라, 후인後人이 이름하여 "해운대"라고. 비바람 일천 년에 지나가는 뭇 행인의 무상無常한 탄식도 많았으리라.

> 해운대 빈터라고 탄식하지 마시오들,
> 뜬구름 제 본성本性이라, 자취 없음이 옳으니라.

그렇다. 해운海雲이 처음부터 여기 그 자취를 남기러 온 것 아니었고, 대명臺名이 또한 구름이라, 바람 속에 빈자리로 남아 있음이 옳은 일이니, 행인은 부질없은 탄식을 발發할 것 없다.

석대石臺의 비어 있음이 그게 바로 자연의 뜻이어니와, 가고 가는 억만億萬 인생이 그도 다 구름인 것을 어찌랴? 최공崔公은 구태여 불러 자기 이름을 "해운海雲"이라 하였지마는, 인생 그 누구가 구름 아닌 자 있을 것이랴?

> 천 년千年에 백만百萬 구름 뜨고 간 이 바다를
> 오늘도 한 조각 구름 바람결에 지나노라.

너도나도 일편운一片雲으로 기멸起滅이 무상無常한 자 아니겠느냐? 유위유사有爲有事, 동분서주東奔西走, 그러나 필경은 무상함이 구름에 지날 것

21 황대: 황폐된 대.
22 최고운: 이름은 치원致遠. 고운은 호. 신라 때 뛰어난 한문학자. [3190~ ?]. 저서 "계원필경桂苑筆耕"은 당서唐書 예문지藝文志에 실렸음.

무엇이더냐?

다시 보아라. 인생만 이런 것이 아니요, 우주 대자연이 모두가 생주이멸生住移滅의 진리를 벗어나지 못하는 것이다.

> 허허 우습구나, 문득 서 헤아리매,
> 최 선자崔仙子 밟으신 돌이 내 발 아래 모래로세.

천 년 풍우에 그 날의 바윗돌은 부스러져, 오늘 내 발 아래 조약돌 모래가 되고, 내가 오늘 밟고 섰는 이 바윗돌도 천 년 후에 이곳을 지나가는 그 어느 나그네의 발에 소리 내며 밟히는 조약돌과 세모래가 될 것이다.

슬프지 아니하냐? 우습지 아니하냐? 구하고, 기다리고, 바장이고 허덕이던 온갖 일이 헛되지 않은 것 무엇이냐?

촉석矗石* 위에 석불石佛같이 우뚝 선 동안, 파도波濤 너머, 구름 너머, 무변장활無邊壯濶한 대우주大宇宙의 경관景觀은 내게 무상無常의 일도一道밖에 일러 주는 것 없고, 암벽岩壁이 부서져라 치는 파도에 내 가슴이 제가 먼저 깨어지는데, 되물러 밀려나는 물결 위로 깨어진 가슴의 조각과 줄거리가 그대로 조개껍질도 되고, 풀포기도 되어 떠다닌다.

해운대는 슬픈 곳일러라. 인생의 무궁한 번뇌煩惱*로 불타는 가슴을 식히는 듯, 더 태우고 돌아오는 곳일러라.

*촉석矗石: 우뚝 솟은 돌

*번뇌煩惱: 번민과 괴로운 마음

이은상李殷相: 호는 노산鷺山. 시인. 경남 마산馬山 출생. 연희 전문 문과 수업修業. 호남 신문사 사장을 지냈음. [4236~ ]. 저서에 "/노산 시조집/", "/조선 사화집/". 수필집 "/무상無常/", "/노방초路傍草/", "/노산 문선鷺山文選/" 들이 있음.

# 6. 기우문祈雨文

조지훈趙芝薰

임진壬辰이라, 윤閏오월 육일에 해동海東의 한 포의布衣 조지훈은 삼나무 아래에서, 한 잔 술을 따라 놓고 문득 저 푸른 자者 하늘을 우러러 탄식한 나머지, 땅에 엎드려 삼가 천지신명天地神明을 부르나니, 목마른 창생蒼生에 젖같이 단비를 내려 주십사 비나이다.

지지난해 병란兵亂에 이 백성의 받은 고통이 필설筆舌로 못 다 할 바이라, 부모 형제兄弟가 이산離散하고, 선배先輩 고구故舊를 잃은 채로 잔명殘命을 어쩌지 못했삽더니, 지난해 가뭄이 또한 고금古今에 드물어서, 산야山野에 나무껍질이 없고, 사람이 소여물을 삶아 먹으매, 금수禽獸가 그 재앙災殃을 나누었나이다. 올해는 또 어찌 더한 고초苦楚를 내리시나이까? 양식糧食이야 없을손 물이라도 마셔야 온몸에 타는 불꽃을 식혀나 볼 것이, 유월이 가까워도 모 한 포기 못 꽂고, 메마른 황토黃土 흙에 가슴이 메어, 삼촌三寸의 혓바닥을 흙에다 처박은 채로, 말 못 하고 죽어갈 지경에 이르렀나이다. 이 어찌 만물의 영장靈長이라는 인간만이 받는 괴로움이리오! 초목금수草木禽獸가 제 목숨을 보전하지 못하기에 이르렀나이다. 준동함령蠢動含靈이 모두 그대 천지신명의 자애慈愛로운 품 안에 있삽거니, 핏줄을 잊음이 어찌 이다지 심한 것이오니까? 창랑滄浪의 물이 맑으면 가히 갓끈을 씻을 것이요, 창랑의 물이 흐리면 가히 발을 씻으리라더니, 발 씻을 물조차 없으매, 슬프다, 창랑의 물이 마른가 하나이다.

인화人和를 못 얻은지라, 나라 안팎이 이렇게 어지럽고, 지리地利를 못 얻으매 국토가 이미 두 동강 난 지 오래거늘, 감히 뉘 천시天時의 고름을 기다릴 수 있으리오만, 이 많은 백성을 한 번만 더 가련可憐히 여기사, 늦으나마 지금이라도 한줄기 비를 내려 줍소서.

옛 봉건封建의 때에는 천자제후天子諸侯로부터 수령방백守令方伯에 이르기까지, 천신지기天神地祇께 제 지내매 그 분分이 있는지라, 오늘 아무리 민주주의 세상이기로서니 어찌 한 미미微微한 포의布衣가 그대 천지신명의 이름을 부를 수 있으리까는, 밖으로 외모外侮를 막지 못하고, 안으로 민생民生의 도탄塗炭을 잊은 지 오랜 무리에게 무엇을 더 바랄 수 있으리까? 여기 수심愁心을 잊으려고 술을 마시려도, 우국憂國의 지정至情에 불인하인不忍下咽의 슬픔을 맛보는 필부필부匹夫匹婦가, 민생民生의 그 아픈 가슴을 헤쳐 그대의 자비慈悲에 애소哀訴하나이다.

옛날 은殷나라에 대한大旱이 들었을 때, 그 임금 성탕成湯[23]이 몸에 백모白茅를 감고 상림桑林에 나아가 엎드려 울며, 스스로의 부덕不德을 뉘우쳐 기도祈禱하니, 말이 끝나기도 전에 은殷나라 천리千里에 패연沛然히 비가 내렸다 함을 옛글로써 읽어 아나이다.

금세今世에도 성탕成湯의 덕을 갖춘 자 없으매, 우리가 한 잔 술을 따르고 대신 속죄贖罪하여 천지신명께 기도하나이다. 사람을 탓하고 싶지 않

23 성탕成湯: 은殷 나라의 첫째 임금. 재위在位 칠년 동안 가물었으매 자기의 부덕不德의 소치所致라고 스스로 꾸짖고, 자기 몸을 제물로 삼아 하늘께 빌었더니, 비가 내렸다는 고사故事가 있음.

은 것은 괴로움 많이 겪은 백성의 덕이라, 우리가 죄주지 않나이다. 아아, 민심民心이 천심天心이라거니, 천지신명은 불쌍한 이 백성을 한 번만 더 긍휼矜恤히 여기사, 오늘 밤이라도 비를 내리어, 물 한 방울 때문에 빈사瀕死의 경境에 이른 우리 몸을 구원하소서.

아뢰올 말씀 많사오나, 만목 소조滿目蕭條, 마음의 적막寂寞을 누를 길 없사와, 땅에 엎디어 다만 절하옵고, 신명께 따른 이 술을 우리가 나누어 마시나이다.

---

조지훈趙芝薰: 본 이름은 동탁東卓. 시인. 경북 영양英陽 출생. 혜화 전문 출신. [4253~ ]. 저서에 시집 "/청록집/", "/풀잎단장斷章/", 시론詩論 "시의 원리" 들이 있음.

# 7. 대춘待春

노천명盧天命

하늘을, 푸른 하늘을 좀 보자. 문장門帳을 걷어라. 창窓을 활짝 열어 놓아라.

장미薔薇는 꽃병에다 꽂을 것이 아니라, 항아리에다 탐스럽게 담아다 놓아라.

나는 향낭香囊에 향을 갈아 넣기보다 생장미生薔薇를 뚝 꺾어 옷가슴에다 꽂으련다.

오늘쯤 공작새 모양 단장丹粧을 해도 좋지 않겠느냐?

가방 속에다는 헌 일기책日記冊을랑 일체一切 넣지를 말라.

아무도 나와 더불어 옛 섬의 이야기를 하자고 들지 말라.

오직 새 얘기에 나는 흥미興味를 느끼고 또 경의敬意를 표할 수 있는 것이다.

아름다운 날들은 이제부터 지어질는지도 모른다.

제비처럼 마음은 가벼워져도 좋다. 종달새같이 명랑明朗할 일이다.

신설新雪로 덮여서만 세상은 아름답게 보이는 것이 아닐 게다.

아름다운 눈으로 보면 온갖 것이 다 아름답게 보일 수 있는 것이다.

하필 왜 불미不美한 것을 찾으려 들 까닭은 없지 않으냐?

아름다운 생각을 가져 보라. 네 얼굴은 단박에 미인美人이 될 게다.

내 행장行裝과 함께 이두 마차二頭馬車를 내놓아 다오. 나는 기사騎士를 찾아 떠나야 한다.

내 목장牧場의 열쇠를 가진 그를 나는 찾아야 한다.

함박눈이 펄펄 날리는 들녘을 지나 소여물을 끓이는 구수한 냄새와 함께 마음이 착한 사람들의 얘기가 배꽃 모양 피는 마을을 지나 내 이두 마차는 달린다.

나는 아름다운 생각을 길 좌우에 뿌리며 지나간다.

나의 기사騎士는 지금쯤 어디서 말에게 샘물이라도 먹이고 있는 것이 아니냐? 내 만또 위엔 소리 없이 눈이 내려 쌓인다.

마음속엔 흰 나리꽃이 포기포기 피어난다.

시정市井 번뇌煩惱와 숱한 어려운 얘기들을 나는 천치天痴 모양 잊어버리기로 했다.

불로초不老草를 따 문 사슴이 금방 어디서 껑충 나올 것만 같구나! 나는 갑자기 가슴이 설렌다. 나의 기사騎士, 나의 희망,

오! 그대는 나의 무지개!

---

노천명盧天命: 여류 시인. 황해도 장연長淵 출생. 이화 여전 출신 [4246~ ]. 자서에 시집 "/산호림珊瑚林/", "/별을 쳐다보며/", 수필집 "/산딸기/", "/나의 생활 백서白書/" 들이 있음.

# V. 산으로 바다로〈紀行〉

1. 기행문紀 行文 쓰는 법
2. 동해안東海岸
3. 단발령斷髮嶺을 넘으며
4. 불국사佛國寺에서
5. 내가 본 세상
6. 비에너 기행紀行

기행紀行이란 것은 문학 양식文學樣式으로 수필隨筆의 한 종류種類이다. 따로 이름을 붙이면, 여행 수필旅行隨筆이라 할까?

작자作者가 경치 좋은 산으로 또는 아름다운 바다로, 혹은 경주慶州와 같은 옛 도읍 고적古蹟의 땅을 찾아서, 또는 더 멀리 구미歐美의 외국으로 여행을 하는 가운데서, 그때 그때 보고 느낀 것을 기록한 것, 또는 그 보고 느낀 것이 동기가 되어 작자가 생각하는 것을 써 놓은 것들이 기행문紀行文인 것이다. 그만큼 기행문은 가장 테두리가 넓다. 그 속에 시詩도 넣을 수 있고, 일기日記, 전설傳說 등을 그때마다 넣어 갈 수 있다.

우리 동양에선 특히 기행문紀行文이 많이 유행도 되고, 또 중요시되기도 한다. 그것은 옛날부터 동양의 시인 묵객詩人墨客은 모두 산과 바다 같은 자연 경치를 좋아해서 거기의 감격을 적은 글이 많기 때문이다. 요즈음은 그렇지도 않지만 십여 년 전까지도 우리 문단에는 기행문이 많이 유행하였다.

누구나 접근하기 쉬운 문학 형식이다. 학생들도 수학여행을 하는 경우 같은 때에 수시隨時로 써 볼 수 있는 문학이다.

여기 기행문 쓰는 법을 홍종인 씨가 쓰고, 작품은 현진건 씨 등 네 분의 것을 들기로 했다.

# 1. 기행문紀行文 쓰는 법

홍종인洪鍾仁

하루의 여가를 이용하여 근교近郊로 산책散策을 한다든가, 길게 며칠 동안 먼 지방으로 여행이나 탐험을 하고 돌아와서 적어 두는 기행문紀行文이라는 것은, 일상생활의 기록으로 적는 일기日記의 연장延長이나 그 확대擴大라고도 할 수 있겠으나, 그러나 그와는 따로 이 각별한 기록의 가치를 가지는 것이다.

마치 일기문을 땅속으로 벋어 나가는 어떤 식물의 평범한 뿌리나 지하경地下莖에 비긴다면, 기행문을 감자나 고구마의 구근球根이나 구경球莖과도 같은, 좋은 생활의 수확이 될 수도 있는 것이다.

때와 장소를 달리하여, 대자연의 웅장하고도 섬세하고, 또 평범하고도 특이한 대자연의 품속에 안기어, 봄 여름 가을 겨울의 변화 많은 풍치를 즐기며, 느낌을 새로이 한다든가, 또 지리地理와 기후의 조건에 따라 생활 규모規模와 풍습을 달리하는 실정을 내 눈으로 살필 수 있는 데서, 미지未知의 자연과 인간 세계가 곧 우리들의 산 교실이 됨을 깨달을 수 있는 것이다.

겸하여 역사의 옛 유적과 유물을 그 땅에 놓인 그대로 찾아보고, 옛사람들의 걸어온 아득한 길을 더듬어 보는 것은 또 얼마나 좋은 공부일 것이랴? 그뿐 아니라, 먼 지방의 여행이나 탐험에서 맛보는 우리들 자신의 생활의 체험體驗은 괴로웠건 즐거웠건 간에, 우리들의 생활의 새로운 도표道標가 될 수도 있는 것이다.

이러한 여행의 기록인 기행문은, 그 견문見聞이나 체험으로서만 되는 것이 아니요, 우리들의 생각과 지식의 거울에 비추어, 다시 정리된 기록으로서 남김으로써 비로소 견문과 체험의 수확을 거둘 수 있는 것이니, 기행문의 가치도 실상 여기에 있는 것이다.

그러므로 여행기나 탐험의 기록이 어떤 전문가의 기록이 아니라 하더라도 보고 듣고 느낀 것을 그대로 적어 놓은 것이, 어떤 시대의 어떤 종족과 그 사회의 살림을 그려 낸 것으로서 일반적인 흥미를 끌 뿐 아니라, 문학사의 귀중한 기록이 되기도 하는 것이다.

일찌기 우리나라 신라 시대의 뛰어난 학승學僧으로 중국의 당唐나라에 갔다가 다시 인도와 서장西藏 지역을 다녀온 혜초慧超[24]의 천축기天竺記는 6세기 내지 7세기의 서역西域의 기록으로서 세계에 하나밖에 없는 고귀한 것임은 우리들의 널리 알고 있는 기행문의 하나이다.

기행문을 적어 두자면 어디서 어떻게 써야 할 것인가를 생각해 보아야 하는데 이는 간단히 되는 것은 아니다. 왜냐하면 보고 들은 것이 하도 많고, 그중에는 어느 것을 버리고 어느 것을 추릴 것이냐 하는 것에 대하여, 사람에 따라 얼마든지 다를 수 있기 때문이다.

각인각양各人各樣의 개성個性과 감정의 흐름에 따라 그 문장의 구조와

24 혜초慧超: 신라 성덕왕聖德王때의 고승高僧으로, 당唐나라에 들어가 학승學僧 삼장의 제자가 되어 천축인도 여러 곳을 두루 돌아다닌 후 당나라에서 죽었음. 그의 지은 "왕오천축전往五天竺傳"은 여행기로서 유명함. 지금 프랑스 국립 도서관에 보관되어 있다 함.

문채文彩를 달리하며, 여행에서 보기는 무엇을 보았으며, 보고 들은 것 중에서 기억에 둘 만한 것이 무엇이었던가 하고 추려 보는 데는, 몇 가지 요건을 생각할 수 있다.

첫째, 가장 인상 깊은 것은 무엇이었던가? 인상이 깊다 하여도 혼자만이 아름다워했다든가 좋아했던 것이 아니고, 누구나 보아서 다 같이 좋아할 수 있는, 어떤 보편성普遍性을 가진 것이라야 기록으로서의 가치가 있다 할 것이다.

둘째, 가장 대표적인 것은 어떤 것이었던가, 어떤 고적 지대나 역사적 유적을 관찰할 때에, 어떤 것이 그 시대와 그 고장의 대표적인 것이냐 하는 것을 찾아보아야 할 것이다.

그것을 하나나 둘을 들어서 말한다고 할지라도 그것만으로서 그 시대와 고장의 전반이 설명될 수 있는 것이라야 좋은 것이다.

셋째, 무엇이 다르고 무엇이 같으냐 하는 것도 생각해 볼 일이다. 그리하여 옛것과 지금 것, 또 내 고장의 것과의 비교와 고증考證도 있어 마땅할 것이다.

이렇게 하여 전체를 보면서 그 부분을 살피고, 부분을 보아서 전체를 짐작ㅎ게 하여, 그것들의 움직이는 모습과 방향을 면밀히 관찰하여야 할 것이다.

무릇 물체가 있다는 것은 단순한 자연이라고 해도 움직임이 포함된 것이야말로 전체라고 할 수 있는 것이니, 어떤 물체와 물체, 흘러가는 기간과 사태事態와의 여러 가지 관계를 가산加算한 함수函數의 수값數値을 찾아내어야 할 것이다.

그러나 관찰한 바를 추리는 것은 글을 엮는 것과 떨어져서 생각할 수는 없는 것이다. 예를 들면, 첫째 전체의 여정旅程이나 풍치, 풍물風物의 전모全貌를 대략 골자만을 들어서 그려 놓은 다음에, 부분에 들어가서 가장 대표적인 것, 가장 인상적인 것을 적을 경우도 있을 것이요, 어느 한 부분이나 특징적인 것을 들어서 말하면서 그 전모를 설명하게 될 경우도 있을 것이다.

둘째, 기록을 만드는 한 체재體裁로서는 어떤 사실이나 문제를 중심으로 무더기를 지어 분류分類하는 방식도 있으며, 또 그날그날의 행정行程에 따라 일기체日記體로 시간과 장소에 따라서 견문을 적는 방식도 흔히 있는 것이다.

요컨대 기행문은 보고 듣고 느낀 것을 솔직히 거울에 비친 대로 적는 것을 목적으로 하므로, 언제나 사실에 충실하여 관찰을 면밀히 할 것이며, 그 표현에도 읽는 사람으로 하여금, 보는 듯, 듣는 듯, 만지는 듯, 또는 냄새를 맡는 듯 느끼게 할 것이다.

지나친 형용사形容詞를 많이 늘어놓으며 자기의 주견主見, 혹은 억측臆測을 앞세운다는 것은 기행문의 본의에 어긋나는 것이다.

글이 비록 정서적情緖的인 것이거나 어떤 보고서의 성질을 가진 것이거나 처음부터 끝까지 사실에 어긋나는 관찰과 판단이 없도록 조심하여야 한다.

---

홍종인洪鍾仁: 평양平壤 출생. [4236~ ]. 오산 중학五山中學 졸업. 1925년 신문 기자로 출발. 현재 조선일보朝鮮日報 주필.

# 2. 동해안東海岸

노자영盧子泳

황룡산黃龍山 머리를 감도는 백양白羊 떼 같은 구름 덩이를 바라보며 안변역安邊驛에서 지체하기 두 시간, 차는 오후 4시 50분에야 겨우 안변역을 떠나게 되었다. 동해로 가는 기차! 꿈에조차 그립던 동해안을 이제 간다고 생각하니 심두心頭에 떠오르는 양미凉味는 살찐 유월의 녹음보다 더 시원하다.

차는 남천강南川江을 건너기 시작한다. 삼방三防 협곡峽谷과 석왕사釋王寺의 고운 정기精氣를 모두 싣고 둘레를 치고 굽이를 돌아 유유悠悠히 흘러오는 이 강수江水 — 이 고운 물결은 안변安邊 수전水田에 생명수生命水가 되어 연산年産 13만 석石이라는 큰 수확收穫을 주지 않는가? 차는 남천강을 건너고 오계역梧溪驛을 지나 달아나기 시작한다. 차창으로 내려다보니 산협山峽을 격隔하여 하늘의 은하銀河같이 허옇게 가로막힌 것은 동해의 원경遠景이다.

꿈에조차 그립던 동해의 푸른 물이
저 멀리 하늘 가에 그림 같이 비껴 있네.

이 맘도 흰 새가 되어 저 물 위에 날고저.

여기서부터는 동해안 지역地域이다. 그러나 차는 우회迂廻를 피하여 산중 계변溪邊으로 질주疾走한다. 찔레꽃이 눈송이같이 피어 있고 송림松林 사이에서는 노란 꾀꼬리가 푸두둥 뛰어나온다. 초롱 같은 하얀 패래꽃, 뻐꾹초草, 모두 볼 수가 있었다. 그러나 차가 어느덧 계곡溪谷을 넘어서니 망망茫茫한 동해가 하늘과 함께 안계眼界에 벌어진다. 어느덧 상음역桑陰驛, 여기는 요새 지대要塞地帶다. "촬영불가撮影不可"라고 간판看板이 붙어 있다. 앞으로는 가도 없고 끝도 없는 듯한 대해大海의 전개展開, 옆으로는 조그만 섬 하나가 반신半身을 해중海中에 파묻고 고요히 있다.

상음역을 떠난 차가 터넬(tunnel)을 두어 곳 넘어서더니 동해를 발밑에 끼고 평행선平行線을 그리기 시작한다. 차창으로 손을 내밀면 동해수東海水를 한 줌 쥐어 올 듯. 아 그립다, 파란 물이여! 작곡가作曲家 요한 웨슬레(Johann Wesley)가 다뉴브(Danube) 강을 보고 "블루 리버"(Blue River)라고 찬미讚美하였으나, 사실 그 강을 가 본 사람들은 그 강이 황톳빛이라고 질색을 한다. 그러나 리본풀(ribbon-grass)보다 맑고 청조青鳥의 날개보다 더 파란 이 물결은 뭐라고 찬사讚辭를 드릴 것인가? 하늘의 은하와 합수合水인 듯, 구슬을 깔아 놓은 듯한 이 동해는 영원의 청수경青水鏡이라고나 할까?

금강산이 이 물결에 비치고, 이 물결이 금강산을 비춰, 언제나 맑은 자태는 천하의 한 폭 그림이리라. 더구나 기변磯邊에 부딪치는 고운 물결, 바위에 부딪치며 철썩하고 흩어지는 허연 물결은 하얀 찔레꽃이 바람에 지듯, 고운 구슬이 공중에 날 듯, 그 고운 동작을 멈출 때가 없다. 황해안黃海岸은 간조干潮의 차差가 20여 척尺이나 되지마는, 동해안은 간조의 차가 별로 없다. 그래서 물결은 언제나 한 모양으로 철썩거린다. 인형人形의 바위 위에 백진주白眞珠를 조각彫刻한 듯, 고운 수포水泡 그 너머로 백범白帆이 조는 듯이 떠 있다. 어촌漁村을 지나고, 해만海灣을 돌고, 괴암怪岩의 기변磯邊으로 평행선을 그리고, 차는 언제나 멈출 줄을 모른다.

손을 잠그고 발을 넣을 듯한 동해변東海邊. 사람들은 지중해地中海가 맑고 나폴리(Napoli)가 좋다고 한다. 이탈리(Italy) 사람들은,

"나폴리! 아름다운 나폴리!

죽기 전 나폴리를 보라."

고 말한다. 그러나 동해의 고운 물은 지중해에 비할 바가 아니다. 언제나 흐릴 줄을 모르고 언제나 붉을 줄을 모르는 상벽常碧의 바다! 아아, 동해는 하느님의 사랑하시는 호수湖水이리라. 이탈리 사람들은 나폴리의 바다를 보고 죽으라 하지마는, 나는 동해의 고운 바다를 보고 죽으라 하고 싶다.

동해의 푸른 바다는 당신의 가진 거울보다 더 맑고, 기변磯邊에 부딪치는 물결은 당신의 손에 끼신 진주眞珠보다 더 고우리라. 인어人魚가 암사슴의 대신으로 바다에 헤엄을 치고, 산호珊瑚가 삼월화三月花보다 더 곱게 피었으리라. 동해를 아니 보고 어찌 바다를 말할 것인가?

차는 좌우로 청송백사靑松白砂를 끼고 달아난다. 여기는 자동역慈東驛이다. 유난히도 소나무가 많다. 터넬을 지나고, 나오고 또 들어가고 - 차는 터넬 속으로 숨바꼭질을 여러 번 한다. 그러나 옆에는 언제나 소나무들이 청청한 머리채로써 시원한 그늘을 드리우고 있다. 그리고 한편으로는 눈 같은 모래가 임의 발자국이나 기다리는 듯이 곱게 펴어 있지 아니한가?

동해를 보고 죽자! 문호文豪 도데(Daudet)[25]는 북해北海의 고래가 되고 싶다고 하였다. 그러나 나는 동해의 고래가 되고 싶다. 상벽常碧의 동해를

나의 유장遊場삼아 금강산에 비낀 달을 언제나 바라보면 이에 더한 기쁨이 없을 것이다. 내 마음은 노래를 잊은 카나리아(canary)였다. 그러나 오늘 저녁만은 다시금 한 마리 새가 되어 이 해변海邊에 날 듯하다.

---

노자영盧子泳: 호는 춘성春城. 황해도 장연 출생. 일본 대학 문과 수업. [4234-4273]. 저서에 시집 "/백공작/", 소설집 "/인생 안내/" 들이 있음.

---

25 [도데](Daudet): 프랑스의 작가. [1840-1897]

# 3. 단발령斷髮嶺을 넘으며

이무영李無影

"빵빵!"

내 집만 여겨 의식意識 없이 머리맡 시계를 찾다 말고, 꿈속 같이 들려오는 빵차 소리에 나는 머리를 번쩍 들었다. 차 속이다. 그때까지도 의식이 아렴풋하여 찻간을 둘러 보았다. 확실히 찻간이다. 부상병負傷兵처럼 구즈레한 등산객登山客들이 혹은 바랑을, 혹은 옆 사람의 어깨를 베개 삼아 폭염暴炎 밑의 새우처럼 꼬부라졌다.

나는 그제서야 내가 내금강 행內金剛行 전철電鐵 찻간에서 감로수甘露水 같은 여름 새벽잠에 취했었음을 깨달았다. 꿀물처럼 달던 여름 새벽의 짤막한 잠 맛을 기억記憶에서 아끼며 무심코 내다본 차창 밖에 전개展開되는 아담雅淡한 풍경, 수려秀麗한 연봉連峰이 죽순竹筍처럼 종긋종긋 안개 위로 솟았다. 자옥한 안개 속이건만, 오히려 두드러져 보이는 산봉우리, 가도 가도 변함이 없는 골짜기와 산등성이, 네모난 창틀이며, 틀에 맞추어 낀 유리며, 가장 완성된 풍경화風景畵를 보는 때와 같은 착각錯覺을 일으키게 한다. 이런 것이야말로 예술藝術이다 싶었다. 적어도 완성된 예술이라면 이만한 경지에까지 이르러야 한다 싶었다.

이 자연의 풍경이야말로 숭고崇高한 예술이다. 이것이야말로 예술의 극치를 다한 것이다. 시속時速 40여 마일의 속도로 차가 닫건만, 오히려 변할 줄 모르는 아름다움, 가면 갈쑤록 산등성이가 높아지고, 웃통 벗은 전나무가 산의 높아짐을 말해 줄 뿐이다. 한 등성이 한 등성이 높아 감을 따라, 한 포기 한 포기 고산 식물高山植物이 늘어 가는 이 풍경화風景畵, 덕지덕지 채색 칠만을 하여 부자연한 새 맛만을 찾는 저급低級한 예술과의 차이差異는 실로 여기에 있느니라.

문득 산기슭에 기울어진 집 한 채가 나타난 것도 부자연하지 않다. 집 뒤 산등성이는 보리를 갈아서 마치 아라비아의 줄진 말잔등을 연상聯想시키는 것도 이 풍경에는 없지 못할 정서情緖다. 필시 산전山田을 일구어 입에 풀칠을 해 가는 집이겠고 보니, 새벽 연기가 없을 겐고? 체구體軀가 큰 사람일수록에 여유餘裕가 있는 법이다. 산이 높아 갈수록에 나무도 여유가 있어 보인다. 쇠똥이 구르는 갯밭에 갖다 놓아도 오히려 고산 식물高山植物로서의 여유와 늠름함이 슬어지지 않을 미끈미끈한 나무가 등성이를 넘을 때마다 늘어 간다.

산이 높아지자, 섬나라 병졸처럼 당차던 뻥차도 숨이 가쁜 모양이다. 허위단심 기어 올라가다가 말고는 경적警笛만 뻥뻥 울린다.

코를 골며 창도昌道역까지 기어 올라온 뻥차는 할 수 없다는 듯이 S자형形으로 갈팡질팡한다. 쳐다보면 까마득한 상상봉, 굽어보면 기천 척幾千尺의 골짜기, 탈진한 뻥차 속에서는 솔씨 까먹는 산새 소리가 귀를 의심할 만큼 영악스럽게 들려 온다.

그때다. 즐비하게 쓰러졌던 승객 중의 한 사람이,

"단발령[26]!"

하고 고함을 친 것은, 그것은 군대軍隊에서만 단련된 호령에 가까운 야성

野聲이었다. 나는 덧없이 그를 쳐다보았다. 험상궂은 바위 그대로를 모형 뜬 것 같은 얼굴이다. 그 무뚝뚝한 얼굴 어느 구석에 미美를 감득感得할 만한 신경神經이 있는가 싶어 두 번 세 번 나는 그를 쳐다보았다. 수십만의 산목숨을 한칼로 무찌르던 나폴레온이 로마 사원寺院의 벽화壁畵 한 장 앞에서 머리를 숙였다던 그 심경心境이 이해理解되는 듯싶었다.

인식론認識論의 제창자提唱者인 칸트로서도 임종臨終 때는 원형圓形인 것만을 생각하고 사과를 달걀이라고 했다는 말이 있지마는, 예술에 대한 인간의 감상력鑑賞力도 그 극치에 달한 때는 오직 좋다는 표현밖에 못 하는 것이 아닌가 싶다. 그렇지 않다면 그토록이나 선망羨望의 전부全部이던 단발령 상상봉에 평행선으로 차체車體가 놓였을 때, 응당 누구의 입에서나 환호歡呼의 고함이 터졌어야 할 것이었다. 그러나 기천 척의 유곡幽谷을 좌우로 내려다볼 수 있는 그 정점頂點에 차가 닿았을 때 찻간에서는 숨소리조차 나지 않았었다.

"아, 정말 나도 머리를 깎아 버리고 싶다…"

내가 이런 생각을 한 것도 차가 단발령의 유곡幽谷을 거의 다 내려왔을 때였던 것이다. 내가 빽차와 함께 모들뜨기 숨을 내쉰 것도 물론 이때였다.

---

이무영李無影: 소설가. 충북 충주忠州 출생. [4240[27]~ ]. 저서에 작품집 "/흙의 노예/", "/산가山家/", 장편소설 "명일의 포도鋪道", "먼동이 틀 때" 들이 있음.

---

26 [단발령]: 내금강 서편에 있는 큰 재. 이 재 너머는 산천이 모두 금강산 맛이 나므로, 여기를 올라 보면 머리 깎고 중이 되고 싶은 마음이 난다 함.

27 '4204'의 오기.

# 4. 불국사佛國寺에서

현진건玄鎭健

칠월 십 이 일 아침 첫차로 경주를 떠나 불국사[28]로 향하다. 떠날 임시에 봉황대鳳凰臺에 올랐건만 잔뜩 찌푸린 일기에 짙은 안개에 나의 눈까지 흐리고 말았다. 시포屍布[29]를 널어놓은 듯한 희미한 강줄기, 몽롱한 무덤의 봉우리, 쓰러지는 듯한 초가집 추녀가 도무지 눈물겹다. 어젯밤에 나를 부여잡고 울던 옛 서울은 오늘 아침에도 눈물을 거두지 않은 듯. 그러지 않아도 구슬픈 내 가슴이어든, 심란한 이 정경에 어찌 견디랴? 지금 떠나면 일 년, 십 년, 혹은 이십 년 후에나 다시 만날지 말지 기약 없는 이 작별을 앞두고 눈물에 젖은 임[30]의 얼굴! 내 옷소매가 축축히 젖음은 안개가 녹아내린 탓만 아니리라.

장난감 기차는 반 시간이 못 되어 불국사역까지 실어다 주고, 역에서 등대했던 자동차는 십리 길을 단숨에 껑청껑청 뛰어서 불국사에 닿았다. 뒤로 토함산吐含山[31]을 등지고, 왼편으로 울창한 송림을 끌며, 앞으로 광활

28 [불국사]: 경주慶州 토함산吐含山 서쪽 기슭에 있는 절. 신라 신문왕神文王 11년에 대상大相 김대성金大城이 세웠음.
29 [시포]屍布: 염습斂襲 때 쓰는 베. 강 줄기의 구슬프게 보임을 비유로 쓴 것.
30 [임의 얼굴]: 떠날 때의 경주의 모습
31 [토함산]: 경주 동쪽에 있는, 동해東海를 임臨한 산.

한 평야를 내다보는 절의 위치부터 풍수장이 아닌 나의 눈에도 벌써 범상ㅎ지 아니했다. 더구나 돌 층층대를 쳐다볼 제 그 굉장한 규모와 섬세한 솜씨에 눈이 어렸다. 초창 당시엔 낭떠러지로 있던 곳을 돌로 쌓아 올리고 그리고 이 돌층층대를 지었음이리라. 동쪽과 서쪽으로 갈리어 위아래로 각각 둘씩이니, 전부는 네 개인데, 한 개의 층층대가 대개 열일곱여덟 계단이요, 길이는 오십 칠팔 척으로 양 가에 놓인 것과 가운데 뻗친 놈은 돌 한 개로 되었으니, 얼마나 끔찍한 인력을 들인 것을 짐작할 것이요, 오늘날 돌로 지은 대건축물에도 이렇듯이 대패로 민 듯한 돌은 못 보았다 하면, 얼마나 그때 사람이 돌을 곱게 다룬 것을 깨달을 것이다. 돌층층대 이름은, 동쪽엔 아랫 것은 청운교靑雲橋, 위엣 것은 백운교白雲橋요, 서쪽엔 아랫 것은 연화교蓮花橋, 위엣 것은 칠보교七寶橋라 한다. 층층대라 하였지만, 아래와 위가 연락되는 곳마다 요새 말로 네모난 발코니[32]가 되고, 그 밑은 아치[33]가 되었는데, 인도자의 설명을 들으면 옛날에는 오늘날의 잔디밭 자리에 깊은 연못을 팠고, 아치 밑으로 맑은 물이 흐르며 그림배가 드나들었다 하니, 돌층층대를 다리라 한 옛 이름의 유래를 터득할 것이다.

층층대 상하에는 손잡이 돌이 우뚝우뚝 서고, 쇠사슬인지 은사슬인지 둘러 꿴 흔적이 아직도 남았다. 귀인이 이 절을 찾을 때엔 저편 못 가에 내려 그림배를 타고 들어와 다시 보교를 타고 이 돌층층대를 지나 절 안으로 들어가기도 하였단다. 너른 못에 연꽃이 만발한데 다리 밑으로 돌아드는 맑은 흐름엔 으리으리한 누각과 석불의 그림자가 용의 모양을 그리고 그 위로 소리 없이 떠 나가는 그림배, 나는 당년의 광경을 머릿속에 그리며 스스로 황홀하였다. 활동사진에서 본 물의 도시 베니스[34]의

32 [발코니](valcony): 밸커니. 노대露臺.
33 [아치](arch): 홍예문.

달 비낀 바닷가에 그림배를 저어 가는 청춘 남녀의 광경이 선하게 나타난다.

이 돌층층대를 거치어 문루를 지나 서니, 유명한 다보탑多寶塔과 석가탑釋迦塔이 눈앞에 나타난다. 이 두 탑은 물론 돌로 된 것이다. 그렇다. 그것은 만져 보아도 돌이요, 뚜들겨 보아도 돌임에 틀림이 없다. 그러나, 석가탑은 오히려 그만둘지라도, 다보탑이 돌로 되었다는 것은 아무리 하여도 눈을 의심 않을 수 없었다. 연한 나무가 아니요, 물씬물씬한 밀가루 반죽이 아니고, 육중하고, 단단한 돌을 가지고야 저다지도 곱고, 예쁘고, 의젓하고, 아름답고, 빼어나고, 공교롭게 잔손질을 할 수 있으랴? 만일 그 탑을 만든 원료가 정말 돌이라면, 신라 사람은 돌을 돌같이 쓰지 않고 마치 콩고물이나 팥고물처럼 마음대로 뜻대로 손가락 끝에 휘젓고 주무르고 하는 신통력을 가졌던 것이다. 귀신조차 놀라고 울게 하는 재주란 것은 이런 솜씨를 두고 이름이리라.

탑의 네 면엔 자그마한 예쁜 돌층층대가 있고, 그 층층대를 올라서니, 가운데는 위층을 떠받치는 중심 기둥이 있고, 네 귀에도 병풍을 접쳐 놓은 듯한 돌기둥이 또한 섰는데, 그 기둥과 두 층대의 석반을 받든 어름[35]에는 나무로도 오히려 깎아 내기가 어려울 만한 소로[36]가 튼튼하게, 아름답게 손바닥을 벌리었다. 지붕 위에 제이 층의 네모난 돌 난간이 둘러 쟁반 같은 이층 지붕을 받들었고, 그 위엔 팔모난 돌난간과, 세상에도 진기한 꽃잎 모양을 수놓은 듯한 돌 쟁반이 탑의 팔모 난간을 받들었다. 석공이 기절했던 것은 물론이어니와, 이런 기상천외奇想天外의 의장意匠은

34 [베니스]: 이탈리아 동북에 있는 바다의 도시.
35 어름: 두 물체가 서로 닿은 자리.
36 소로: 접시받침. 장혀 밑에 받치는 네모진 나무.

또 어디서 얻어온 것인고? 바람과 비에 시달린 지 천여 년을 지낸 오늘날에도 조금도 기울어지지 않고, 이지러지지 않고, 옛 모양을 변하지 않았으니, 당대의 건축술도 또한 놀랄 것이 아니냐?

들으매, 이 탑의 네 귀에는 돌 사자가 있었는데, 두 마리는 동경 모 요리점의 손에 들어갔다 하나, 숨기고 내어놓지 않아 사실 진상을 알 길이 없고, 한 마리는 지금 영국 런던에 있는데 다시 찾아오려면 오백만 원을 주어야 내어놓겠다 한다던가? 소중한 물건을 소중한 줄도 모르고 함부로 굴리어, 어느 틈에 도둑을 맞았는지도 모르니, 이런 기막힐 일이 또 있느냐? 이 탑을 이룩하고 그 사자를 새긴 이의 영이 만일 있다 하면, 지하에서 목을 놓아 울 것이다.

석가탑은 다보탑 서쪽에 있는데, 다보탑의 혼란한 잔솔질과는 딴판으로 수법이 매우 간결하나마 또한 정중한 자태를 잃지 않았다. 다보탑을 능라와 주옥으로 꾸밀 대로 꾸민 성장미인盛裝美人에 견준다면, 석가탑은 수수하게 차린 담장한 미인이라 할까? 높이 이십 칠 척, 층은 역시 삼층으로, 한 층마다 수려한 돌병풍을 두르고, 병풍 네 귀에 병풍과 한데 얼러 놓은 기둥이 있는데, 설명자의 말을 들으면, 이 탑은 한 층마다 돌 하나로 되었다 하니, 그 웅장하고 거창한 규모에 놀랄 만하다.

다보탑과 석가탑에 무한한 감탄과 감개를 말지 않다가 대웅전大雄殿을 들여다보니, 정면에 엄연히 선 삼위불三位佛의 입상立像이 보통 부처님보다는 어마어마하게 크다마는, 신라 당시의 유물은 아니고, 영묘조英廟朝 때 개축할 적에 만들어 놓은 것이라 하며, 다만 경탄할 것은 개축할 때 천장과 벽에 올린 휘황찬란한 단청이 삼백여 년을 지난 오늘날에도 조금도 빛이 변하지 않았다는 것이다. 무슨 물감을 어떻게 풀어서 썼는지, 채색학자의 연구 문제라던가?

현진건玄鎭健: 호는 빙허憑虛. 소설가. 경북 대구 출생. [4233–4265]. 저서에 단편집 “/조선의 얼굴/”, “/타락자/”, 장편소설 “적도赤道”, “무영탑” 들이 있음.

# 5. 내가 본 세상

모윤숙毛允淑

일행은 잠시 시외市外[37] 식당에서 점심 요기를 하고 다시 차를 몰아 시내 저명著名한 곳을 더 구경하기로 했다. 역사적인 인물의 분묘墳墓를 한 곳에 매장한 큰 빌딩(building)에 다다랐다.

일견一見에 어떤 유類의 성당聖堂같이 숭엄崇嚴한 감感을 준다. 안으로 들어가니 대리석으로 각각 분묘 위에다 살았을 적 초상肖像을 만들어 세우기도 하고, 비스듬히 눕히기도 하고, 앉히기도 해서, 모두가 살아서 어떤 동작을 하는 듯이 보이었다. 각 초상 밑에는 그들의 시체를 그대로 묻었다 한다. 빅토르 유고(Victor Hugo)[38], 아나톨 프랑스(Anatole France)[39]의 얼굴도 있다. 한쪽에 다다르니 영국 병정들의 우악스런 칼채찍 밑에 결박되어 화형火刑을 당하는 잔 다르크(Jeanne d'Arc)[40]의 사형 장면場面

37 [시외]市外: 파리(Paris)의 시외를 이른 말임.
38 [빅토르 유고](Victor Hugo): 프랑스의 문호. 시인, 소설가, 창작가. 낭만파를 확립確立하였음.[1832-1885]
39 [아나톨 프랑스](Anatole France): 프랑스의 고답파高踏派 시인, 소설가, 사상가. [1844-1924]
40 [잔 다르크](Jeanne d'Arc): 프랑스 여걸女傑. 백년 전쟁 때 "나라를 구제하라"는 신神의 부탁을 독신篤信하여, 서기 1428 년에 16세의 처녀로서 전쟁에 나서서, 영국 군에게 함락된 자기 고향 오를레앙(Orleans) 시를 다음 해에 탈환奪還하였는데, 1431년에 영국 군에

이 있다.

하얀 목은 늘어지고,
머리카락은 어깨에 산란散亂하다.
팔은 뒤로 사슬에 매이고,
발은 가시나무 위에 임臨하였다.
활활 타는 불길에 그 몸이 탄다.
아무 사양 없이 그 몸이 타오른다.
살이 끓는 소리, 피가 튀는 아픔,
뼈가 끊어져 부서지는 신음呻吟,
잔 다르크는 탄다, 몸채로 어여삐 탄다.
항복 없이 원수의 눈앞에 불꽃을 날린다.
17세 소녀 프랑스의 딸 잔 다르크의 최후最後다.
위대함이여! 거룩함이여! 영원함이여!
잔 다르크는 프랑스가 낳은 성모聖母 마리아[41]!

나는 성스러운 잔 다르크의 모습에 경건한 기도를 올리고, 또 올리고 절했다. 역사에서 책에서 본 잔 다르크를 생각한 때보다, 그가 난 땅에 와서 그가 묻힌 시체 위에 그려 놓은 그의 최후를 보니, 가슴 미어지게 그는 범인凡人인 나의 마음을 높은 곳으로 끌어 올리는 것 같다.

---

모윤숙毛允淑: 호는 영운嶺雲. 여류女流 시인. 평북 정주定州 출생. 이화 여전 문과 출신. 이화 여전 교수를 지냈음. [4243~ ]. 저서에 시집 "/빛나는 지역/", "/옥비녀/", 수필집 "/렌의 애가哀歌/" 들이 있음.

---

게 잡히어 사교도邪敎徒라 하여 불태워 죽였음. [1412-1431]
41 〔마리아〕(Maria): 예수의 어머니. 여기서는 거룩한 여성이란 뜻으로 썼음.

# 6. 비에너 기행紀行

변영로卞榮魯

18일(월요일)은 회의로는 최종일이라, 우리는 오지리墺地利 P. E. N. 클라브 본부에 기증寄贈하러 가지고 갔던, 우리 화단畵壇의 자랑인 청전 화백[42]靑田畵伯의 산수화山水畵 한 폭을 마음먹었던 대로 사무국에 전달하고, 비에너 대학 맥시멈 대강당에서 열린 폐회식에 참예하였다.

동일 오후 8시에는 숀부른 궁宮 슐로스 디어터(Schloss Theater)에서 열린 뮤직 아카데미 주최의 음악회에 갔었다.

성명은 기억하지 못하나 그 날 독창한 소프래노와 피아노 탄주彈奏는 몇 차례나 되풀이하여 말한 바와 같이, 음악의 문외한門外漢인 나로서는 평할 자격이 없지만 영운嶺雲[43]은 시종始終 도취陶醉하여, 나와서도 말하기를, 그들의 신묘神妙한 여운餘韻은 영구히 자기 맥박 속에 동계動悸할 것이라고까지 하였다. 도대체로 자기 일생에는 처음이라 하였다.

익일인 19일(화요) 오전 9시에는 그 대망待望의 바하우 행을 하러 각국 대표 일행은 프랑스 요세프빤호프 역을 시발始發하여, 내내 다뉴브 강류江

42 청전 화백: 이상범李象範 화백. 동양화가 [서기 1897~ ]. 이화 대학. 홍익 대학 명예 교수. 예술원 회원.

43 영운嶺雲: 여류시인 모윤숙毛允淑 [4243~ ].

流를 끼고 돌며 바하우의 승경勝景을 찾아가는 것이었다.

불행히도 내가 타고 가는 찻간에는 프랑스의 남녀들이 다수이었는데, 그네들의 도에 넘치는 다변多辯과 요설饒舌에는 참으로 배길 수 없었다. 증오憎惡의 염念이 심저로부터 끓어 올랐다.

심혼心魂으로 사는 대신 상하양순上下兩唇으로만 사는 족속이라는 인상을 받았다.

도중途中 클렘스라는 한아閑雅한 중고도시中古都市에서 차를 내려 시중市中을 일순一巡, 시장 초대의 오찬午餐의 향응饗應을 받고 다시 승차하여 여정旅程을 계속하였다.

가면서 차창을 내다보니 처처處處가 아니라, 죽 잇대어 울밀한 삼림이 강류江流 양안兩岸을 뒤덮은 것이었다.

강류 자체만의 미관이란 있을 수 없는 것이다. 그야말로 배경의 배합配合 없이 독존獨存하는 미관은 상상도 할 수 없는 탓으로.

군데군데 요망要望되는 산머리에는 고성퇴루古城頹樓가 점재點在하여, 나는 바이런[44]의 "전설 얽힌 고성古城"이란 라인 강상음江上吟의 일구一句를 연상하였다.

18세기 영국 시단의 밀로 혹은 밀로드(Milord) –구라파 사람 특히 프랑스 사람의 바이런에 대한 경칭–의 호화ㅎ던 행차와, 수백 명 총중에 끼어 누구 하나 거들떠보지 않는 초라한 우리 일행의 행색行色을 대조對照도 해 보았다.

일견 한인 한상閑人閑想 같으나 언제든지 여행 중에는 이러한 상념想念에 사로잡히는 것이 일쑤인 것이다.

---

44 바이런: 영국의 시인[1788~1824]. 낭만주의의 시인으로 유명하며, 정열적인 성격으로 그리샤 독립 운동에 참가하기도 했음.

정서情緖의 유로流露를 약점으로만 볼 것은 아니다. 이러한 "아름다운 약점" 없이는 인생은 사막砂漠이다. 노스탤지어[45]! 어디임에인지도 모르는 노스탤지어!

다뉴브는 볼가에 다음가는 구라파 제2의 긴 강으로 유역流域이 일천이삼백 마일에 달한다고 한다.

듣건대 항거리 부다페스트로 내려 가는 유역에도 승경이 두세 곳뿐만이 아니라 하지만, 이제 우리가 찾아가는 바하우(Wachau)는 오지리 경내, 특히 비에너로부터 당일當日치기 할 수 있는 곳 중 첫 손가락을 꼽는 절승絶勝이라는 것이다.

나의 과문寡聞으로서인지는 모르나 다뉴브에는 라인과 같이 "로렐라이"[46]나, "라인 골드"[47]에 대등對等된 세계적으로 저명한 전설은 없는 듯하다.

오지리는 지리적으로 보아 사면 열강으로 위요圍繞되어 부절히 침략이나 폭정暴政의 화액禍厄을 치러 온 나라이다. 그에 따라서 문학상으로 보면, 그릴파서로부터 호프만스탈이나 아르노 홀츠(현대 작품은 읽지 못했음)에 이르기까지 회의懷疑와 공포와 생막生寞이 주조主潮로 되어 일관一貫한 것이다.

그 대신으로 발달된 것은 음악이었다. 생계生計를 위한 수공업들도 발달된 것이다. 지금의 화려한 도시 비에너는, 옛날엔 다뉴브 강변의 한 촌락이었던만큼 다뉴브 강 양안은 이주移住, 정복, 무역의 흐르는 통로通路이었다. 말하자면 유동流動하는 상가商街이기도 하였다.

---

45 노스탤지어(nostalgia): 회향병懷鄕病. 망향병望鄕病. 향수鄕愁.

46 로렐라이: 라인강 가 바위 위의 요정에게 홀려서, 배가 바위에 부딪쳐 뱃사람이 빠져 죽었다는 전설이 있음.

47 라인 골드: 전설의 한 가지.

잘 알지도 못하는 비에너의 연혁사沿革史는 그만두고, 이제는 곧장 다뉴브 강의 이야기를 하기로 하자. "푸른 다뉴브"라 하였지만, 실은 진상眞狀 아닌 과장誇張임을 우선 말하여 둔다.

언제부터 푸른 다뉴브란 사실 아닌, 일종의 미신이 유포流布되었는지 그 소이연所以然은 미상이나, 요한 스트라우스[48]의 작곡으로 해서 푸르지 않아도 속절없이 푸른 다뉴브로 되어 버린 것만은 의심할 것 없는 사실이다.

내가 꼭 본 대로 말하자면, 기나긴 유역 중 처소處所를 따라서 다를지도 모르나, 다뉴브 강은 다갈색茶褐色의 급한 탁류인 것이다. 한강의 청징淸澄과 혼동하여 생각하면 큰일이다. 소동파蘇東坡[49]의 적벽부赤壁賦나, 장계張繼의 풍교야박시楓橋夜泊詩 들과 같이, 실경의 부족을 시재詩材로서 땜질하는 수법手法을 요한 스트라우스가 작곡상에 채용하였다고밖에는 달리 댈 말이 없는 것이다.

우리는 바하우 산정山頂에 우뚝 솟은 굉려宏麗한 벨베디너 대가람大伽藍(Belvedene Monastery)을 기어올라 두루두루 돌아보았다. 그 승원僧院의 도서관도 보았는데 구텐부르크 판版 성서를 위시하여 권질卷帙의 수도모를 기만幾萬의 신학 서적이 정제하게 배열되어 있음에 경이의 눈을 굴리는 수밖에 없었다.

혼자서도 모로 서서 간신히 내려갈 수 있는 좁은 계단으로 조심조심 주창酒倉(wine-cellar)까지도 내려가 보았다. 다시 올라 화사무비華奢無比한 큰 채플의 숭엄한 성가대聖歌隊의 코러스와 파이프 오르간 소리를 퓨

48 요한 스트라우스(Johann Strauss): 부자 동명. (부1804~49), (자1825~99). 부자가 다 유명한 작곡가. 비에너 출생.

49 소동파蘇東坡: 송나라宋의 시인 [1036–1101]. 이름은 식軾. 그의 시는 그 시대의 구투舊套를 벗고, 기백이 높은 자유분방한 작품을 창시하였으며, 즉흥적인 것을 많이 노래하였음. "적벽부"는 그의 대표작.

(pew)에 앉아서 듣다가, 망루望樓로 나아가 바하우 일대의 원근경을 실컷 부감俯瞰하였다.

# VI. 심정心情을 적음〈日記·書簡〉

일기日記는 그날그날에 일어난 일을 기록하는 글이요, 서간書簡은 자기의 새로운 동정을 적어서 상대방에게 알려 주는 글이다.

이 두 가지가 다 문학 양식文學樣式으로선 수필隨筆에 드는 것이지마는, 그 대신 수필 중에서 가장 개인적個人的이고 사적私的인 스타일이다. 하루에 지나고 한 일을 하나 숨김없이 적어 놓는 것이 일기이며, 자기의 사정事情을 서서히 적어서 상대에게 호소呼訴하는 것이 서간의 요령이다. 일반으로 일기나 서간이라 하면, 물론 거기엔 사무적인 용무를 적는 데 그치는 것도 있겠지마는, 적어도 그것을 문학 형식으로서 본다면, 거기엔 반드시 문학답게 참된 심정이 토로吐露되고 호소되어야 할 것이다.

개인의 감정을 간절하게 적는 데는 이 일기와 서간의 형식이 잘 들어맞는 때문에, 소설 특히 여류 작가女流作家의 소설엔 일기체日記體나 서간체書簡體로 씌어지는 경우가 많다.

그래서 여기에 일기, 서한 쓰는 법으로선 여류 시인 노천명 씨의 글을 보이고, 그 외에 몇 분의 일기 서한을 실례로 들었다. 잘못하면 일과日課적인 무미한 것으로 되기 쉬운 일기나 서간, 그것을 어떻게 하면 모범적으로 쓸까 하는 것을 공부하자.

# 1. 일기日記와 편지

노천명盧天命

☆일기문 쓰는 법

일기는 잊어버리기 쉬운 우리의 기억을 믿지 못하는 데서 그 날의 지낸 일을 문자로 기록해 두는 것으로, 이는 그 사람의 하루의 역사라고도 할 만한 것이다.

그래서 일기는 두고두고 우리의 그리운 사진첩인 동시에, 과오過誤나 실수를 다시 범犯하지 않으려는 자기 반성反省을 위한 재료가 되어 주기도 한다.

일기를 쓰는 요령要領을 말하자면, 첫째, 일기는 누구에게 보이는 것이 아닌 만큼 어떠한 일이나 깨닫고 느낀 것을 속임 없고 숨김없이 적어서, 그 날의 진실한 사진이 되어야 할 것이다.

일기는 바로 자기 자신의 모습이요 자기의 고백이기도 하므로, 거기 거짓을 적는다면 일기를 쓰는 의의意義가 없을 뿐 아니라, 자기를 기만欺瞞하는 일이 될 것이다.

둘째, 일기에 있어서는, 아무리 그 날 일어난 사건이라 할지라도 기록할 만한 것과 버릴 것을 잘 가려야 한다.

아침을 먹고 등교나 출근을 하고… 이런 등속의, 늘 하고 있는 일을 매일 쓰는 것은 싱겁기 짝이 없을 뿐 아니라, 유치한 것이다.

평범한 일 가운데서도 기록할 가치가 있는 일을 가려서 써야 하며, 단조로움을 피하고 재미있게 써 버릇해야, 싫증이 나지 않고 오래 계속할 수 있는 것이다.

그리고 일기란 후일에 가서 여러 가지로 참고가 되는 것이니, 그 날 일어난 사실의 전후를 명백히 적어 놓는 것이 좋으며, 그 날의 날씨도 써 두는 것이 좋다.

그 날의 사건 가운데서도 중요한 일과 그렇지 않은 일을 구별하여 중요한 일은 자세히 쓰고, 중요ㅎ지 않은 일은 생략省略하든지 간단히 적어야 한다.

특히 느낌을 쓰는 일기는 뒷날 읽어 보아서 감개가 깊고 흥미있는 것이다. 보고 듣고 경험한 여러 가지 중에서 자기의 마음에 떠오르는 느낌을 적는 것은 한편 문장을 숙달하게 하고 우리의 감정을 세련되게 하는 일이 되기도 한다.

일기를 매일 적어 가다가도 어쩌다 못 쓰는 날이 있을 수도 있다. 이럴 때는 전날 치를 쓰고 다음을 쓰려 하면서, 하루하루 미루게 되기 쉽다.

이미 못 쓴 날은 간단히 두서너 줄로 그치거나 빼 버리더라도 오늘 치를 쓸 일이다.

내일 아침, 내일 밤, 하고 미루면 못 쓰게 된다. 그리고 그날그날의 문장을 똑같은 길이로 쓰기도 어려운 것이니, 대여섯 줄로 적을 수도 있고 수십 줄로 길게 쓸 수도 있을 것이다.

〈예문〉

2월 x일

오후에 오래간만에 선희가 왔다. 소설 쓰기에 분주한 모양. 머릿속이 대단히 적막한 모양이나 내 수법手法이 가난하여 동무를 달래지 못했다. 무슨 찬란한 프로그람이 우리 세상에 있을 리 있나?

-모윤숙毛允淑 여사의 일기의 한 토막-

1941년 1월 16일

생활이란 것이 극도의 완만緩慢에 이르고 말았다. 의욕도 없고 어떤 야심도 없고 어디로나 끌려가고 싶은 것도 아니고, 이렇게 우습게 살려는 나 자신 굶어 죽는다는 그런 악착스러운 생生의 고난에 부닥치려는 것도 아니요, 또 그럴 것도 아니라는 이런 미지근한 생에 대한 불철저不徹底가 나에게 오늘의 무위무능無爲無能의 생활을 가져온 것 같다.

탄력을 잃어버린 생활. 사랑이라는 것을 가슴에 그리기에도 나는 너무나 무기력無氣力해지고 거기 대한 열의를 저버리고 있다.

나는 움직이는 기능조차 상실喪失한 하나의 자동 기계다.

-이헌구李軒求 씨의 일기에서-

☆편지 글 쓰는 법

할 말이 있으나, 멀리 떨어져 있기 때문에, 혹은 가까운 거리에 있어도 서로 대면對面해서 말을 할 수가 없는 경우에, 말 대신 가는 심부름꾼이 곧 편지이다.

그런 만큼, 편지란 아름다운 문구나 장황한 사연을 늘어놓는 것은 일이 아니요, 편지 쓰는 사람의 뜻을 똑바로 잘 전하는 것이 중요한 일이겠다.

그러므로 우선 상대방에게 무슨 말을 전하려는가? — 취직을 부탁하는 것인가? -그 친구의 생활 태도를 충고하려는 것인가? - 남의 슬픔을 위로하는 데 목적이 있는 것인가? - 또는 내 사업에 관하여 의논을 하려는 것인가? 그 목적이 무엇인가를 분명히 해야할 것이다. 횡설수설 늘어놓아 가지고 무슨 내용의 편지인지 요령부득이 되어서는 안 된다.

그런데 편지에는 표정도 음성도 없으므로, 쓰여진 문자로만 볼 때에는 쓴 사람은 다른 악의惡意가 없었는 데도 냉정하게 느껴져서, 상대편의 오해를 사게 되는 경우가 있다. 그러니 만나서 말을 하는 것과 달라 편지에는 자기의 감정을 함부로 발산發散시켜서는 안된다.

다음으로 편지는 말하는 것과 같이 쉽게 쓸 일이다. 공연히 딱딱한 형식을 차려서 쓸 필요는 조금도 없다.

보내는 사람의 감정이 전혀 들어 있지 않은 항용 쓰는 서두의 문구들은, 생명 없는 공중에 뜬 것으로, 오늘날에 와서는 필요 없는 것이다.

편지를 받을 사람과 마주 앉은 기분으로 정을 느끼며 쓰는 것이 좋다.

편지에는 해야 할 말을 요령 있고 분명하게, 또 간결簡潔하게 써야 하며, 무엇보다도 중요한 것은 상대방의 마음을 움직여 놓아야 하는 것이다.

결코 미문여구美文麗句가 필요한 것이 아니요, 내가 하고 싶은 말을 이해하고 내 뜻에 찬동하도록 진정眞情으로써 저편을 움직여야 한다.

서울에 있는 학생이, 시골 어머니가 뭉툭뭉툭 적어 보낸 편지를 읽고 왜 울게 되는가? 거기에는 진정이 담겨 있기 때문이다.

어쨌든 편지는 진심으로 용건을 쓸 것이며, 상대에게 실례가 되지 않을 말을 사용하여야 한다.

그렇다고 해서 아첨하는 투의 편지는 도리어 정이 없는 것으로 느껴지며, 나아가서는 불쾌감을 주기도 하는 것이다.

〈예문〉

노천명 여사

꼭 구전口傳하라는 전숙희 여사의 신신당부를 듣고 와 보니 안 계시기에 적어 놓고 갑니다. 오늘 저녁 '국제 그릴' 서은숙 선생님의 초대 건招待件을 잊지 마시도록 유의하시기 바란다고 합디다.

꼭.

와 보니 집안이 쓸쓸해서 마음이 언짢습니다. 추석秋夕이니 명절이니 해서 이름 있다는 날이라 그런지도 모르겠습니다.

9월 x일

장덕조

# 2. 산거일기山居日記

이광수李光洙

9월 10일 화요

날이 맑다. 한가위래서 휴학.

아침 예불. 좌선坐禪. 송경誦經.

검다니라는 동네에 풍 씨 집을 찾다. 양철 조각 하나도 아니 섞인 농촌이다. 마당에는 풋바심이 널리고 대추나무에는 풋대추가 번쩍거리고 있다. 사람들은 절사節祀 음복飮福으로 낯이 붉다. 송편과 신청주新淸酒 대접을 받았다.

돌아오는 길에 개울에서 목욕하면서 운허대사에게서 환옹대사幻翁大師 이야기를 듣고 유쾌하였다.

환옹대사는 누가 무엇을 선물로 가져오면,

"그게 다냐? 좀 더 가져오지, 그게 무에냐?"

하고 투정을 하였다. 그러나 그것을 받아서 시봉侍奉들에게 맡기고는 다시 찾는 일이 없었다. 시봉들이 다 먹어 버린다.

한번은 어떤 중이 꿀을 가지고 와서 환옹 스님께 예물로 올렸다.

환옹은,

“좀 더 가져오지, 그게 무에냐?”
하고 으레 투정을 하고는 시봉에게 내어 주었다. 환옹대사가 꿀을 잊어버릴 줄을 잘 아는 그 중은 시봉에게 청하여, 그 꿀을 도로 찾아다가 다른 데에 또 선물로 썼다.

대사는 선지식으로 이름이 높아서, 양주 송릉 부도암과 같은 유벽幽僻하고 작은 암자庵子에 있어도, 궁중과 서울 대가에서 재가 많이 들었다. 그래서 돈도 많이 왔다. 그러나 파재罷齋 후에 다른 절에서 모여 왔던 중들에게 한 웅큼씩 두 웅큼씩 보시布施를 주어서 그 돈이 다 없어진 뒤에야,

“인제는 더 없다. 이다음에 오너라.”
하였다. 그는 평생에 돈을 세어 본 일이 없다.

어떤 중은 환옹대사가 잘 잊어버린다는 것을 이용하여서, 보시를 받고도 한참 있다가 또 가서,

“소승, 물러갑니다.”
하고 또 하직 인사를 하면 대사는 또,

“오, 너 수고했다. 옜다, 보시 받아 가지고 가거라.”
하고 또 돈을 집어 주었다. 대사가 정말 잊어버린 것인지, 알고도 모르는 체를 하는 것인지는 아무도 모른다고 운허대사가 말하였다.

한번은 부도암에 강도가 들어서 환옹대사와 다른 중들을 묶었다. 대사는,

“이놈들아! 너희들이 거꾸로 묶는구나!”
하고 소리를 질렀다. 도둑들은 어안이 벙벙하여 거꾸로 묶는 것이 무엇이냐고 물은즉, 대사는,

“내가 너희 놈들을 묶어야 옳지, 너희 놈들이 나를 묶어 쓰겠느냐?”

하였다. 이 말에 도둑들은 압기壓氣가 되어서 대사를 묶은 것을 끌렀다. 대사는 툭툭 털고 일어나면서 시봉더러,

"이놈들 밥이나 지어 먹여라. 다시는 도둑질들 그만두어라." 하여 밥을 먹여서 돌려보내었다.

이런 일이 있은 지 오십 년이나 지난 지난해 여름에 서울 탑골 공원에서 어떤 점잖은 노인이 군중을 향하여 자기는 젊어서 여러 동무와 함께 양주 보도암에 강도질을 들어갔다가, 환옹대사의 말에 감복感服이 되어서 다시 도둑질을 아니 하고 바른길을 걸어왔다는 말과, 다른 동무들도 다 마음을 고쳐서 잘 살았다는 말을 하는 것을 들었다고 한다.

시주施主들이 절에 전장을 부친다고 하면 환옹대사는,

"전장 쓸데없다. 절에 돈이 있으면 도둑이 오지, 중질만 잘하면 밥 안 굶는다."

이렇게 말하고 거절하였다.

대사는 누구를 보고도 너라고 하는 버릇이 있었다.

옷을 갈아입고 싶으면 여자들의 앞에서라도 벌거벗고 갈아입었다.

양식이 떨어지면 불기佛器나 무엇이나 갖다 잡히고 꾸어 왔다.

누가 법명法名을 지어 달라고 하면 문풍지를 죽 찢어서 써 주었다.

대사의 속성俗姓은 청주 한씨로 사족士族이다.

"내가 죽거든 부도浮屠나 비碑나 영당影堂같은 것 짓지 말아라. 그런 것 만들면 마우권속馬牛眷屬이니라." 하고 유촉遺囑하고 고종 을미년에 입적入寂하였다. 법명은 환진喚眞이니 환옹은 당호堂號였다.

9월 18일 수요

새벽하늘에는 흰 구름이 날고 하현下弦달이 멍에 다물에 걸려서 빛나

다. 둘에 쪼갠 반달이다.

목탁木鐸 소리 들리다. 오늘 어머니 가신 날.

어제 오후에 차 한 봉지를 얻었기로 다려 먹었더니 정신이 쇄락灑落하다. 내게 일년 동안이나 좋은 차를 대어 주던 벗을 생각하다.

아침 예불에 차차 마음이 어우러진다. 무엇이나 여러 번 거듭하는 동안에 힘이 나는 것이다.

봉근鳳根이가 장질부사腸窒扶斯로 입원하였을 때에 열은 내렸으나 조갈燥渴이 심하여,

"아빠! 뜨뜻한 차 물에 꿀 타 주어!"

하고 새벽잠이 든 나를 깨우던 것, 꿀을 탄 차를 그리도 맛있게 먹던 것, 드로프스(drops)를 너덧 개 종이에 싸서 제 손에 쥐어 주며 내가,

"가지고만 있어. 먹지는 말아!"

하면 그는 만족한 듯이,

"응, 안 먹어. 만지기만 할 테야."

하고 대답은 하고서도 내가 한잠을 자고 나면, 봉근이는 드로프스를 다 먹고 한 개만 남겨서 쥐고 있던 것 등이 생각이 난다. 그는 여덟 살에 패혈증敗血症으로 갔다.

중생衆生은 슬픈 존재다. 그 중에도 앓고 죽는 양이 차마 볼 수 없도록 슬프다. 나고 죽는 것이 모두 헛것이요 꿈이라 하더라도 슬프기는 마찬가지다.

선禪을 하고 앉았노라면 마음에 오고 가는 끊임없는 생각들이 모두 싱거운 것뿐이다. 아무 가치도 없는 것들이다. 몇 겁劫을 앉아도 부처의 경지境地가 아니 나타나서 애썼다는 옛 부처의 심경心境도 이러한 것인가?

화로에 불 불어라. 차 그릇도 닦아스라.
바위샘 길어다가 차 다릴 물 끓일 때다.
산중에 외로 있으니 차맛 안 나 하노라.

내 여기 숨은 줄을 알린 곳도 없건마는,
듣고 찾아오는 벗님네들 황송해라.
구태여 숨으렴 아니라, 이러그러 왔노라.

찬 바람 불어오니 서리인들 머다 하리?
풀잎에 우는 벌레 그 더욱 무상ㅎ거다.
저절로 되는 일이니 설워 무삼하리요?

9월 28일 토요 맑다.

예불이 끝나고 절을 나와서 수풀 속으로 들어갔다. 일찍 깬 까막까치가 짖는다. 밤 동안 맺힌 이슬이 높은 나뭇잎에서 길바닥에 괸 물에 떨어지는 소리가 크게 울린다. 나무들은 희미하게 보일 뿐이요, 무슨 나무인지 구별할 수는 없다. 오직 하늘을 찌르고 쑥쑥 솟은 잣나무 전나무만을 알아볼 수가 있을 뿐이다.

물소리가 쏴 하더니 나무들 사이로 개울 굽이가 번쩍 보인다. 밤비에 물이 불었다.

내 발자국 소리와 이슬방울 떨어지는 소리를 들으면서 나는 걸어간다. 웬 낯 검은 사람 하나가 하얀 옷을 입고 뒷짐을 지고 빨리 걸어서 나를 앞선다. 먼 길을 떠나는 사람인가 보다.

징검다리를 건너 수풀 속을 걸어 또 징검다리를 건너 잡목 수풀 속에 들어섰다. 도토리가 떨어진다.

마루턱을 올라서니 멀리 천마산天摩山 마루가 훤하다. 해가 오르는 것이다. 그 때문인지 고요한 수풀에 문득 바람이 일어서 발 아래 넓은 경사면傾斜面에 나무가지들이 흔들려서 새벽빛을 반사反射하고 있다. 이슬이 비 오듯 우수수 떨어진다. 조금만 더하면 서리가 될 찬 이슬이다. 벌써 단풍의 연한 빛을 보이는 잎사귀들도 있었다.

해가 비쭉 솟는다. 바람은 더욱 설레고, 골짜기마다 안개가 피어오른다. 잣나무에서 안개가 일어난다. 나뭇가지에 걸린 거미줄이 무수한 이슬구슬을 달고 번쩍거린다. 나는 솔잎을 씹으면서 절로 돌아왔다.

---

이광수李光洙. 호는 춘원春園. 소설가, 평북 정주定州출생. 일본 조도전 대학 문과 수업. [4228~ ]. 저서에 시집 "/춘원 시가집/", "/삼인 시가집/", 장편소설 "무정無情", "개척자", "흙", "유정有情", "마의 태자", "단종 애사", "사랑" 들이 있음.

# 3. 수선일기水仙日記

이병기李秉岐

**11월 23일**

매헌梅軒이 수선화 분盆 둘을 갖다 주었다. 하나는 한 뼘이나 되는 전복全鰒껍질에 시멘트를 이겨 발을 달고 투술투술 붙은 잔 조개껍질들을 그냥 두어 천연天然한 정취情趣를 지니고, 또 하나는 그보다 좀 작은 도기陶器인데 연엽형蓮葉形으로 우묵하게 되고, 안은 연엽蓮葉 빛, 겉은 대춧빛이고, 한쪽에다 게와 조개를 만들어 붙였다.

옛날 북경北京서 사 온 것이 지금은 고가高價를 가지고 북경을 가도 구할 수 없다 한다. 매헌과 함께 이궁梨宮 앞 청인전淸人廛에 가서 장주漳州서 온 수선을 여덟 뿌리 샀다. 양쪽에 덧뿌리가 달린 해형蟹形 감으로 골랐다. 커도 푸석한 놈보다는 작아도 볼록하고 단단한 놈이 꽃망울이 들었다. 그중 두 뿌리는 매헌을 주었다.

**11월 26일**

해형蟹形 수선을 깎다. 그 형상을 보아 한쪽을 가로 자르고, 그 속의 겹친 껍질을 차례차례 후비어 내다. 손을 너무 가볍게 놀려도 안 되고 무겁게 놀려도 안 된다. 성급性急히 굴다가는 꽃잎도 상하고 손도 다치겠다. 몇 껍질을 벗겨 내고 본즉, 잎사귀 끝이 누렇게 보이고, 그 줄기 머리는 좀 볼록하다. 분명히 꽃망울이다. 자칫하면 터질까 하여 퍽 조심스러이 칼질을 하였다. 꽃망울이 다섯이 나왔다. 또 한 뿌리를 깎다. 이놈은 꽃망울이 셋인데 하나를 터쳤다. 몇 뿌리를 더 깎으려다 말았다. 깎은 놈은 맑은 물을 떠다 담가 두었다. 향긋한 향취香臭가 손끝에서도 움직인다.

---

이병기李秉岐: 호는 가람. 국문학자. 전북 익산益山 출생. 현재 전북대학교 문리과 대학장. [4224~ ]. 저서에 "/가람 시조집/", "/시조 연구/" 들이 있음.

# 4. 지드의 일기日記

앙드레 지드

프랑스의 대 문학가인 지드의 이 일기문은, 그의 문학가다운 생활과, 그 생활에 대한 관찰, 사고思考 및 태도를 엿보기에 좋은 재료가 될 수 있을 것이다.

일기문의 가지가지 스타일을 보아 두는 데 있어서도 도움이 되리라 믿는다.(역자)

☆1903년 1월 2일 토요

병으로 누워 있는 브리앙송 아주머니가 위독하게 되었다. 의식이 극도로 착란錯亂되어 사람을 알아보지 못하신다. 머리를 베개에다 눌러 박고 안색이 변하여 말이 아니다.

창백해졌다기보다 오히려 양초 빛의 그 탁한 황색처럼 보인다. 그리고도 몹시 아름다워 보이는 것이다. 아주머니의 얼굴은 지금은 꼭 할머니 얼굴을 닮고, 게다가 삶이 이룩해 놓은 변모變貌 속에 소녀 시대의 모습이 되살아나 있다. 그러나 그 모습도 죽음의 고통으로 말미암아 사라지려 한다.

아주머니는 흐릿한 눈으로 나를 바라보고 있었다. 나는 무슨 말을 해야 할지 몰라 우두커니 서 있기만 했다.

간호부가 아주머니에게 몸을 굽혀 들여다보면서, 귀에다 대고 큰 소리로 일러 준다.

"조카님이 오셨어요. 아시겠어요? 지드 씨여요."

아주머니는 모르겠다는 듯이 "지드 씨?" "지드 씨?" 하며 되풀이해 중얼거리다가,

"아! 앙드레냐? 앙드레가 왔니?"

하시고는 힘없이 손을 움직여 내 손을 찾는 것이다. 나는 타는 듯이 뜨거운 아주머니의 손을 잡고 힘 있게 꼭 쥐었다. 마치 그렇게 하면 나의 애정을 아주머니에게 전할 수나 있는 듯이 —.

아주머니도 아마 내 손을 꼭 쥐셨을 것이다. 왜냐하면 아주머니가 중얼거리는 소리를 들었기 때문이다.

"아아! 앙드레야, 귀여운… 내 사랑하는 앙드레야."

말을 하려고 대단한 노력을 하는 모양이나 쇠약할 대로 쇠약해져서 말이 제대로 되지 못하는 모양이다. 이 쏟아 놓고 싶어 하면서도 쏟아 놓을 도리가 없어 안타까워하는 애정을 보고, 나는 눈물이 핑 돌아 눈시울에 흘러넘쳤다. 그와 함께 나는 아주머니에게 소리치고 싶어졌다.

"아주머니! 난 아주머니가 제일 좋아!"

그러나 아주머니는 이미 실신 상태失神狀態에 빠져 있는 것이다. 그리고 그의 눈은 흐릿하게 움직이지 않고 있다.

나는 벌써, 보다 더 나은 것에게 맡겨져 있을 그의 영혼을, 어지럽게 해 주고 싶지 않았으므로 아무 말도 할 수가 없었다.

나는 그의 조용한 꿈나라에다 장막을 쳐 드린 것이다. 그의 꿈이 아무

에게서도 방해 당하지 않게 하기 위하여.

☆1903년 8월 x일 아침 4시

차중車中

투우앙에 닿기 전. 강물에서 피어오르는 안개에 싸인 세느강 가 새벽의 즐거움.

이 멋들어진 말을 다시 한번 되풀이해 본다. — 새벽의 즐거움.

평평한 들판의 짚 무더기들은 푸른 빛 섞인 장미색 안개 바다에서, 간신히 그 머리를 내보일 뿐, 공기는 말할 수 없이 맑고 하늘의 푸른 빛깔은 대지大地를 흐뭇이 추겨 주고 있다.

지난밤 잠을 못 이루어 피로해진 내 눈은 안개 피어 자욱한 강 위에 몸을 깨끗이 하고, 언덕의 젖빛 비탈에서 몸을 추기고 있다.

자연의 온갖 초목들은 불타는 해돋이日出를 앞두고, 부지런히 새벽 공기 속에서 몸을 깨끗이 씻고 있다.

바야흐로 이슬은 물방울이 되고 햇볕에 그을었던 풀잎들은 초록빛을 도로 찾는다.

이러한 땅 위에서, 싱싱한 여름, 내가 가졌던 모든 것, 내게 정답던 모든 것을 나는 잃어버리고 말았는가?

진정 그렇다 치더라도, 이 아침의 나의 행복함에는 변함이 없는 것이다. 나는 풀잎들 틈에서 한 잎의 풀이 되어, 이 이른 아침의 모임에 끼이고 싶다.

헤어질 때마저 너는 너의 기쁨을 그이에게 숨기지 못했다. 그런데도 어찌 너는 그이가 눈물을 숨기지 못했다 해서 화를 내게 되었는가?

☆차중車中. 메츠를 지나서.

설워 보이는 하늘. 공포에 싸인 듯한 풍경. 풀 속에 바위들이 드러나 보이는 야트막한 언덕 위에, 세찬 소나기가 아직껏 쏟아지고 있다.

초록빛이 아닌 것은 모조리 회색灰色이다. 어디나 모두가 강물 같다.

어제는 나그네가 된 감회感懷가 가슴에 가득하여… 울 수만 있다면 어린아이처럼 울고 싶었다. 꼭 생후生後 처음 여행을 떠나는 기분 그대로였다.

나는 몇 번이나 내 마음에 스스로 물어보았다. — 나는 내 숙명宿命이 시키는 대로 좇고 있는 것인가? 아니면 실없은 짓을 하고 있는 것인가? … 하고.

이전에는 결코 이렇지 않았다. 나의 격한 욕망은 어떤 일에라도 나의 정당성正當性을 스스로 믿게 해 주었던 것이다. 손에 넣을 수 있는 것이면 아무거나 집어 가질 수 있었던 것이다. 그러나 지금에 와서는, 나는 내가 바로 '어른처럼' 덤비는 어린아이인 것 같은 생각이 드는 것이다.

☆와이마르[50]

자기 힘으로서는 할 수 없는 행동을 주위周圍의 사정에 의하여 요구받았을 때, 나는 언제나 그 주위의 사정에 감사를 드린다.

50 [와이마르]: 지드가 와이마르 궁정宮廷의 초대를 받아, 강연을 하러 갔다. 연제는 '공중公衆의 중요성에 관하여'였음.

☆바드 깃싱겐.[51] 8월 7일

아! 희망과 환희歡喜에 충만充滿한 이 아침의 창공蒼空이여. 아포로[52]는 그대 뒤에 살고, 그리고 나는, 어제 구름이 가까이 떠 있을 때보다 더 내게 가까이 더 푸른 하늘을 느낀다.

나는 창공에 둘러싸여 있다. 그 속에서 나는 행복하고, 너 창공은 내 가슴 속에까지 스며들고 있는 것이다.

이 무관심한 군중들 속에, 내 눈길을 보내게 할 사랑스런 얼굴이 있기만 한다면…

오벨호프[53]는 즐거워 보인다. 그 폭포를 맞아 보고 싶다.

---

앙드레 지드(Andre Gede): 프랑스의 문호. [1869-1950]. 대표작은 "좁은 문'/. 1948년 노벨상을 받았음.

---

51 [바드 깃싱겐]: 도위치 바바리아 지방의 소도시.
52 [아포로]: 희랍 신화의 태양신太陽神.
53 [오벨호프]:. 스위스의 소도시小都市.

# 5. 젊은 시인詩人에게

라이나 마리아 릴케

나의 친애하는 가브스 형.

이삼일 전에 겨우 귀함貴函을 받았습니다. 제게 그처럼 두터운 신뢰信賴를 보내 주셔서 감사합니다. 그러나 저는 다만 당신에게 감사하다는 말씀밖에 드릴 도리가 없습니다. 형의 작품[詩]에 대하여 용훼容喙할 수 없기 때문입니다. 비평적 의도意圖라는 것이 아예 저와는 인연이 먼 것입니다. 비평적인 언사言辭만큼 예술 작품의 진미眞味를 놓쳐 버리는 짓은 없을 것입니다. 비평적인 말을 농弄할 때는, 이미 다소의 차는 있을지언정, 그야말로 "호인好人다운 오해誤解"에 지나지 않습니다. 모든 사물은 흔히 사람들이 자기가 생각하는 만큼, 남이 이해理解되는 것도 또한 말로써 표현할 수 있는 바도 아닙니다. 더구나 아무리 사소些少한 일일지라도, 쉽사리 말로 표현할 수 없는, 언어가 절絶한 자리에서 일어나는 것입니다. 그리고 쉽사리 언어로서 나타낼 수 없는 것이야말로 예술 작품이라는 신비로운 존재로서, 그 생명은 덧없고 속절없는 인간의 생명 가에서 오래오래 영생永生합니다.

이런 전제前提 아래서 제가 형의 시를 굳이 말씀드린다면, 당신 시에는 독자적獨自的인 양식樣式은 없으나, 개성적個性的인 것을 이루려는 그윽이 숨은 소질素質은 역력歷歷합니다.

이것은 "나의 넋"이라는 맨 끝에 써 보낸 시에 가장 명백히 느껴집니다. 어떤 독자적인 것이, 가사歌詞와 선율旋律을 이룬 듯합니다. 그리고 "레오파르디(Leopardi)[54]에게 드리는 것"이라는 아름다운 시에서는, 그 위대하고 고독孤獨한 분과, 일종의 친근 관계가 이룩되고 있음이 짐작됩니다. 그럼에도 불구하고, 이런 작품은 개개個個가 완전히 완벽完璧된 것이라 여겨지지 않습니다. 독립된 것이 아닙니다. "나의 넋"이나 "레오파르디에게 드리는 것"이나 마찬가지로 개개個個로서 완전히 이룩된 것이 아닙니다. 시詩 작품과 함께 보내신 글월은 제가 형의 작품에서 느낀 온갖 막연한 결점缺點을 반드시 설명해 주리라 믿습니다.

형은 제게 시의 잘잘못을 물으셨으나, 반드시 다른 분에게도 물으셨으리라 생각합니다. 혹은 시를, 어느 잡지에 투고投稿도 해 보셨으리다. 그리고 자기 작품을 다른 분 것과 스스로 비교도 해 보셨으리다. 그래서 만일 투고한 잡지에 실려지지 않으면, 스스로 불안을 느꼈으리라 생각합니다. 그러나 제가 충고를 해도 좋다는 허락이 있었기에 그런 짓은 일체一切 그만두시기 바랍니다. 형은 "외부外部"만 바라보시고 계시나, 그것은 무엇보다 지금 하셔서는 안 될 일입니다. 형을 도울 수 있는 시詩에 대한 충고는 아무도 할 수 없습니다. 어떤 사람이라도 불가능합니다. 오로지 한 가지 방법이 있을 따름입니다. 심사숙고深思熟考하십시오. 시를 꼭 써야 될 깊은 목소리[命令]의 근거를 추구追究하십시오. 그 근거根據가 참으로 형의 마음의 가장 깊은 곳에서 우러나오는 것인지 아닌지 — 뿌리를

54 [레오파르디](Leopardi): 이탈리아의 시인. [1798–1837]. 행복을 찾는 인간의 비통한 부르짖음을 노래하였음.

펴고 있나 없나 — 음미吟味하시기 바랍니다. 만일 쓰지 않고는 죽을 도리 밖에 없을만큼 "절실한 것인가" 자백해 보십시오. 무엇보다 깊은 밤, 조용한 시간에, 내가 쓰지 않고는 못 배길 것인가? 스스로 물어보시기 바랍니다. 자기 마음속을 캐 보아서 깊은 대답을 찾도록 하십시오. 그래서 과연 마음속에서 우러나는 대답이 그것을 긍정肯定하고, "나는 쓰지 않고 못 참겠다."라는 강하고 단단한 대답을 할 수 있다면, 형은 비로소 자기 생활을 이 필연성必然性에 따라 세워야 합니다. 형의 생활이야말로 아무리 하잘것없이 사소些少한 순간이라 할지라도, 이 깊은 대답이 밝혀 준 그 참을 수 없는 마음의 표시가 되고, 증언證言이 되어야 합니다.

그리고 자연을 가까이 하십시오. 참으로 형이 보고 체험體驗하고 사랑하고 상실喪失한 것을 최초의 인간이란 듯 표현하도록 노력해 보십시오. 최초의 인간… 하느님이 마련하신 첫 사람. 연애시戀愛詩는 쓰지 마십시오. 처음에는 흔히 알려진 평범한 형식은 되도록 피해야 합니다. 평범한 형식일수록 가장 어렵습니다. 그것은 훌륭하고 부분적으로 빛나는, 대대로 내려오는 허다許多한 작품이 있는 연애시에서 독자적獨自的인 것을 이루기에는 크게 성숙成熟한 힘이 필요하기 때문입니다.

그러므로 일반적인 주제主題를 피하고, 형 자신의 일상생활에서 느낀 것을 주제主題로 삼으시기 바랍니다. 자기의 슬픔이나 보람이나 스쳐 가는 느낌, 무슨 미美에 대한 신앙信仰을 시로 이루십시오. — 이런 것을 깊이 찬찬한 마음으로 겸손謙遜한 성실誠實을 다하여 시로 이루시기 바랍니다. 그리고 자기 마음을 표현하는데 형이 처處한 주위의 사물, 형이 꾼 꿈의 모습, 형이 지닌 추억을 대상對象으로 삼으십시오. 만일 형의 일상생활이 가난하고 "평범한 듯" 느끼시면, 일상생활이 가난하고 평범하기보다는 스스로 자기 자신을 나무라야 할 것입니다. 스스로 충실한 시인이 아니기 때문에, 넉넉한 것을 느껴 깨닫지 못할 뿐입니다. 이렇게 말씀드리는 것은 창조創造하는 사람에게는 가난함도, 가난해서 무방한 자리라곤 있을 수 없습니다. 그리고 형이 만일 옥에 갇혀서 세상의 소란騷亂스러움을 전혀 느낄 수 없이 전혀 체험을 겪을 수 없다손 치더라도 — 형에게는 유년시대라는 귀중하고 훌륭한 풍부함이 있습니다. 이것은 추억의 보고寶庫가 아니겠습니까? 그것에 마음을 모으시면 됩니다. 이 아득한 과거에 잠겼는 감동感動을 "조용히 살펴서 한 가락씩" 뽑아 올리도록 하시기 바랍니다. 반드시 형의 개성個性은 강해지리라 믿습니다. 형의 고독은 스스로 넓어지고, 설사 옥 속에 있더라도 형의 거처居處는 환한 밝음 속에 싸여서, 외계外界의 소음騷音은 그 밝은 거처를 멀리 스쳐서 지나가 버리게 될 것입니다. — 그리고 이 내부로 "눈을" 돌린 사람이 자기 세계의 침잠沈潛에서 시가 이룩하게 되면, 형은 그 시의 잘잘못을 남에게 물으려 하시지 않을 것입니다. 형은 또한 쉽사리 잡지에 투고하려는 엄두를 내시지 않을 것입니다. 왜냐하면 형의 그 시야말로 형이 목숨과 함께 스스로 지니신 것, 생명의 한 조각이며 말씀이라고 믿으시리라 생각하기 때문입니다. 예술 작품은 무엇이나 필연必然의 결과로 이룬 것이면 좋은 것입니다. 예술 작품의 "이룩되고 비롯된" 출처가 "필연의 결과냐 아니냐"라는 것으로 판단判斷하는 도리밖에 판단의 길은 없습니다.

그러므로 저는 형께 이런 충고 외에 드릴 말씀이 없습니다. 심사숙고深思熟考해서 자기 생활을 이룩하게 되는 그 깊이를 음미하시고, 그 생활의 근원根源에서 창조創造하지 않고, 참을 수 있느냐 혹은 없느냐라는 자문自問에 대답을 들을 수 있으리라고 "그 깊은 마음에서 우러나는" 대답을 들리는 대로 해석하려지 마시고 "받아들이시기" 바랍니다. 아마 형은 예술가로서 천직天職을 삼게 될 사실이 증명되리라 믿습니다. "그것이 증명되거든" 그 운명을 고스란히 받아들이시기 바랍니다. 보수報酬같은 것은 전혀 문제를 삼지 말고, 다만 "운명을 받아들임으로써" 한결 무겁고 큰 운명을 찾으십시오. 그것은 창조하는 자는 독자獨自의 세계를 "지녀야" 하며, 모든 것은 자기 안에서 자기가 종속從屬한 자연 안에서 찾아내야 합니다.

그러나 형께서 이대도록 "노력한 나머지" 자기 안을 바라보고 자기의 고독孤獨 안에 내려간 후라 할지라도, 때로는 시인이 됨을 단념해야 할 경우가 있을지 모릅니다. "위에서도 말씀드렸으나 쓰지 않고 살 수 있음을 느끼면 시인이 될 수 없습니다." 그러나 이런 경우에 이르렀다손 치더라도 제가 형께 바라 마지않는 심사숙고는 결코 헛된 것이 아닙니다. 형의 생활이야말로 그것을 "계기契機로 해서" 독자적 길을 찾아내리라 믿기 때문입니다. 그리고 그 길이 훌륭하고 넉넉하고 아득한 길이기를 나는 말로서 표현 못 할 만큼 간절히 바라는 자입니다.

더 말씀드릴 것이 별로 없을 것 같습니다. 벌써 형께 "충고드릴 말씀은" 명백히 다 이야기한 듯 생각됩니다. 결국 조용히 착실히 자기의 발전을 통하여 생장生長하시라고 충고드린 듯 생각합니다. 형은 외부에만 한눈을 팔아서 스스로 조용한 시간에, 또한 안에서 우러나는 깊은 감정만이 응답할 수 있는 것을 외부의 대답을 기대하는 것은 자기 발전發展에 가장 큰 장애障碍가 될 것입니다.

주신 글월 중에서 호라체크 교수의 이름을 발견하게 되어 기뻤습니다. 저는 이 친절한 학자에 깊은 존경尊敬과 다년간 변함없는 감사를 품고 있습니다. 그분에게 제 뜻을 전해 주십시오. 그분이 저를 잊지 않고 기억해 주심은 고맙고 반가웠습니다.

친절히 보여 주신 작품은 도로 보냅니다. 끝으로 다시 제게 두터운 신뢰를 가져 주심에 감사를 드리오나, 성의誠意껏 솔직히 말씀드린 회답이 미지未知의 인간으로 제게 보내신 신뢰에 다소나마 이바지되기를 빕니다.

한결 깊은 관심을 주시기 바라며,

서기 1903년 2월 17일

파리에서

---

릴케(Rilke): 체코 출신의 *도위치* 시인. [1875-1926]. 신 낭만파의 거성巨星. "/시도편時禱篇/", "/신시집/" 들이 있음.

**참고**

일기日記나 서간書簡이란 우리가 흔히 말하는 실용문實用文이다. 이 실용문이란 오늘날과 같이 교육, 문화, 예술의 모든 것이 생활生活 실용實用에 주안主眼을 두는 때에 있어서, 글도 마찬가지로 그 생활과 직접 관련을 둔 것이라면, 대단히 중요하게 보아야 하겠다.

그런데 실용문이라면 그것이 일기나 서간만이 아니고, 그보다도 더 실용적인 글이 많다. 예를 들면 축사祝辭 쓰기, 초대문招待文 쓰기, 조위문弔慰文 쓰기 등 경조慶弔에 관한 여러 가지 형식의 글을 비롯하여, 그 밖에 일반적인 것으로 보고문報告文 쓰기, 진정서陳情書 쓰기, 건의문建議文 쓰기 등 그 종목을 들면 여러 가지가 있다. 학생들은 여기서 일기문과 서간문을 공부하는 여가에 이상과 같은 실용문도 연습해 보는 것이 좋을 줄 생각한다.

# VII. 단편斷片을 그림〈短篇小說〉

1. 단편 소설 짓는 요령
2. 단편 소설의 특징特徵
3. 모래무지
4. 산
5. 마지막 잎새

생활의 단편斷片을 그린 것을 단편 소설短篇小說이라고 해 왔다. 이것은 확실히 단편 소설의 한 특징을 설명하는 말이다. 단편 소설은 조그만 작품이니까 그 속에 긴 이야기나 복잡한 사건을 넣을 수가 없다. 단순한 사건, 조그만 이야기, 인상적인 장면 같은 것을 하나 붙잡아 가지고 그것을 가장 요령 있게 짜 놓은 이야기가 단편 소설이다.

그래서 단편 소설의 효과效果를 보는 데 있어선 통일된 인상印象, 단일한 효과를 독자에게 주어야 한다고 말한다.

그만큼 단편 소설은 그것을 쓰는 데도 구성을 단단하게 압축壓縮해서 써야 한다. 단편 소설에선 말 하나 구절 하나 헛되게 쓸 수 없다. 말에 대한 극도의 절약節約이 필요한 것이다.

다음에 단편 소설의 내용은 간단한 이야기지마는 거기엔 반드시 하나의 클라이막스가 있어야 한다. 클라이막스가 있어야 이야기에 중심中心이 생기고 통일된 인상이 오게 된다.

그러한 요령을 머리에 두고 여기 소개하는 이무영 씨의 "단편 소설 짓는 요령"과 최재서 씨의 "단편 소설의 특징"을 읽고, 작품의 예로서 이효석, 이봉구 두 분의 작품과, 외국 작가의 것으로 오 헤느리의 /'마지막 잎새'/ 등을 읽음으로써 실지로 단편 소설의 요령을 파악하도록 하자.

# 1. 단편 소설 짓는 요령

이무영李無影

## 1) 단편의 특징

단편 소설이란 어떤 것인가? 이를 아주 쉬운 말로 줄여서 말한다면 인생의 가장 조그만 사건을 가장 적은 사람으로서 가장 단일單一한 효과를 내는 소설의 한 형식形式이라고 할 수 있다. 그렇기 때문에 아나톨 프랑스[55]는 "단편 소설을 쓸 사람은 먼저 가위와 풀을 마련해야 한다." 이렇게 말하고 있고, 또 근대 단편 소설의 개조開祖라고까지 일컫는 에드가 앨런 포우[56]는,

"단편은 장편의 일부분이어서는 안 된다. 어떤 긴 이야기에서 떼어 온 한 사건이어서도 안된다. 그것이 아무리 짧은 이야기일지라도 그 사건 자체가 뚝 떨어진 것이어야 하며, 또 더 늘일수록에 효과가 적어지는 그런 이야기라야만 한다. 그렇기 때문에 단편 작가로서 성공하자면 무엇보다도 남이 생각지 못하는 새로운 것을 발견할 줄 아는 재간과, 그것을

55 아나톨 프랑스(Anatole France): 프랑스의 시인, 소설가. [1844–1924]. 1921년 노벨상을 탔음.

56 애드가 앨런 포우(Edgar Allan Poe): 미국의 탐정 소설가. [1809–1849].

가장 효과적으로 줄일 줄 아는 재주가 있어야 한다." 이렇게도 말하고 있는 것이다.

이 두 분의 말로서 우리는 단편 소설이란 어떤 것인가를 대강 짐작할 수 있지만, 이것을 다시 한번 풀어 이야기한다면, 다음의 세 가지로 나눌 수 있을 것이다.

## 2) 단편 짓는 법

### (1) 단일한 사건

단일 사건單一事件이라 함은 단 한 가지 사건이라는 뜻이다. 즉 한 단편 속에서는 짓는 이作者가 목적한 사건 이외에는 절대로 욕심을 부려서는 안된다.

매양 처음 쓰는 사람의 소설을 읽어 보면, 한 단편 속에 두 가지 세 가지의 사건이 담겨져 있는 수가 많다. 이것은 마치 어린아이들이 밖에서 싸움하는 구경을 하고 들어와서 두 아이가 싸우던 이야기를 하는가 하면, 그 옆에서 군밤 팔던 이야기를 하고, 그런가 하면 또 말 타고 가는 사람 이야기도 해서 어떤 것이 정말 하고자 하던 이야기인지 모르게 되는 수가 많다. 단편은 이래서는 안 된다.

소설 짓는 것을 어렵게 생각할 필요는 없다. 제군은 스케이트가 사고 싶으나 아버지, 어머니께서 잘 안 사 주신다. 이 잘 안 사 주시던 아버지, 어머니께서 어떻게 조르면 스케이트를 사 주시게 할 수 있을까? — 이런 궁리를 하는 것이 곧 단편 짓는 법이다.

잘 안 사 주시려는 아버지, 어머니한테서 스케이트를 얻어 갖는 방법에는 떼를 쓰는 방법, 울고 불고 해서 애를 먹이는 방법, 퉁퉁 짜증을 내는 방법, 여러 가지가 있을 것이다.

이 많은 방법 중에서 가장 좋은 방법을 생각해 내는 것이 좋은 소설 짓는 방법이다.

그러자면 무엇보다도 아버지, 어머니께 스케이트에 관한 말씀만 드려야 한다. 스케이트도 사 줍시사고 조르고, 사진기도 조르고, 자전거도 조르다가는 다 실패한다.

이것이 단일 사건이다.

### (2) 단일 인물單一人物

단일 인물이란 가장 적은 인물을 등장시켜야 한다는 뜻이다. 여기에 "가장 적은"이라는 말은 그 이야기에 절대로 필요한 사람만을 끌어내야 한다는 말이다.

가령 "스케이트"라는 단편을 쓴다 생각할 때 주인공을 "김창수"라고 한다면, 이 김창수 한 사람만 등장시켰다면 "가장 적은" 인물이 될 것이지만 창수 군은 돈이 없다. 스케이트를 사 주실 수 있는 사람은 아버지와 어머니시다. 그러니까 아버지, 어머니는 "스케이트"란 단편에서 절대로 필요한 인물이다.

제군이 아버지나 어머니께 스케이트를 사 줍시사 했을 때,

"암, 사 주지. 얼마냐? 만 환? 옜다."

이렇게 바로 사 주시던가? 그런 아버지, 어머니도 계실지 모르지만, 그렇게 수월하게 사 주시는 부모님은 그리 많지 않으시다. 소설은 잘 안 사 주시는 부모님이 할 수 없이 사 주시도록 꾸며져야 한다.

아무리 졸라도 안 사 주신다. 누가 사 주도록 말해 줄 사람이 없을까 하고 찾는다. 그때 담임 선생님이 오셔서 "창수두 스케이트 하나 사 주시지요." 이렇게 말씀한 것으로 꾸민다면 가장 효과적이기는 하지만 그렇게 있을 수 없는 일을 생각해서는 안 된다. 그보다는 같은 반 동무로 하여금 스케이트를 메고서 집에 오게 한다. 그 동무는 되도록 창수네보다 생활이 어려운 편이 효과적이다.

"어머니, 쟤네는 우리보다두 더 어려운데 스케이트를 샀어요."

이렇게 꾸며서, 아버지, 어머니로 하여금 사 주시고 싶은 마음이 나시게 해야 한다.

만일 스케이트 산 동무를 둘씩 셋씩 날마다 끌고 온다면 어떨까?

그것은 도리어 계획이 탄로만 나서 못 쓴다.

이것이 곧 절대로 필요한 사람의 한도가 될 것이다.

### (3) 단일효과單一效果

단편은 한 가지 사건을 가장 적은 인물로서 그리면서도 가장 단일한 효과를 내야 한다. 절대로 두 가지 효과를 노려서는 실패한다.

가령 또 "스케이트"의 예를 든다면, 제군이 노리는 효과는 어떻게 하면 스케이트를 사느냐 하는 데 있다. 그러니까 스케이트를 사 주시도록 아버지, 어머니의 마음을 움직이어 주지 않는 이야기는 단 한마디도 하지 않아야 한다. 모든 이야기를 스케이트에만 집중시켜야 한다. 누가 스케이트를 산 이야기, 누가 스케이트를 타더니 몸이 어떻게 좋아진 이야기, 담임 선생님도 "창수, 넌 스케이트를 타는 것이 좋겠다."라고 말씀하셨다는 이야기, 교내 스케이트 대회가 있다는 이야기, 스케이트를 타는 꿈을 꾸었다는 이야기 — 모든 이야기를 스케이트에다 집중시키고 또 행동도 스케이트에다 갖다 붙인다. 방안에서나 마루에서나 스케이트 지치는 흉내를 하고는, 좋아해 보인다.

"아, 나두 이렇게 한번 지쳐 봤으면 —"

이렇게 어머니 앞에서 슬퍼도 한다. 학교 갈 때나 돌아올 때나 스케이트 지치는 흉내를 낸다. 이렇게 오직 스케이트를 타고 싶다는 데 집중시켜서 어머니께서,

"쟤가 저렇게 성화를 하다간 스케이트 때문에 병이 나겠어요."

이렇게 아버지께 말씀을 하시게 만들어야 한다.

단편 짓는 데 단일효과를 노려야 한다는 것이 이 점이다. 만일 스케이트 한 가지에만 모든 말과 행동을 집중시키지 않고 스케이트 이야기를 하다가 사진기, 자전거, 말 타기, 이것저것 조르다가는,

"쟨 눈으로 보는 건 다 사겠다는 아이."

이렇게 하나도 안 사 주실 것이다.

사과나무를 기르는데 꽃도 보고 과실도 많이 따고 할 수는 없다. 꽃을 보려면 과실을 희생해야 하고, 과실을 많이 따자면 헛꽃을 따 버려야 한다. 아나톨 프랑스가,

"가위와 풀을 마련하라."

이렇게 말한 것도 이 때문이다. 말하자면 불필요한 이야기는 베어 내고 효과를 내는 데 필요한 부분은 갖다 붙이라는 뜻이다.

---

이무영李無影: 소설가. 충북 충주忠州 출생. [4240~ ]. 저서에 작품집 "/흙의 노예/", "/산가山家/", 장편 소설 "명일의 포도鋪道", "먼 동이 틀 때", 연구서 "소설 작법'/ 들이 있음.

# 2. 단편 소설의 특징特徵

## -모파상의 "산막山幕"에 대하여-

최재서崔載瑞

근대 단편 소설을 창시創始한 사람은 에드가 앨런 포우(Edgar Allan Poe)[57]이지마는, 이를 문학적 형식으로서 완성시킨 작가는 모파상(Maupassant)[58]이다. 그중에서도 "산막"은 단편 소설의 본질本質을 가장 명확明確하게 보여 주는 작품이라고 나는 생각한다.

이야기는 이러하다.

슈아렌바하의 산막은 겜 미이 산을 넘는 나그네들의 피난소였다. 잔 하우젤 일가는 일 년에 육 개월만 이곳에서 산막을 열고, 겨울이 되어 길이 눈에 막히게 되면, 늙은이 안내자 깃스팔드 하리와, 젊은이 안내자 울리히 쿤지와 및 쌈이라는 사냥개를 남겨 두고 마을로 내려온다. 그 해도 겨울이 닥쳐와 길이 험해졌으므로, 주인집 식구들은 산을 내려왔다. 까마득한 골짜기에 보이는 로에크의 부락部落은 마치 심연深淵 속에

57 [에드가 앨런 포우](Edgar Allan Poe): 아메리커의 시인, 소설가. [1809-1849]. 저서에 시집 "큰 까마귀"와 단편집 들이 있음.

58 [모파상](Maupassant): 프랑스의 자연 주의 소설가. [1850-1893]. 대표작은 "여자의 일생".

뿌려 놓은 모래알 같이 흩어져 보였다.

자작 밥을 지어 먹고 나선, 카르타나 도미노 장난이나 하고, 그것도 싫증이 나면, 노인은 노변爐邊에서 졸고, 울리히는 눈 위에 엎드려서 산록山麓의 마을을 하염없이 내려다보는 단조單調한 생활이 며칠째 계속되는 중, 물기 많은 구름이 덮쳐 와서 눈을 얼리고 말았다. 두 사람은 죄수 모양으로 산막에 갇히어 살았다.

어느 날 아침 사냥을 나간 노인이, 저녁때가 되어도 돌아오지 않았다. 울리히는 쌈을 데리고 노인을 찾으려 세 주일 만에 산막을 나섰다. 날은 저물어 눈은 장미색으로 물들었고, 강바람은 얼어붙은 눈 위를 휩쓸었다. 그는 귀를 째는 듯한 떨리는 목소리로 길게 노인의 이름을 불렀다. 그러나 그 목소리는 죽은 듯한 침묵 속에 사라질 뿐이었다. 그때에 덜컥 무서운 생각이 들었다. 침묵, 한기寒氣, 적막寂寞, 산들의 죽음, 이 모든 것이 그를 덮쳐 혈액의 순환은 정지되고, 사지가 빳빳하여지는 것 같아서, 그는 부리나케 산막으로 돌아왔다. 그러나 노인은 와 있지 않았다.

이튿날은 새벽부터 산판을 헤매고 눈구덩이에서 밤을 새우고, 그다음 날 오후 네 시경에 다 죽어서 산막으로 돌아왔다. 그는 쓰러져 정신없이 잠이 들었다. 긴 잠이었다. 어느 때인가 별안간,

"울리히!"

하는 소리에 깜짝 놀라 잠이 깨었다. 그는 문밖으로 튀어 나가 연달아 세 번이나 노인의 이름을 불러 보았다. 그러나 눈보라가 칠뿐이었다. 그는 무서운 생각에 덜덜 떨며 들어와, 아마도 노인이 죽으면서 지른 소리인가 보다 생각하였다.

그 이튿날 밤이 오자, 그는 또다시 공포에 사로잡혔다. 이 쓸쓸한 눈벌판 위에, 다만 혼자, 사람들이 살고 있는 토지와 인간의 주택住宅과, 바쁘고 시끄럽고, 가슴이 날뛰는 생활로부터 오천 척이나 떨어져 있는 이 고원高原에서, 다만 혼자 있다는 생각을 하니, 그는 미칠 것 같아서

단박에 튀어 나가 절벽에서 몸을 날리어, 로에크의 부락으로 떨어지고 싶었다. 그러나 이 눈판 위에서 죽은, 또 한 사람의 혼령이 그의 길을 막을까봐, 무서워 문을 열 생각도 못 하였다.

그 이튿날 밤도, 또 그 이튿날 **밤**도 그는 괴상한 소리를 들었다. 그는 벌떡 일어나 미친 사람 모양으로 날뛰고, 개는 덩달아 짖고, 으르렁거리고, 발톱으로 벽을 꼬집고 하였다.

그는 오륙 이 동안 아무것도 먹지 않고 술 취한 짐승 모양으로 지냈다. 그래도 노인 생각만 하면,

"울리히!"

하고 부르는 소리가 마치 머리를 뚫고 나가는 총알 같이 그를 깨웠다.

어느 날 밤 그는 겁쟁이가 극단極端에까지 몰려들면 하다시피 문을 열고 나섰다. 그러나 뼈가 저린 바람이 뺨을 갈길 뿐이었다. 당황하여 튀어 들어오는 바람에, 개가 나간 줄도 모르고 그대로 문을 잠가 버리고 말았다.

화덕에 나무를 지피며 덜덜 떨고 있다가, 별안간 후닥닥 뛰어 날랐다. 밖에서 빠작빠작 벽을 갉는 소리가 들린다.

"어떤 놈이야, 이놈아!"

하고 소리를 질렀으나, 밖에서는 흉측한 울음소리가 들려 올 뿐이었다.

밖에서는 구슬픈 소리로 애원하면, 안에서는 무서운 욕으로 대답을 하고, 이렇게 며칠을 지낸 뒤에 어느 날 밤 괴상한 소리는 뚝 끊어지고 말았다. 그도 그만 쓰러져 잠이 들고 말았다. 이튿날 아침, 잠이 깬 울리히는 배가 고파 밥을 먹었다.

겨울이 다 가고 길에 눈이 녹기 시작하였으므로, 하우젤 일가는 또다시 노새에 짐을 싣고 산으로 올랐다. 마중 나온 사람은 없고, 산막에선 연기도 나지 않았다. 이상히 여기며 가까이 와 보니, 문 옆에 독수리가 쪼아 먹고 남은 동물의 해골이 있었다. 그것이 쌈의 해골인 줄은 짐작할

수 있었으나, 문을 부수고 들어갔을 제, 한 편 구석에 쭈그리고 있는 광인狂人이 누구인지는 얼른 알아채지 못하였다.

단편 소설은 시로 말하면 서정시抒情詩이다. 서사시敍事詩에 대하여 서정시의 특징은, 그 단일성單一性에 있다. 단일한 효과를 주는 것이 그 목적이다. 단일한 정서, 기분, 혹은 관념觀念을 주는 것이 그 목적이다. 단편 소설에 있어서는 인생의 전면全面이 아니라, 그 일면, 이야기의 전체가 아니라, 그 일부분을 통하여 단일한 관념을 주자는 것이 그 바라는 바이다. "산막"에 있어서 작자는 단일한 관념 – 공포를 독자에게 인식시키려고 하였다. 다시 부연敷衍하여 말하면, 대자연 앞에 인간이 얼마나 고독한가, 그리고 그 고독에서 생겨나는 공포는 인간에게 어떤 영향을 주나? 이러한 일면을 독자에게 인식認識시키려고 하였다.

이 평범平凡하다면 평범한 사실을, 어떻게 독자에게 새롭게 인식시킬까? 인생의 고독과 공포라는, 공기나 물과 같이 보편적普遍的인 대신에, 보통 한 사실에 독자의 주의를 새롭게 끌려는 데 모파상의 의도意圖가 있었을 것이다. 그러면 그는 이 의도를 어떻게 해서 달하였는가? 여기에 그의 테크니크(technic)의 비밀이 있다.

우선 의식계意識界의 돌연한 변환이 있다. 독자는 첫 줄에서 보통 한 인간 생활과 분리分離된 해발海拔 오천 척의 설경雪景으로 인양引揚된다. 독자는 눈을 둥그렇게 뜨고 긴장한 정신으로써 주위를 보살핀다. 작자는 벌써 여기서, 성공의 제일보第一步를 거두었다. 왜 그러냐 하면, 독자는 평범平凡한 일상생활의 때가 오르고 더데가 앉은 보통의 의식계로부터 인양됨으로 말미암아, 작자가 주는 것을 허심탄회虛心坦懷하게 받아들일 심적心的 준비를 부지 불의식不知不意識 중에 마쳤기 때문이다. 그래서 독자는 세상에 갓 나온 영아嬰兒와 같은 천진天眞한 눈으로, 혹은 오월 아침에 숙면熟眠하고 난 사람의 상쾌한 눈으로 그 세계를 본다. 그래서 거기에 무슨 진실한 관념이나 정서情緖가 나타나면, 그는 놀라움으로써 그것을 발견한다. 이 경탄驚嘆이라는 것이 단편 소설의 생명이다. 작품에 들어 있는 진리는 평범할수록 좋다(따라서 보편적이니까). 그러나 독자는 그것을 놀라움으로써 발견하여야 되겠다. 이것이 없다면 단편 소설은 김이 빠져 구역이 난다.

그러나 독자가 경탄을 느끼려면, 아무래도 그 관념이나 정서가 진실하여야 되겠다. 말하자면, 이것은 눈에 보이지 않는 초석礎石이다. 이 초석은 무엇으로써 구축構築되나? 그것은 사실의 배치配置이다. 자연계의 물상物象이나 인간 사이의 사건이나, 개인의 실제적인 심리가, 다 그 초석이 될 수 있다. 공포라는 가장 막연하고 추상적인 관념을 독자에게 전달ㅎ기 위하여, 공포恐怖라는 말을 천만 번 쓴대도 소용이 없다. 독자의 의식을, 공포를 느낀 사람과 똑같은 시튜에이션(situation)[59] 안에 넣어 주는 밖엔 아무 도리가 없다. 언어의 전달력傳達力이라 하면, 언어의 무슨 마력魔力이 있어 말에 정서가 붙어 다니는 것처럼 생각하나, 그것은 미신迷信이다. 말은 이미지(image, 心象)[60]를 환기喚起시키는 외에 아무 힘도 없다. 그래서 문장이 이미지들을 배치配置하여 놓으면, 독자는 거기서 재출발하여 자기 스스로 그 정서를 느낄 수밖에 없다. 이것이 언어의 전달력이라는 것이다. "산막"에는 처음부터 끝까지 구체적 물체와 사건이 빽 들어차서 옴짝달싹도 못 하게 되어 있다.

독자는 그 세계로 걷기만 하면, 자연히 공포를 느끼게 되어 있다. 비평

59 시튜에이션(situation): 처지. 상태.
60 이미지(image): 심상. 개념槪念.

가 엘리오트(Eliot)[61]는 "객관적 비류客觀的比類"라는 말을 썼다. 즉 작가가 어떤 추상적인 주관을 독자에게 전달하려고 할 때, 그는 작품에 있어 그것을 대표할 만한 물체나 사건, 즉 객관적 비류를 제시提示해야 된단 말이다. "산막"은 이 객관적 비류가 가장 풍부하고 또 치밀緻密한 작품의 좋은 예이다.

흔히 단편 소설엔 긴박緊迫한 수법手法이 필요하다고 한다. 그것은 이 객관적 비류의 치밀성을 말함이다. 물체와 물체, 사건과 사건 사이에 아무런 간격間隔이 없이, 작자의 주석註釋이나 설교가 들어갈 틈이 없을 때, 독자는 그 소설의 진전進展을 숨쉴 새 없이 따라가게 된다. 이것이 즉 단편 소설의 긴박성緊迫性이다.

스토리(story)의 요점要點–즉 작품을 읽은 뒤에 놀라움으로써 발견되는 작자의 의도意圖–과 그 요점에 이르기까지의 스토리의 긴박성–즉 객관적 비류의 풍부와 치밀은 단편 소설의 생명의 표리表裏이다. 이런 점으로 볼 때에 모파상의 "산막"은 마치 슈아렌바하 설령雪嶺 위에 선 산막과 같이, 단편 소설에서 고고孤高한 지위를 점령하고 있다.

---

최재서崔載瑞: 호는 석경石耕. 영문학자. 황해도 연백延白 출생. 서울 대학 영문과 출신. [4240~ ]. 저서에 평론집 "/문학과 지성知性/"이 있음.

---

61 엘리오트(Eliot): 영국의 시인. 비평가. [서기 1881~ ]. 저서에 시집 "황무지"와 비평집 "성배聖杯" 들이 있음. 1948년도 노벨 문학상 수상자.

# 3. 모래무지

이봉구李鳳九

집에 돌아와 보니 살구꽃이 꽂혀 있던 유리병에 꽃 대신 모래무지 네 마리가 꼬리를 치며 놀고 있었다.

노랗게 배가 볼록이 내민 것을 보니 알이 밴 모양이다.

"알이 밴 모래무지로구나! 어디서 난 게냐?"

정신없이 어항을 쏘아 보고 있는 아이 놈에게 물었더니, 청량리淸凉里까지 나가서 잡아 왔다는 것이다.

"너 혼자?"

"아니 동무들하고."

"흥."

모래무지를 잡으러 청량리 밖까지 나갔다 온 아이의 마음씨가 그럴듯해서, 나는 고개를 절로 끄덕이었다.

"알 밴 모래무지!"

노랗게 알이 통통 밴 모래무지를 볼 적마다, 나는 어릴 때 보 누이의 광당포 적삼을 잊을 수가 없다.

광당포 적삼의 색갈이 알 밴 모래무지의 배때기 빛과 흡사해서 생각도 나는 것이지만, 모래무지를 회로 초고추장에 찍어 먹으며 좋아하던 시절도 회상되어, 고기잡이를 할 때마다 모래무지 때문에 몸이 달기도 하였다.

"모래무지를 잡으러 청량리까지 가야 돼? 찻길이 무섭고 한데, 가까운데 가 잡지."

뭐, 그 먼 청량리까지 가서 잡아 올 게 어디 있느냐는 말에,

"아니야, 원은 학鶴을 보러 간 것인데 논배미에서 고기가 놀기에 잡아 온 게야!"

"학을!"

"응, 학 구경이 하구 싶어서?"

이 또한 놀라운 말이다. 학을 보러 간다. 학 구경을 간다. 말만 들어도, 혼탁한 둘레에 시달려 거칠어진 마음이 일시에 가을 하늘처럼 틔어지는 것만 같았다.

나는 아무 말 없이 또 고개만 끄덕이었다. 모래무지를 위해 아이들의 정성은 여간 아니었다. 아침저녁 물을 갈아 줄 뿐만 아니라, 잠이 깨는 땐 뛰어나가 새 물을 갈아주고, 모래무지가 생기가 도는 듯 꼬리 치는 것을 바라보기도 하는 양은 끔찍한 것이었다.

이렇게 정성껏 물을 갈아 주며 위해 주었음에도, 두 마리가 사흘 만에 일시에 약속이나 한 듯 죽어서 물 위에 떠돌고 있는 것을, 새벽에 아이놈이 먼저 발견하고 울상이 되어 앉아 있었다.

"왜 죽었을까?"

하루에도 몇 차례 물을 갈아 주고 위해 주었는데, 무슨 병이 났기에 이토록 죽었을까, 알 수가 없다는 것이다.

"공기가 나빠서 죽은 게다. 넓은 물속에서 시원스레 자유롭게 뛰 놀던

것을, 저렇게 좁은 유리병에 가두어 놓았으니 오죽 갑갑했겠니? 남의 자유를 빼앗는 것도 큰 죄다."

안 할 말을 한 것 같아 안되기는 하였으나, 그래도 해야만 될 말인 것 같았다.

"갖다 버려라!"

어릴 때 좋다고 눈독을 들이던 누나의 광당포 적삼 색깔, 또는 생모시 빛깔 같은 모래무지가 죽은 지 얼마 안 되어 벌써 썩어 가는 빛깔로 변하고 있는 것이다.

"벌써 썩는 모양이다. 배때기 빛이 시퍼레져 간다. 저런 빛깔은 보기 싫다."

이런 말 하면서 나는 어릴 때 본 장삿날 상복喪服을 생각한 것이다.

굵은 베옷의 빛깔은 흡사 썩기 시작하는 모래무지 몸뚱어리의 빛깔 그대로다.

아이놈이 내 눈치를 보며 조심스레 유리병을 들고 밖으로 나가더니, 물 쏟는 소리가 나고 이어서 새 물을 갈아서 방으로 들여왔다.

두 마리가 죽은 지 하루가 못 되어 또 한 마리가 죽어 버렸다.

"갖다 버려!"

닁큼 내다 버리라고 했는데, 아이놈이 아무 말 없이 병만 쏘아 보고 있다.

"보기 싫다니까 그래!"

두 번째 소리를 치자 아이놈이 울상이 되어 병을 들고 나갔다.

그렇게 꼬리를 치며 놀던 모래무지가 짝을 잃고 홀로 되자, 죽은 듯이 오르락 내리락 풀이 없이 떠돌고 있었다.

모래무지만 외로워 맥이 없는 게 아니라, 아이놈도 쓸쓸한 표정이다.

"아버지!"

"……"

"저, 모래무지가 왜 저토록 맥이 없을까?"

걱정이 된다는 뜻이다.

"외로워서 그런 게다."

"같이 놀던 친구들이 다 죽었기 때문에 그렇지?"

"그렇다. 외로워서 꼬리를 칠 기운도 없고…"

이 대답을 채 끝마치기도 전에 나는 가슴이 뜨끔해지며 목이 꽉 메었다.

"아, 나도 저 모래무지처럼…"

환도還都 전 서울에 홀로 고독과 싸우며 살던 때, "모나리자" 또는 "올림피아" 다방에 홀로 앉아 그리움에 지쳐 가슴을 태우던 일이 생각난 것이다.

무턱대고 서울이 좋았고, 플라타누스가 좋아서 홀로 버티고 있을 때, 나는 저 모래무지처럼 외로움에 지쳐 있었던 게 아닌가? 이런 생각이 가슴을 치밀었다. 불현듯이 마루에 나가서 찬장을 열고 소주병을 꺼내었다. 단숨에 두 잔을 들이켜고 나니 모래무지를 더 바라볼 수가 없었다.

"낼 아침에 청량리로 나가자!"

성난 내 목소리에,

"왜?"

아이놈이 영문을 모르겠다는 표정이다.

"해방을 시키자! 좁고 괴로운 유리병에서…"

이튿날 아침 모래무지 한 마리가 조용히 오르내리는 유리병을 들고 아이놈과 나는 청량리로 향하였다.

그가 놀던 자리에다 모래무지를 놓아 주려는 데서 논고랑을 찾아갔다.

노르께한 고운 모새가 물속에다 샘을 파놓은 듯한 냇물 바닥에 모래무지를 놓아주고 일어서려던 참인데,

"아버지!"

먼저 일어선 아이놈이 큰 소리를 치는 것이었다.

"왜?"

나도 벌떡 일어섰다.

"저, 학鶴 좀 봐!"

"학?"

아이놈이 반가운 얼굴로 손짓하는 앞을 바라보니, 학이 도도하게 한 다리를 오그리고 서서 우리 쪽을 바라보고 있는 게 아닌가?

외로울 때나 욕될 때나 어려울 때마다 생각나고 보고 싶던 학을 나는 오늘 이곳 청량리 논두렁에서 보게 된 것이다.

"너 학이 좋으냐?"

"응"

"학은 참 좋은 새다… 도도하고, 깔끔하고, 깨끗하고…"

모래무지 때문에 오랜만에 학을 보게 된 것이다.

"학도 울지?"

학도 우느냐는 것이다. 학의 울음소리는 좀처럼 들을 수 없고, 또 좀체 울지 않으나, 그러나 울게 될 때는 기막힌 울음을 운다는 학이다.

"울지만 잘 울지 않는다. 정말 울어야 할 때, 진정 울고 싶을 때 한 번 우는 것이다."

"한 번 들어 봤으면…"

"학의 울음은 참으로 아무나 듣는 게 아니야."

도도하고, 깔끔한 학의 울음은 학 같은 사람 아니면 들을 수 없고, 들어도 그 깊은 뜻을 모르는 것이다.

먹는 것조차 학은 까다롭고, 잠을 잘 때도 다리 하나만 꼬부리고 잘 뿐만 아니라, 좀체로 날개를 퍼덕거리지를 않는다는 학이다.

모래무지가 꼬리를 치며 노는 냇둑에 앉아, 나는 넋 잃은 사람처럼 학만 바라보았다.

긴 모가지를 움직일 뿐 부동의 태세다.

"학은 우렁이를 먹는다는데, 정말이야, 아버지?"

"응."

"아버지, 우리도 우렁이 좀 사 먹어!"

"원고료가 들어오면 한번 사 먹어야지. 봄이 오고 꽃이 피었는데…"

학을 보고 우렁이 생각이 나니, 절로 마음이 학처럼 맑아지는 것만 같아 견딜 수 없었다.

한번 허공을 향해 한가로이 날아가는 학의 모습, 고목 상상 가지에 초연하게 서 있는 학의 모습, 또한 못 견디게 보고 싶어졌다.

"인제 그만 가!"

학도 실컷 보았으니 집으로 돌아가자는 아이놈이 손을 내밀어 모래무지가 숨바꼭질을 하는 물속의 모래 한 우큼을 파서 들며 일어서는 것이다.

"그건 뭐 할 거냐?"

"집의 꽃밭에다 뿌리려고."

"왜?"

"모래무지가 좋아서!"

무슨 뜻인지 잘 알 수는 없으나, 그 모래를 꽃밭에 뿌리겠다는 생각은 갸륵한 일이었다.

"저 학은 언제까지나 저기 서 있을까? 아버지, 학은 점잖지?"

학은 점잖다는 아이놈을 앞세우고 모래무지가 꼬리를 치며 노는 냇둑을 걸어오면서,

"학처럼 외롭고 높게, 도도한 속에, 또는 모래무지처럼 꿋꿋하게 살다 죽어야 할 터인데!"

무슨 염불처럼 속으로 중얼거려지는 것을 어찌할 수 없었다.

---

이봉구李鳳九: 소설가. 경기도 안성安城 출생. [4249~ ]. 대표작은 "도정道程".

# 4. 산

이효석李孝石

나무하던 손을 쉬고 중실은 발밑에 개암나무 포기를 들췄다. 지천으로 떨어지는 개암 알이 손 안에 오르르 들었다. 익을 대로 익은 제철의 열매가 어금니 사이에서 오드득 두 쪽으로 갈라졌다.

돌을 집어 던지면 개암 알 같이 오드득 깨어질 듯한 맑은 하늘, 물고기 등 같이 푸르다. 높게 뜬 조각구름 떼가 햇볕에 뿌려진 조개껍질 같이 유난스럽게도 한 편에 옹졸봉졸 몰려들었다. 높은 산등이라, 하늘이 가까우련만, 마을에서 볼 때와 일반으로 멀다. 구만 리일까? 골짜기에서의 생각으로는 산기슭에만 오르면 만져질 듯하던 것이, 산허리에 나서면 단번에 구만리를 내빼는 가을 하늘. 산속의 아침나절은 졸고 있는 짐승 같이 막막은 하나, 숨결이 은근하다. 휘움한 산등은 누워 있는 황소의 등어리요, 바람결도 없는데 쉴 새 없이 파르르 나부끼는 사시나무 잎은 산의 숨소리다. 첫눈에 띄는 하얗게 분장한 자작나무는 산속의 일색. 아무리 단장한대야 사람의 살결이 그렇게 흴 수 있을까? 수뿍 들어선 나무는 마을의 인총보다도 많고, 사람의 성보다도 종자가 흔하다. 고요하게 무럭무럭 걱정 없이 잘들 자란다. 산오리나무, 물오리나무, 가락나무, 참나무,

졸참나무, 박달나무, 상수리나무, 떡갈나무, 피나무, 물가리나무, 싸리나무, 고루쇠나무. 골짜기에는 산사나무, 아그배나무, 갈매나무, 개옻나무, 엄나무, 산등에 간간이 섞여 어느 때나 자라는 – 산속은 고요하나 웅성한 아름다운 세상이다. 과실들의 싱싱한 기운과 향기, 나무 향기, 흙냄새, 하늘 향기. 마을에서는 찾아 볼 수 없는 향기다.

낙엽 속에 파묻혀 앉아 개암을 알뜰히 바수는 중실은, 이제 새삼스럽게 그 향기를 생각하고, 나무를 살피고 하늘을 바라보는 것이 아니었다. 그런 것은 한데 합쳐서 몸에 함빡 젖어 들어 전신을 가지고 모르는 결에 그것을 느낄 뿐이다. 산과 몸이 빈 틈 없이 한데 얼린 것이다. 눈에는 어느 결엔지 푸른 하늘이 물들었고, 피부에는 산 냄새가 배었다. 바심할 때의 짚북데기보다도 부드러운 나뭇잎 – 여러 자 깊이로 쌓인 가랑잎의 부드러운 보료 – 속에 몸을 파묻고 있으면, 몸뚱어리가 마치 땅에 솟아난 한 포기의 나무와도 같은 느낌이다.

소나무, 참나무, 총중의 한 대의 나무다. 두 발은 뿌리요, 두 팔은 가지다. 살을 베면 피 대신에 나뭇진이 흐를 듯하다. 잠자코 섰는 나무들의 주고받는 은근한 말을, 나뭇가지의 고갯짓하는 뜻을, 나뭇잎의 소곤거리는 속셈을, 총중의 한 포기로서 넉넉히 짐작할 수 있다. 해가 쬘 때에 즐거워하고, 바람 불 때에 농탕치고, 날 흐릴 때 얼굴을 찡그리는 나무들의 풍속과 비밀을 역력히 번역해 낼 수 있다. 몸은 한 포기의 나무다.

별안간 부드득 솟아오르는 힘을 느끼고, 중실은 벌떡 뛰어 일어났다. 쭉 펴는 네 활개에 힘이 뻗쳐, 금시에 그대로 하늘에라도 오를 듯싶다. 넘치는 힘을 보낼 곳 없어, 할 수 없이 입을 크게 벌리고 하늘이 울려라 고함을 쳤다. 땅에서 솟는 산정기의 힘찬 단순한 목소리다. 산이 대답하고 나뭇가지가 고갯짓한다. 또 하나 그 소리에 대답한 것은 맞은편 산허리에서 불시에 푸드득 날아 뜨는 한 자웅의 꿩이었다. 살찐 까투리의 꽁지를 물고 나는 장끼의 오색 날개가, 맑은 하늘에 찬란하게 빛났다. 살찐 꿩을 보고, 중실은 문뜩 배가 허출함을 깨달았다. 아래편 골짜기 개울 옆에 간직하여 둔 노루 고기와, 가랑잎에 싸 둔 개꿀이 있음을 생각하고, 다시 낫을 집어 들었다. 첫 참 때까지에는 한 짐을 채워 놓아야 할 것이다. 한 참 쉰 뒤라, 팔에는 기운이 남았다. 버스럭거리는 나뭇잎 소리가 품안에 요란하고, 맑은 기운이 몸을 한바탕 멱 감긴 것 같다. 산은 마을보다 몇 갑절 살기 좋은가? 산에 들어오기를 잘 했다고, 중실은 생각하였다.

---

이효석李孝石: 호는 가산可山. 소설가小說家. 강원도 평창平昌 출생. 경성 대학 영문학과 출신. 대동 공업 전문 교수를 지냈음. [4240–4275]. 저서에 단편집 "/해바라기/", "/성화聖畵/", "/이효석 단편선/"과, 장편長篇 소설 "화분花粉", "벽공 무한碧空無限" 들이 있음.

# 5. 마지막 잎새

오 헨리

워싱턴 네거리 서편 얼마 안 되는 지역 안에 거리들은 종작없이 뻗어서 "뭇골목"이라 이르는 조그마한 지대를 형성하여 있다. 이 "뭇골목"은 이상한 각도와 커브로 되었다. 하나의 골목길이 두 번이나 세 번이나 자체自體와 교차된다. 어떠한 화가가 일찍이 이 거리에 매우 가치 있는 가능성을 발견하였다. 가령 어떤 집금인集金人이 그림물감과 종이와 캔버스값을 받으려고 청구서를 가지고 이 거릿길을 돌다가는, 기어코 내금內金을 한 푼도 받지 못한 채 문득 본고장에 되돌아드는 자신을 만나게 되리라는 것이다.

그래, 얼마 안 되어 이상한 고풍古風의 그리니치 촌에는 화가들이 꾸역꾸역 모여 들어서, 북향한 창과 18세기 식 파풍破風과 화란식 천장 밑 방과 값싼 집세를 찾아서 쏘다녔다. 그리고는 그들은 약간의 백랍제白鑞製 손잡이 달린 잔과 한두 개의 경편 곤로를 제육가第六街에서 수입하였다. 그리하여 한 "화가촌"이 형성된 것이다.

어떤 납작한 삼층 벽돌집 꼭대기에 "주우"와 "잔시"는 그들의 공동 화실을 가졌다. "잔시"란 조아나의 애칭이었다. 전자는 메인에서 왔고, 후자는 칼리포니아에서 왔다. 두 여자는 제팔가第八街 델모니코 식당의 공동 식탁에서 서로 만나, 예술과 치커리 샐러드와 승정복식僧正服式 긴 소매에 대한 두 사람의 취미가 전연 동일한 것을 발견한 결과, 마침내 공동 화실을 가지게 되었다.

그것이 6월이었다. 11월에, 차디찬 눈에 보이지 않는, 의사들이 폐렴肺炎이라 부르는, 한 모르는 인사가 이 화가촌을 횡행하면서, 얼음 같은 찬 손으로 여기저기서 사람들을 만졌다. 우선 동부 일대로 이 유린자蹂躪者는 대담하게 활보하면서 수십 명씩 희생자를 쳐 넘어뜨리더니만, 끝내 그의 발길은 이 좁은 이끼 돋은 "뭇골목"의 미로迷路를 천천히 밟아 들어왔다.

폐렴 씨는 시속에 이른바 기사도적騎士道的 노신사는 아니었다. 칼리포니아 온화한 서풍에 빈혈이 된 한 조그마한 여자는, 원래 저 붉은 주먹을 가진 신경질적인 말썽꾸러기 노인의 적수가 아니언만, 잔시를 그는 기어코 때리고야 말았다. 그리하여 궐녀는 꼼짝도 못한 채 펭키칠한 쇠침대 위에 누워서, 조그마한 화란식 유리창 문을 통하여 건너편 벽돌집의 흰 벽을 바라보게 되었다.

어느 날 아침, 분주한 의사가 그 숱한 회색 눈썹으로 주우를 낭하로 불렀다.

"저분의 회생할 기회는 10분의…… 글쎄요…… 1밖에 안 됩니다."

그는 체온계의 수온을 털어 내려 보내면서 말하였다.

"그런데 그 기회란 저이가 살기를 원하는 것입니다. 이 모양으로 사람들이 의사 편만 의뢰하면 아무런 약방도 소용이 없으니까요. 당신의 조그마한 동무 여성은 아무래도 자기 병이 낫지 않으리라는 생각을 가졌습니다. 그분이 무슨 마음속에 생각하는 것이 있는가요?"

"그 애는… 그 애는 언제든지 나폴리 만灣을 한번 그려 보구 싶다구

했죠."

"그럼요? — 잠꼬대를 하시는군, 마음에 무슨 두 번 생각할 만한 것이 있느냐 말입니다. — 이를 테면 어느 남자를?"

"남자요?"

주우는 유대인의 수금竪琴 소리 같은 우는 소리로 말하였다.

"남자가 무슨 생각할 만한 – 하지만 없어요, 선생님. 도무지 없어요."

"그렇습니까? 그것이 약점입니다."

의사는 말하였다.

"좌우간 과학이 할 수 있는 한, 내 힘껏은 다해 보죠. 그러나, 환자가 자기 장식葬式의 마차 수효를 세기 시작할 땐 난 의약이 치료할 수 있는 능력에서 50퍼센트를 공제하니까요. 만일 당신이 저어로 하여금 오는 겨울에 입을 외투 소매의 스타일에 대하여 한 마디라도 물어 보게 한다면, 10분지 1의 기회 대신에 5분지 1을 보증하죠."

의사가 간 뒤에, 주우는 화실로 들어가서 일본제 냅킨이 팔프가 되도록 울었다. 그러고 나서 그는 화판畵板을 들고 휘 휘 휘파람을 불면서 잔시의 방으로 들어갔다.

잔시는 침대보 밑에 잔주름살 하나를 만들지 않고 가만히 누워서 창을 향하여 얼굴을 돌리고 있었다. 주우는 그가 자는 줄 생각하고 휘파람을 그쳤다.

그는 화판을 버티어 놓고 어느 잡지 소설의 삽화를 그리려고 펜화를 시작하였다. 젊은 "화도畵道"로 나가는 노정路程은 젊은 작가가 "문학"의 길로 나가려고 쓰는 잡지 소설에 그림을 그리는 것이다.

주우가 주인공의 형체 위에 얌전한 승마복 아랫바지와 쪽안경, 그리고 아이다호 지방의 목동을 스케치하고 있을 때에, 그는 나직한 소리가 몇 번이나 되풀이되는 것을 들었다. 그는 창을 내어다 보며 무엇을 세고 있다 – 거꾸로 세고 있다.

“열둘” 하더니만 조금 있다가 “열하나”, 그러고 나서 “열”, 그리고 “아홉”. 그러고 나서는 “여덟”과 “일곱”을 거의 한꺼번에 세었다.

주우는 걱정스럽게 창문을 건너다보았다. 대관절 거기 무엇을 셀 것이 있는가? 거기에 보이는 것은 다만 텅 빈 마당과 스무 자쯤 떨어져 있는 벽돌집의 흰 담벽뿐이요, 한 줄기의 늙고 늙은, 뿌리는 썩어진, 마디 많은 담쟁이常春藤 덩굴이 그 벽돌담으로 치벋어 있을 뿐이었다. 차디찬 가을바람은 진작 담쟁이 잎새를 때려 덩굴의 뼈만 남은 가지만이 무너져 가는 벽돌 담벽에 앙상하게 매달려 있다.

“대관절, 무엇을 그러구 있어?”

주우가 물었다.

“여섯”.

잔시는 거의 속삭임으로 말하였다.

“지금은 더 속하게 떨어지는군! 사흘 전에는 거의 백이나 있었는데. 그걸 다 세려면 머리가 아프더니. 하지만 지금은 아주 쉽거든! 또 하나 떨어지는군! 지금은 다섯밖에 안 남았군!”

“글쎄, 무엇이 다섯이야? 좀 일러 주지 않구.”

“잎새 말이지. 담쟁이덩굴에 있는 저 마지막 잎새가 떨어지면 나도 갈 테야. 사흘 전부터 그리 될 줄로 생각하였어. 의사가 언니에게 그렇게 말하지 않아?”

“아이 어쩌면, 난 그런 논센스는 도무지 못 들었어.”

주우는 대단히 꾸지람하는 말씨로 탄식하였다.

“글쎄, 늙은 담쟁이 잎새가 네 병이 나아가는데 무슨 상관이야? 더구나 넌 늘 저 덩굴을 사랑하지 않았니? 글쎄, 이봐, 바보 소리는 그만두어. 아 글쎄, 의사가 오늘 아침 날더러 말하기를, 네 병이 정말 나을 기회는 – 가만있어, 꼭 그이가 말한 대로 말할게 – 그이가 말하기를, 병이 나을 기회는 1 대 10이라고 하던데! 그야 뭐, 우리가 뉴욕 시내에서 전차를 탈 때나, 새로 지은 빌딩 뒤로 지날 때에도 고만한 위험률은 있지 않아? 그러니 어서 맘. 놓고 고깃국을 좀 마시라구. 그래야 언니도 다시 그림을 그리구, 편집인에게 그것을 갖다 팔아서 앓는 어린 동생에게 포트 와인도 사다 주고, 먹성 좋은 언니도 폭 초프를 좀 사다 먹지."

"포도주는 더 사다 무얼하게?"

잔시는 물끄러미 창문 밖을 건너다보며 말하였다.

"또 한 잎이 지는구먼! 아니, 나는 고깃국 안 먹을 테야. 남아있는 잎새가 꼭 넷이로군! 어둡기 전에 저 마지막 잎새가 떨어지는 걸 볼 테야. 그러군 나도 가지!"

"에그, 글쎄 잔시"

주우는 그에게로 몸을 굽히며, 말하였다.

"내가 일을 마칠 때까지 제발 좀 눈을 꼭 감고 창문을 내다보지 않기로 약속할 수 없어? 내일까지는 꼭 이 그림을 갖다 주어야 하겠는데. 환해야 그림을 그리지. 그렇지 않다면 그만 휘장을 내려치겠구먼."

"딴 방에 가서 그리면 되잖아?"

잔시는 차디차게 말하였다.

"난 아무래도 네 옆에 있고 싶거든."

주우는 말하였다.

"그뿐인가? 나는 네가 그 쓸데없는 담쟁이덩굴을 줄곧 건너다보지 말았으면 좋겠어."

"일을 끝내거든 알려 줘."

잔시는 눈을 감고 마치 넘어진 입상立像과 같이 해쓱하게 고요히 누워 있다.

"난 고 마지막 잎새가 떨어지는 걸 보구 싶어. 이젠 기다리기도 피곤하구, 생각하기도 피곤하구, 난 이젠 모든 것에 집착을 모두 턱 놓아 버리구, 그저 가엾은 피곤한 잎새와 같이 그저 밑으로 가라앉고만 싶어."

"좀 자라구."

주우는 말하였다.

"나는 벨만 노인을 불러다가 그 늙은 시골 광부의 모델을 시켜야 하겠으니, 일 분 동안이라도 허송할 수 없어. 자, 그럼 내가 돌아올 때까지 꼼짝 말고 있으라구."

벨만 노인은 그들의 밑층에 사는 화가이다. 그는 60이 지났고, 마치 산양신山羊神의 머리로부터 소귀小鬼의 몸뚱어리로 고슬고슬 늘어진 것 같은 미켈 안젤로의 "모세"의 수염을 가졌다. 벨만은 예술의 실패자였다. 40년 동안이나 그는 화필을 휘둘렀으나, 마침내 그의 "여신"의 치맛자락도 가까이 만져 보지 못하였다. 그는 언제나 한번 걸작을 그려 보려고 하였으나, 아직도 한 적이 없다. 몇 해 동안 그는 혹시 어쩌다가 상업, 또는 광고 방면의 막된 그림을 제하고는, 아무것도 그리지를 못하였다. 그는 이 화가촌 중 직업적 모델의 요금을 물 능력이 없는 젊은 화가들에게 모델 노릇을 하는 것으로 약간의 돈을 벌었다. 그는 "진"을 몹시 마시며 아직도 자기의 미래 걸작을 지껄였다. 그 외에 있어서는, 그는 성미가 몹시 격렬하나 조그마한 노인이요, 누구나 상냥스럽고 다정한 것을 몹시 조롱하며, 자기는 윗층 화실에 있는 두 젊은 화가를 보호하는 사냥개로 생각하고 있다.

주우는 밑층 희미한 등불이 켜 있는 굴속 같은 방에서 강렬한 두송杜松 열매 냄새 나는 벨만을 발견하였다. 한편 구석에는 화가畵架에 백지白紙의 화포畵布가 씌워 있었다. 그것은 실로 25년 동안이나 걸작의 맨 처음 선線을 받아 보려고 거기서 기다리고 있어온 것이다. 주우는 노인에게 잔시의 망상을 이야기하고, 그리고 그의 세상에 대한 미약한 집착이 더 약하여지는 때, 정말 잎새와 같이 그렇게 가볍고 약하게 떠나가면 어떠할까 하고 말하였다.

벨만 노인은 시뻘건 눈에 눈물을 줄줄 흘리며, 그런 어리석은 상상에 대한 그 일류의 경멸과 조롱을 내 퍼부었다.

"그게 무슨 주착없는 소리람!"

그는 부르짖었다.

"세상에 아무리 바보기로 그래 그 빌어먹을 담쟁이 잎새가 떨어진다고 사람이 죽는 법이 있담? 난 그 따윗 소린 첨 들으우. 아니, 난 그 바보 시골뜨기의 모델 노릇 그만 둘래요. 아, 글쎄, 왜 그 따위 어리석은 생각이 그의 머릿속에 들게 하였담? 아, 그 가엾은 잔시양."

"그 애는 병이 중해서 신경이 약하니까요." 주우는 말하였다. "더구나 열이 심하기 때문에 마음이 병적으로 되어 이상한 공상이 머리에 가득하게 된 게죠. 좌우간 벨만씨 노인님, 그런 줄 몰랐더니 무서운 - 변덕쟁이시군요."

"참 여자란 할 수가 없습니다."

벨만은 부르짖었다.

"누가 모델 노릇 안 하겠다 했어요? 가십시다. 함께 갑지요. 반시간 동안이나 여지껏 모델 노릇을 하겠노라 하여 왔는데. 압다! 이런 곳에 잔시양 같은 착한 아가씨가 병이 나서 누워 있다니? 내 후일에 한번 걸작품을 그려서, 그 때엔 우리 모두 여길 떠납시다. 압다! 그러구 말구."

그들이 위층으로 올라왔을 때에 잔시는 자고 있었다. 주우는 휘장을 창 밑으로 잡아 늘이고 벨만에게 눈짓을 하여 딴 방으로 왔다. 거기서 두 사람은 무서운 듯이 창을 건너 담쟁이덩굴을 엿보았다. 그러고는 그들은 잠간 동안 말이 없이 피차에 얼굴을 바라보았다. 줄기찬 차디찬 비가 눈과 섞여서 내리고 있었다. 벨만은 낡은 남빛 샤쓰를 입고 시골 광부로서, 뒤집어 놓은 냄비를 바위 삼아 자리를 정하였다.

다음 날 아침 주우가 한 시간쯤 자고 눈을 떠 본즉, 잔시는 기운 없는 커다랗게 뜬 눈으로 늘이어진 녹색 휘장을 물끄러미 바라보고 있었다

"휘장 좀 올려 줘. 좀 보고 싶으니."

그는 들릴락 말락 한 소리로 명령하였다.

그러나 보라! 어젯밤 밤새도록 계속한 세찬 비와 사나운 바람이 있었는데도 불구하고, 거기에는 아직도 벽돌담 벽에 담쟁이 잎새 하나가 그대로 붙어있지 않는가? 그것은 실로 덩굴 위의 마지막 잎새였다. 줄기 가까이는 암록색暗綠色을 띠었으나 그 톱니 언저리는 약간 말라진 빛을 띤 채, 잎새는 용감하게 지상 30척 위에서 가지에 매달려 있다.

"마지막 잎새로군!"

잔시가 말하였다.

"난 밤새 조것이 확실히 떨어졌을 줄 생각했는데, 바람 소리가 어떻게 요란했는지 아마 오늘은 떨어지겠지. 그러면 나도 그와 동시에 이 세상을 떠날 거야."

"아이, 이를 어쩌나?"

주우는 그의 초췌한 얼굴을 베개 밑으로 굽히면서 말하였다.

"글쎄. 제 몸을 생각하지 않는다면 나를 좀 생각해 줘. 그리 되면 난 어쩌라구?"

그러나 잔시는 대답하지 않았다. 세상에 제일 쓸쓸한 것은 장차 신비한 머나먼 길을 떠나려고 차린 한 사람의 혼이다. 그를 우정과 세간에 매어 놓았던 그 매듭이 하나씩 하나씩 풀어짐에 따라서, 공상은 점점 더 강하게 그를 침노하는 것이었다.

그 날 하루가 다 갔다. 그러나 황혼을 통하여서도 그들은 그 외로운 담쟁이 잎새가 담벽 위에서 줄기에 꼭 붙어 있는 것을 볼 수 있었다. 그리더니만 밤이 오자 북풍이 다시 휘몰아 오고, 세찬 비가 창문을 때리며 나직한 화란 식 치마를 두들기며 내려왔다.

날이 환하게 밝자 사정없는 잔시는 휘장을 걷으라고 명령하였다. 담쟁이 잎새는 아직도 그대로 있었다.

잔시는 한참동안이나 그것을 바라보며 누워 있었다. 그러더니만, 그는 가스난로에 닭국을 짓고 있는 주우를 불렀다.

"내가 잘못했어, 주우 언니."

잔시는 말하였다. "내가 얼마나 약한 것을 보이기 위하여 그 무엇이 저 마지막 잎새를 그대로 있게 하였구먼. 죽기를 원하는 건 죄야. 죽을 좀 갖다 줘요. 우유에 포도주를 좀 쳐서 갖다 주구. 그리구 — 아니, 먼저 거울을 좀 갖다 줘요. 그리구 내 옆에 베개를 많이 쌓아 줘. 이렇게 앉아서 언니 요리하는 걸 구경할 테니."

한 시간 뒤에 그는 말하였다.

"주우 언니, 난 후일에 나폴리만灣은 꼭 한번 그리구 싶어."

오후에 의사가 왔다. 그는 갈 때에 주우를 낭하로 좀 나오라고 하였다.

"절반 절반의 기회입니다."

주우의 수척한 떨리는 손을 잡고 말하였다.

"잘 간호만 하면 문제없습니다. 그런데 난 또 밑층의 다른 환자를 보아야 하겠군. 무슨 벨만인가 하는 사람인데-아마 무슨, 일종의 화가인 모양입니다, 역시 폐렴인데요. 그이는 약한 노인인 데다가 증세가 급성입니다. 그 이는 희망이 없는걸요. 좀 더 안정이나 해 보려구 입원을 한답니다."

다음 날 의사는 주우에게 말하였다.

"저이는 아주 위험에서 벗어났습니다. 염려 마십시오. 이젠 영양과 간호- 그뿐이올씨다.

그 날 오후에 주우는 잔시가 누워 있는 침대로 가서, 만족한 모양으로, 매우 짙은 녹색의, 쓸 데 없는, 털목도리를 뜨면서, 한 팔로 그를 베개, 무엇, 할 것 없이 휩쓸어 껴안았다.

"글쎄, 내 말 좀 들어 봐."

그는 말하였다.

"벨만씨가 어저께 병원에서 죽었어. 문지기가 맨 첫날 아침에 그 노인이 밑층 제 방에서 가엾게도 몹시 고민하며 있는 것을 발견하였대. 그의 신과 의복이 온통 젖구, 얼음장 같이 차더래. 글쎄, 그 무서운 밤에 어딜 갔었을까 하였대. 그리구 사람들이 아직 불이 켜 있는 등불과, 끌어다 놓은 사닥다리와, 여기 저기 흩어져 있는 화필과 푸른 빛 누른빛이 섞여 있는 팰레트[繪畫具]를 발견하였대 - 저 창문을 내다보라구. 저 마지막 담쟁이 잎새가 담벽에 그대로 있지 않아? 바람이 그렇게 몹시 불었는데 어째서 저 잎새가 흔들리지도 않고 떨어지지도 않고 꼼짝달싹도 않았는지 이상스럽지? 아 이것 봐. 글쎄, 그게 벨만의 걸작품이거든 - 그가 마지막 잎새가 떨어지는 밤에 게다가 그 잎새를 그려 놓았어."

오 헤느리(O. Henry): 미국의 소설가. [1862–1910]

**참고**

이 글본에선 소설을 두 가지 종류만 설명하였다. 이 항목의 단편 소설과 제 3단원의 장편 소설이 그것이다. 그러나 소설은 이 밖에도 딴 종류가 있다. 중편 소설中篇小說과 장편 소설掌篇小說 또는 소품小品 같은 것이 그것이다.

중편 소설은 짐작되다시피 그 길이가 장편長篇과 단편의 중간에 오는 것인데 구체적으로 그 분량을 지적해 보면 대개 200자 원고지 200장 이상 400장 이내 정도로 보면 틀림이 없다. 그리고 중편 소설이 쓰여지는 것은 그 제재題材에 의존依存되는 경우가 많다.

다음에 장편 소설掌篇小說이란 프랑스 말의 "콩트(conte)"에서 온 것인데, 프랑스에선 단편 소설 대신에 이 말을 쓰기도 한다. 말하자면 장편長篇을 Roman, 중편을 Nouvelle이라 하는 것에 대해서 경묘輕妙하고 기지機智스러운 극히 작은 이야기를 콩트라고 하는 것이다. 그런 뜻에서 우리는 보통 말하는 단편 소설보다도 한층 더 작은 분량의 소설을 말하는 것이 된다. 나가서 소품小品이란 것은 200자 원고지 석 장이나 다섯 장 정도로써 어떤 조그만 삽화揷話를 써 놓은 것이다.

# Ⅷ. 이론의 전개展開〈評論〉

1. 평론 쓰는 법
2. 문학 연구의 길
3. 시조詩調의 유래由來
4. 연극이란 무엇인가
5. 신세대新世代의 문학
6. 김소월金素月의 추억追憶
7. 영화와 감상

[붙임] 편집하는 법

이론을 전개시켜 가는 것이 평론이다. 그래서 같은 문학이지만 평론은 다른 문학 형식들, 가령 소설, 시, 희곡 같은 것과는 아주 성질이 딴판이다.

첫째는 그 내용인데 평론에선 다른 문학의 경우와 같이 작자가 실지로 보고 감격한 것 같은 감각 감정의 대상對象을 표현한 것이 아니고 지적知的인, 지식적知識的인 내용을 해명解明시켜 간 것이다.

따라서 둘째로 그 표현의 방식도 다르다. 다른 문학은 대상을 그리고 작품을 형성形成하는 것이지만 평론은 논리論理를 주로 한 설명說明이요, 그 자체가 작품 형식이 아니다.

나가서 그 가치도 평론은 직접 창작創作인 것보다 재생再生이요, 2차적인 것이 된다.

이러한 평론의 성질을 머리에 두면서 편자編者는 평론엔 다시 어떤 종류가 있으며 그것을 쓰는 구체적인 조건은 무엇인가 하는 것을 딴 항목으로 적기로 한다. 그리고 실례實例로써 될 수 있는 대로 각각 주제主題를 달리한 평론을 몇 편 소개하여 여러분이 평론을 공부하는 산 재료로 하는 바이다.

# 1. 평론 쓰는 법

백철白鐵

단원單元에서 설명한 바와 같이 평론의 요령要領은 이론을 전개하는 일이다. 그러니까 무슨 이론을 전개하는가에 따라서 평론에 여러 가지 종류가 생겨진다. 정치에 대한 이론을 전개하면 정치 평론政治評論이 되고 경제인 경우엔 경제 평론, 사회 문제인 때는 사회 평론, 문화나 예술인 때는 문화 평론 또는 예술 평론으로 되는 것이다.

그러나 여기서 우리는 그 모든 평론에 대한 이야기를 하지 말고, 주로 문학 평론에 관한 것만 생각해 보자.

문학 평론엔 원칙적으로 두 가지의 방면이 있다. 하나는 일반론論, 즉 문학의 본질本質을 설명한다든가, 시詩나 소설小說에 대한 원론적原論的인 것을 쓴 것들이 그것이요, 또 하나는 작가나 작품을 비평하는 시평時評적인 것인데, 이것은 그때그때의 작가론, 혹은 창작 시평創作時評 같은 것이다. 우리들은 평론을 공부하는 데 있어서 우선 이 두 가지를 구별해서 생각하는 것이 필요하다.

다음에 평론은 하나의 가치 판단價値判斷이란 것이다. 그것이 일반론이든 창작평이든 간에 평론인 이상 그것은 어떤 가치 판단이 되지 않으면 안 된다. 또 가치 판단인 이상 거기에 어떤 객관적인 표준이 있어야 한다. 평론에서 항상 기준基準이 이야기되는 것은 그 때문이다.

물론 그것이 문학 비평인 바엔 그 작품이나 주제主題에 대한 해박該博한 지식과 참된 이해력理解力, 감상력鑑賞力을 갖지 않으면 안 되며, 결국 충분한 이해, 해석, 감상鑑賞의 과정過程을 통과하여, 그 가치 판단의 결론으로 나아가야 하는 것이다.

그럼 평론은 실제에 있어서 어떻게 쓰는가. 그것을 말하는 데 있어서 먼저 평론의 두 가지 방면, 즉 본론적本論的인 평론, 또 하나는 작가 작품 그 밖의 것에 대한 시평적時評的인 평론을 딴 항목으로 설명하겠다.

첫째는 본론적인 평론을 쓸 때.

이것은 창작創作의 경우와 비슷하다.

먼저 이 평론에선 무엇을 쓰느냐 하는 주제主題가 정해져야 한다. 예를 들면 문학의 본질을 논論한다. 혹은 자연 주의自然主義에 대해서 쓴다. 또는 톨스토이를 논평論評한다 들과 같은 것.

다음은 구상構想이다. 정해진 주제를 어떤 순서로 쓰느냐 하는 것을 대략 예정豫定해 본다. 여기엔 대개 세 가지의 과정으로 나누어서 그것을 생각한다. 첫째는 문제問題의 제기提起이다. 왜 이 평론을 쓰느냐 하는 서론序論이다. 그 평론을 쓰는 전제前提인 것이다. 또는 여기서 그 논문의 내용이 발단發端이 되는 것이다. 둘째는 그 내용을 전개展開시키는 과정이 된다. 여기가 그 논문의 중점重點이다. 셋째가 결론結論이다. 전개된 내용에 대한 그 방향과 귀착歸着될 곳을 결정하는 대목인데, 이것이 논문을 만드는 끝 대목이다.

그와 같이 구상이 끝나면 다음은 자료의 수집蒐集이다. 그 평론의 주제를 구체화具體化해 가는 데 있어서, 그 때마다 예증例證하는 여러 가지 자료資料가 필요하다. 거기엔 딴 학자의 논문 혹은 작품 등의 인증引證도 필요할 때가 있을 것이요, 혹은 직접 현실적現實的인 산 재료를 가져다가 증명해 갈 수도 있을 것이다.

이상의 과정이 끝나야 평가評家는 비로소 붓을 잡아 평론을 쓰게 된다. 여기선 문장文章이다. 평론의 문장은 논리적論理的이란 것이 특질이다. 시詩의 문장을 쓸 때는 리듬이 그 토대로 되는 것과 같이, 평론을 쓸 때는 논리가 그 토대로 된다. 그래서 평론을 쓰는 사람은 항상 논리를 머리에 두고서 문장을 써 나간다. 시를 쓰는 사람이 그 문장에 있어서 리듬을 살리는 데 유의하는 것과 같이 평론을 쓰는 사람은 항상 논리를 따라가면서 쓰는 것이 그 문장의 요령이다.

둘째는 시평적인 평론을 쓰는 경우.

여기선 주제가 먼저가 아니고 재료를 먼저 구하는 일이다.

가령 작품 월평作品月評이면 먼저 그 달에 발표된 작품들을 읽어야 한다. 또 문화 시평文化時評이면 그 때에 있은 여러 가지 문화 문제를 재료로 수집해 놓아야 한다.

따라서 이런 비평에선 먼저 그 작품이나 문화 현상文化現象에 대한 똑바른 인상印象을 가질 것이 필요하다. 똑바른 인상이 없이는 똑바른 판단을 내릴 수 없기 때문이다.

그러니까 여기선 우선 그 대상에 대한 해석解釋과 분석分析이 토대가 된다. 그것이 끝나면 이번은 평론가評論家의 의견이 나오게 되는 것이다. 말하자면 그것이 희다 또는 검다 하는 판단이 내리게 되는 것이다.

이 시평에서 또 하나 주의할 것은 그 대상에 대한 판단에 있어서 그 여러 가지 작품 인상 혹은 복잡한 문화 현상에 대한 통일統一을 하는 일이다. 말하자면 시평이란 그 하나하나의 인상에 대한 평가評價의 짧은 비평들이 아니라, 그 작품들의 가치價値를 판단하는 어떤 통일된 기준基準이 있어야 한다. 그 기준이란 비평하는 사람의 인생관이나 시대관일 수도 있고 문학관이 될 수도 있다.

끝으로 시평時評의 형식은 일간 신문日刊新聞이나 월간 잡지月刊雜誌에 발표되는 평론으로서 목표는 그때그때에 유행되고 있는 경향이나 취미를 예민銳敏하게 나타내야 한다. 그래서 이 시평은 보통 긴 것이 아니고 짧은 글에다가 단적端的으로 그 초점焦點을 맞춰 가야 하는 것이다.

우리가 보통 신문의 문화면文化面에 발표되는 평론은 태반殆半이 그런 종류의 것이다. 여기서도 문장은 일반론의 경우와 같이 논리적이어야 하며, 그 뒤에 먼젓 것보다 더 간결을 필요로 한다. 예리한 센스(sense), 예리한 문장, 이것은 시평을 쓰는 데 두 가지의 요소라 할 것이다.

# 2. 문학 연구의 길

김진섭金晋燮

많은 사람들이 오늘날 문예 작품을 읽고 있다. 정도의 차는 있을지언정 현대 사회에 있어서는 거의 모든 사람이 문학을 자기에 상응相應하게 이해하는 힘을 가지고 있다고 하여도 과언이 아니니, 문예의 사회적 침윤浸潤은 근래에 우리들이 직접 목도目睹하는 바 가장 현저한 현상의 하나이기 때문이다. 이리하여 사실상 문학의 보급과 그 애호는 사회의 각 방면 각 계급에까지 미쳐서, 우리 생활의 기조基調를 형성하고 있는 것이다. 그러나 엄밀히 관찰하면 문예 작품을 읽는다는 것은 비교적 용이한 일인 동시에 재미도 있는 일이므로, 사람들은 흔히 문학을 단순히 위안의 방편으로서 생각하기가 쉽고, 또 가벼운 의미에서 사람들은 오락娛樂을 추구追求하는 마음으로 작품이 끌고 가는, 매력 있는 이야기의 줄기, 유쾌한 운율, 또는 교묘한 묘사 같은 것만을 즐기고, 작품 속 깊이 흐르고 있는 은밀하고 고상한 정신을 한각閑却하여 버리는 경향이 적지 않은 것같이 보인다. 이러한 의미에서 본다면 문학의 사회적 보급이 이제는 속일 수 없는 사실이 되어 있다고 하더라도, 문학이 진실로 이해되고 감상鑑賞되고 연구되어 있다고는 도저히 말할 수 없는 것이니, 왜냐 하면 그 작품이 아무리 위대하고 완전하더라도, 그것이 만일에 우리의 가슴 속에 영양이 될 "마음의 양식"이라 할 만한 무엇을 제공할 수 없다면, 그것은 문학으로서 무가치한 물건이 되고야 말 터이기 때문이다. 그러므로 문학 감상의 제일보第一步는 문학을 즐기는 그 마당에서 자연히 "마음의 양식"이 획득되는 데서 성립한다고 할 수 있다. 물론 문학은 다 아는 바와 같이 가르치는 것을 직접 목적으로 삼는 것은 아니나, 그럼에도 불구하고 알지 못하는 사이에 아름다운 교훈을 부여附與하는 곳에 위대한 가치를 갖는 것이며, 또 문학은 이와 같이 가르치는 것을 직접적인 목적으로 삼지 않기 때문에, 우리들은 더욱 깊고 힘세게 가르침을 받을 수도 있는 것이다. 이것은 도덕을 가르치는 것을 유일한 목적으로 삼고 있는 수신서보다는, 위인의 전기서를 읽는 것이 훨씬 효과적인 사실을 생각할 때 곧 이해될 수 있는 일로서, 인간 자체와 인간성의 전개에 중점을 두고 인간을 인간으로서 그 선악善惡 장단長短을 아울러 기록한 인간 일대一代의 정직한 고백서인 전기가 천편일률적千篇一律的이요, 획일적劃一的인 윤리서倫理書를 읽기보다도 흥미도 있으며, 어필(appeal)하는 힘도 강하여 수양도 될 것은 차라리 당연한 일이라 할 것이니, 문학이 우리 마음속에 미적美的 쾌감을 주는 동시에 결과로서도 마음 속 깊이 동정과 공감을 일으키어 무언의 훈육을 행하는 힘은 실로 막대하여, 모든 다른 예술보다도 참으로 특이特異한 것이 있는 것이다. 그러므로 우리들이 문예 작품을 읽을 때에는 숙독완미熟讀玩味, 감상이라는 점에 깊이 유의하여 좋은 예술 작품을 만연漫然히 독파할 것이 아니라, 외형적 문자의 미에도 관심을 가져야 할 것은 물론이려니와, 무엇보다도 그 속에 포함된 정신을 파악把握함에 노력함으로 의하여 될수록 많이 아름다운 "마음의 양식"을 얻어야 한다.

그러나 다시 한 걸음을 나아가서 문학은 감상할 뿐이 아니라, 문학을 진실로 연구하고자 할진대 작품의 "스토리"랄지, "플로트"(plot)[62]랄지, 묘사描寫랄지, 또는 그 속에 숨은 교훈 같은 것에만 관심을 가짐에 그쳐서는 안 되는 것이니, 문학 연구에 뜻을 두는 자는 모름지기 문학의 본질을 구명究明하기에 용심用心하여, 모든 작품은 어떤 인격에 의하여 해석된 인생의 기록이므로, 하나하나의 작품의 배후에는 인생에 대하여 의의를 부여하고, 미를 창조하고, 독자로 하여금 자기반성을 하게 하여, 참으로 인생을 이해시키려 하는 열렬한 심려心慮가 존재하고 있다는 것을 알지 않아서는 아니 되는 것이다. 다시 말하면 문학 연구자의 문학에 대한 태도는 한 사람의 최량의 독자로서 될 수 있는 데까지 작자 그 사람의 진의眞意에 접근하도록 노력하여야 될 것이니, 가령 예를 들면 "해믈리트"를 읽고 가련한 상심傷心의 미녀美女 오페리아와 우울한 왕자 해믈리트에 동감할 뿐이 아니라, 문학 연구자로서는 더 나아가서 이 작품을 창작한 사옹沙翁의 심경에 참여하도록 용심하는 동시에 사옹으로 하여금 이 작품을 만들게 한 저 엘리자베트 조朝의 영국의 사회 상태를 관취觀取함에까지 이르러야 된다. 물론 문학 연구자라 하더라도 감상적鑑賞的 태도를 전연 버리는 것은 아니니, 그 역시 일반 독자와 같이 이 작중 인물에 동정도 할 것이며, 그 정치精緻하며 현란絢爛한 문장의 묘미에 매료魅了되기도 하는 것이려니와, 이 과정을 한번 초월하여 왜 이 작품이 이만한 감명感銘을 독자에게 주는가 하는 것을 이해하려 하는 곳에 실로 문학 연구의 출발점은 있는 것이다.

이리하여 문학 연구자의 작품에 대한 태도로서, 그 마음에 필요한 것은 그 작품의 배후에 숨어 있는 작자의 인생관, 사회관, 세계관을 파악하기

62 플로트(plot): 소설의 줄거리.

에 노력하지 않으면 아니 된다는 점이다. 사람은 다 어떤 의미에 있어서는 그들 자신이 창조한 세계 속에서 생활하고 있는 것이다. 혈통적으로는 선조로부터 전승한 기질과, 개인적으로는 그 자신의 무수한 경험에 입각立脚한 신념 –그러한 것이 우리들이 영위營爲하는 생활에 부지불식중不知不識中 부단不斷히 작용하여, 어느 사이엔지 사람들은 각기 서로 다른 세계를 구성하여 가는 것이다. 이와 같은 작용은 자기 자신 그것을 의식하든 혹은 의식하지 못하든 그러한 것에 관계됨이 없이, 경멸輕蔑할 수 없는 힘을 가지고 사람들의 생활을 지배하고 있다. 그러는 동안에 자연히 모든 사람에게는 그 인생에 대한 태도 그에 일종의 전형典型이 형성되게 된다. 즉 다시 말하면 우리들은 각자가 다 어느 의미에 있어서는 그 이해관계, 편견偏見, 호오감好惡感, 희망, 이상 등 여러 가지 요소의 완전한 노예인 것이다. 이러한 점에서는 작자 역시 사람인 이상 동일한 것으로서 그가 작품으로서 창조하여 내는 세계는, 완전히 그 작자의 생활형生活型을 반영한다. 그러므로 연구자가 작품을 읽음에 즈음하여 이 점에 유의하기만 하면, 작자의 인생관, 세계관, 사회관을 능히 추출抽出할 수 있는 것이다.

이 목적을 달성하기 위하여 연구자는 우선 그 작자의 환경을 천명闡明함에 노력하여야 할 것이니, 즉 작자는 과연 어떠한 사회를 경험하였으며, 그리하여 그것을 어떻게 해석하였는가, 그를 지배한 성질은 어떠한 것이었던가, 하는 착안점을 가지고 작품에 대하여야 된다.

그리하여 이 경우에 문학 연구자로서 특히 경계를 요할 것은, 작가적 조건을 어떠한 좁은 재래의 범주範疇 안에 집어넣어 버린다는 것이다. 가령 예를 들면 톨스토이(Tolstoy)를 이상주의자의 범주 속에 집어넣으며, 졸라(Zola)[63]의 예술을 자연주의자 범주 속에 집어넣는 것 같은 것이 그것이다. 이와 같은 판정은 대개는 틀림이 없을지도 모른다. 그러나 그러한 상투적常套的인 문학상의 용어는 엄밀한 정의가 없이 사용할 때는 극히 위험한 것이니, 왜 그러냐 하면 우리는 작가를 우선 개인으로서 대우하여야 되겠고, 같은 낭만주의라 하더라도 시대에 따라서 그 의미는 변천하지 않을 수 없는 것이며, 또 개괄적概括的으로 이상주의라 하더라도 톨스토이의 그것과 괴터(Goethe)[64]의 그것과의 사이에는 스스로 경정逕庭이 있기 때문이다.

가령 영국 문학에 그 예를 구한다면 세상에서는 흔히 문호 찰스 디큰즈(Charles Dickens)[65]를 사실파寫實派로 간단히 간주看做하여 버리거니와, 이 상투어常套語로써 그의 전모를 설명하였다고는 도저히 장담할 수 없는 것이다. 그보다 차라리 그가 어떻게 그를 둘러싸고 있던 사회를 관찰하였는가를 연구함이 더욱 중요하기 때문이다. 그는 고통감에 대하여 일찍이 어떠한 작가보다도 극단적으로 민감하였던 것이니, 그는 병자의 육체적 고통이랄지, 또는 사람이 많이 경험하는 저 질투, 낙담, 실망 등의 감정에 대하여 절실한, 거의 병적이라고 하여도 좋을 만한, 동정감을 가지고 묘사하기를 특히 즐기었던 것이다. 그는 단순히 사실파의 한 사람일 뿐이 아니라, 철저한 인도주의자이기도 하였으니, 그의 믿는 바에 의하면 인간 고뇌의 태반은 조화와 균형을 잃은 약한 사회 조직에 기인한다는 것이었다. 또 그는 익살스러운 인물과 도의적인 설교가에 대하여 경탄할 만큼 예민하였으며, 변덕스러운 괴상한 인물과 이상스러운 직업과 장소에 흥미를 가지고 있었다. 그리고 그는 또 상당한 페미니스트[66]로서 여성

---

63 졸라(Zola): 프랑스의 소설가. 대표작은 "나나". [1840~1902]

64 괴터(Goethe): 독일의 시인. 세계 삼대 시성詩聖의 하나. 대표작은 "파우스트". [1749–1832].

65 디큰즈(Dickens): 영국 문학자. [1812–1870].

66 페미니스트(feminist): 남녀 동권 주의자. 여권 확장론자.

에 대하여서는 대체로 호의와 존경을 갖는 한편, 이 작가처럼 기호성嗜好性이 강한 작가도 희소하다 할 것이니, 음식물에 대한 향락적 기분은 그의 모든 작품 중에 횡일橫溢하여 있기 때문이다. 이와 같은 여러 가지 요소와 특징이 배경이 되어서, 한 결합체를 구성한 것이 말하자면 작가 디큰즈의 정의관이었으니, 사邪는 정正을 극복할 수 없다 하는 확고한 신념하에, 그는 항상 약자를 옹호하는 인도주의자이었던 것이다.

그러므로 상술上述한 바와 같은 제점諸點을 간과하고 디큰즈를 단순히 사실주의자로서 규정하여 버리는 불합리와 불온당不穩當은 동 시대의 영국 소설가인 대커리(Thackeray)[67]를 그와 비교할 때 더욱 명료하게 된다. 대커리도 보통 사실파의 효장驍將으로서 지명되거니와, 그의 입장은 디큰즈와 전연 상이相異하다고 하여도 과언이 아니니, 대커리가 관계한 사회는 영국의 중류 계급에 한정되는 것으로, 그는 그들에 대하여 중후重厚하고 그리고 약간 경멸적인 관서감寬恕感을 가지고 임臨한다. 그는 인협仁俠, 숭미崇美, 그리고 우아優雅와 같은 성질로서 구성된 다각적多角的인 사회를 좋아하고 그것을 냉정하게 관찰하는 것이다. 그는 말하자면 품격의 차등差等에 대하여 극히 민감하였던 것이다. 같이 사실파라고 지칭되더라도 밀접한 관계에 있는 두 작가 사이에 이만한 차이가 있음을 보더라도, 문학 연구자는 소위 문학 이론의 상투어에 주의를 요할 것을 알 수 있을까 한다.

---

김진섭金晋燮: 호는 청천聽川. 독문학가. 경북 안동安東 출생. 동경 법정 대학 독문과 출신. [4239~ ]. 저서에 수필집 "/인생 예찬/", "/생활인의 철학/", "/교양과 문학/" 들이 있음.

---

67 대커리(Thackeray): 영국 소설가. [1811-1863].

# 3. 시조詩調의 유래由來

조윤제趙潤濟

시조는 대체로 어느 때부터 형성 발달하였던가? 이조는 물론이요, 고려 말년에는 그 작품이 엄연히 존재하여 있으니, 고려 말년에는 벌써 시조가 있었다는 것이 의심 없고, 또 작품상으로 보아 오늘날 시조집인 "/청구영언/"이라든지 "/가곡원류/" 등에 고구려 백제인의 시조가 있으니, 이때에도 벌써 시조가 있었던가 하는 것이 되지마는, 고구려라든지 백제 시조는 후인의 의작擬作이란 것이 누차 논술되었으니까, 지금 여기서는 재고할 필요가 없게 되어 문제는 전혀 고려 일대에 달린 듯하나, 고려 시대의 시조라 할지라도 오늘날 문학 "텍스트"상 그 원작이라고 인증할 만한 것이 없고, 보통 시조집에서 전해 오는 것은 그 당시까지 구전口傳하여 오던 것을 채록하였던 것이니까, 그 형식 내지는 그 내용에 대하여 얼마든지 의심을 품을 수 있다.

그러나 다행히 고려 말년의 작품 중에는 당시의 한역가漢譯歌가 있어서, 양자兩者를 비교해 볼 때 그 형식에는 그다지 큰 차이가 없음으로 보아, 대강 고려 말년 경의 시조는 오늘날 우리들이 소유하고 있는 것과 다름이 없었다고 추측하여도 좋을 듯하다. 그러면 우선 여기에 시조는 고려 말년에 벌써 정형시定型詩로서 형성되었다고 확인하여 둘 수 있으나, 다시 생각건대 정형시인 시조가 아무 역사적 계단을 밟지 않고, 고려 말년에 와서 돌발적으로 발생하였다고는 할 수 없다. 적어도 이것이 정형시인 만큼, 정형시로 되기까지에는, 그 먼저 유구한 역사적 과정을 밟아 왔었으리라 하는 것이 도리어 타당할 듯한데, "자수표字數票"에까지 정리됨에도 결코 한때의 일은 아니었을 것이다. 아무리 해도 여기에 이르는 동안에는 다른 시가에서 발견할 수 있는 여러 가지 운조韻調를 거쳐 나왔을 것이다. 그리하여, 대강 자수표의 운조에 가까이 접근하여 온 것은, 일러도 고려 중엽은 되었으리라 나는 생각한다.

하물며 정형시로서 충분히 그 가치를 발휘하지 못하던 시조의 원형이라고 이를 만한 것은, 상당히 오랜 옛날에 치올라가서 생각하지 않으면 안 될 듯하나, 여기에 다시 시조의 형식에 대하여 검토하여 보면, 시조는 초初, 중中, 종終, 삼장에 나누이고, 각 장은 다시 사 귀死句로 나뉘어서, 결국 십이구체가十二句體歌라고 할 수 있지마는, 여기에 일 구라 하는 것은 "사四"를 중심으로 한, 말하자면 극히 근대적 감정으로 세분細分한 것인데, 구句를 그렇게 세분하지 않고, 저 향가의 팔구체가八句體歌, 십구체가十句體歌와 같이 "팔八"을 중심으로 분구分句한다면, 육구체가가 된다. 그런데 시조라 생각하지 않고, 단순히 육구체가라 한다면, 이것은 비단 시조만이 가질 성질의 것은 아닐 듯이 생각한다. 현재의 민요 중에서도 있을 만한 형식이고, 또 고대라 할지라도 없다고는 할 수 없을 듯하니, 우선 향가 시대의 정읍사井邑詞의 형식은 곧 이 육구체가라 할 수 있다. 즉 다음 그 원문을 "/악학궤범樂學軌範/"으로부터 인용하여 보면,

ᄃᆞᆯ하 노피곰 도ᄃᆞ샤

머리곰 비취오시라
져재 녀러신고요
즌대ᄅᆞᆯ 드ᄃᆡ욜셰라
어느이다 노코시라
내 가ᄂᆞᆫᄃᆡ 졈그ᄅᆞᆯ셰라

이와 같아서 분명 육구체가이다. 다만 그 형식적 미美가 시조와 같이 되지 못하였을 뿐이지, 그 구수만에 이르러서는 양자 틀림이 없다 하여도 가할 것이다.

즉 시조가 아닌 육구체가는 민요에서, 또 고가에서 보통으로 있을만한 형식이고, 과연 고가에서도 우리는 현실적으로 그 실례를 가지고 있다. 그러면 문제는 이들 육구체가와 시조와 어떠한 관계를 가지고 있나 하는 것인데, 나는 생각건대 시조라는 형식은 그것이 정형시인 만큼 돌발적으로 형성되지 아니하고, 어떤 비정형적非定型的 형식에서 점진적漸進的으로 발달하여 정형시가 되었으리라 하니까, 시조 이외의 육구체가는 반드시 시조와 어떤 공통적 관계를 가지고 있다 할 뿐 아니라, 한 걸음 더 나아가서 시조의 원형原型을 곧 여기서 찾을 것이 아닌가 하고 싶다. 그렇게 되면 시조는 처음에 단순한 육구체가로서 아직 시조라는 인식도 없이, 오랜 옛날에 다른 모든 가형과 잡거雜居하였을 것이다. 그러나 그 때에는 그 형식에 대하여 아무 특별한 문학적 가치도 발견하지 못하고, 다만 보통의 한 가형이라고만 생각하여 왔던 것이 차차 형식적 미를 발견하게 되고, 또 그에 따라 육구체가는 단순한 육구체가로서가 아니라, 다시 그 형식을 정돈하여 정형시의 배태胚胎를 이루고, 그것이 오늘의 시조에까지 발달한 것이리라 한다. 그리하여 그 시대는 지금 갑자기 그 추단推斷을 허용하지 않지마는, 나는 대략大略 향가가 쇠퇴한 후 즉 고려 시대에 들어와서라고 믿고 있다.

자수표

| | | | | |
|---|---|---|---|---|
| 초장初章 | 三 | 四 | 三四 | 四 |
| 중장中章 | 三 | 四 | 三四 | 四 |
| 종장終章 | 三 | 五 | 四 | 三 |

조윤제趙潤濟: 국문학자 경상남도 출생. 경성 대학 조선 어문학과 출신. [4235~ ]. 저서에 "/시가 사강/", "/춘향전 주해/", "/고대 문감/" 그 외에도 많음.

# 4. 연극이란 무엇인가?

김진수金鎭壽

극장劇場은 인생의 교실이라든가 지구地球는 무대舞臺요, 인생은 배우俳優라는 말이 있습니다. 그렇듯 연극은 가장 우리 인간과 가까운 예술이요 민중의 예술이라고 할 수 있습니다. 프랑스라는 나라에서 한때 여자들이 머리 모양을 만드는데 귀를 보이지 않게 하는 머리 모양이 유행했다고 합니다. 우리나라에서도 한 때 그런 머리가 유행한 일이 있습니다.

그것은 어떤 여배우女俳優가 무대에서 잘못하여 칼에 귀를 다쳤다고 합니다. 연극을 하던 도중이라 여배우는 생각 끝에 피가 흐르는 귀를 머리카락으로 가리우고 연극을 계속했다고 합니다. 그 후부터 귀 가리우는 머리가 유행했다고 합니다. 얼마나 무대의 매력魅力이 큽니까? 그런 연극을 우리나라에서는 광대니 굿이니 "놀음놀이"라고 해 왔습니다. "놀음놀이"라거나 굿이라거나 광대라거나 그런 말들은 재미있다는 것을 뜻한 말들이라고 생각할 수 있습니다.

우리들은 흔히 재미있는 얘기를 연극과 같은 얘기라 하기도 하고, 일종의 거짓말을, 신기神奇한 일을, 괴이怪異한 일들을 연극과 같은 일이라고 말합니다. 어쨌든 연극은 재미있는 것으로 되어 있고, 재미있는 것이라고 들 합니다. 연극의 정의를 한 말로 말한다면, 사람인 배우가 관객觀客의 앞에서 동작과 말과 표정表情으로 어떤 줄거리의 사건을 보여주는 예술이라고 할 수 있을 것입니다. 다시 말하면 연극은 극장에서 배우가 희곡戱曲의 내용을 표현하여 관객의 앞에 보이는 것입니다.

대체로 그런 연극은 언제부터 어떻게 해서 우리 인류의 손으로 만들어지게 되었겠습니까?

나라마다 민족에 따라 연극의 기원起源이 있겠지마는 세상에 알려진 것으로 제일 오랜 연극의 기원을 가진 나라는 그리스라는 나라일 것입니다. 그리스라는 나라는 여러분이 이미 아는 바와 같이 문학도, 철학哲學도, 미술美術도, 그리고 "올림픽"이라는 운동 경기運動競技에 있어서까지 세계에 으뜸가는 찬란燦爛한 기원을 가지고 있는 나라입니다. 어느 나라든지 그 나라의 예술이 발생되기는 종교宗教와 밀접密接한 관계가 있다고 할 수 있을 것입니다.

원시 미개인原始未開人에 있어서는 생활의 대상對象이 오직 신神 뿐이었습니다. 생사화복生死禍福의 주재자主宰者이신 신을 위하고, 신에게 비는 일이 생활의 전부였겠지요. 여러 가지 신을 만들어 놓고 그 신 앞에서 몸을 흔들며 복을 빌고 말로 중얼거리며, 신을 찬양讚揚했을 것입니다. 그것이 무용舞踊이요, 시詩의 기원입니다. 그 무용과 시에서 연극이 발생되었습니다. 무용은 바로 연극의 모태母胎입니다.

그리스에서 처음으로 연극이 한 개의 형태形態를 가지게 되기는, 지금으로부터 이천여 년 전에 포도葡萄의 신 데오니서스의 얘기에서부터 시작되었습니다. 포도를 가지고 술을 만든다고 해서, 포도의 신 데오니서스를 술의 신 박가스라고도 합니다.

포도를 재배하는 농부들이 포도의 증산增産을 축원祝願하는 의식儀式의 하나로, 데오니서스의 사적史蹟을 얘기로 꾸며 가지고 춤으로 노래로 데오니서스 신과 같이 한 때를 즐겼던 것입니다. 탈假面을 쓰고 피리를 불며, 춤을 추며 돌아가기도 하고, 합창단合唱團이 있어 노래를 부르는 것이 그것입니다. 연극의 신을 데오니서스라고 하기도 하고, "연극" 하면 포도를 연상聯想하게끔 된 것도 그 까닭입니다. 초창기草創期의 그리스 연극에 있어서는, 합창단이 주였습니다. 한편 애스킬로스[68] 소포클레스[69] 유리피데스[70]라는 세 사람의 비극 시인悲劇詩人이 활약活躍하게 되면서부터 합창단에서 한 사람의 배우가 나오게 되고, 그 배우가 두 사람, 세 사람이 되면서 그리스 연극은 완성이 되었다고 할 수 있습니다. 극작가劇作家가 나오고, 배우가 나오게 되면서부터 연극의 내용에 있어서도 신의 얘기에서 인간의 얘기로 발전發展을 했습니다.

간단하게나마 연극의 기원을 얘기했습니다. 다음은 연극의 본질本質이라고 할까 연극의 특징特徵을 몇 가지 얘기하겠습니다.

연극은 행동行動의 예술입니다. 다시 말하면 인간 생활을 행동으로 표현하는 예술입니다. 그리고 연극에는 대립對立과 갈등葛藤과 싸움이 있어야 합니다.

예를 들어 말하면, 애국심에 불타서 일본 사람하고 싸우다가 죽어 가는 유관순柳寬順의 동작과 행동行動이나, 그리고 죽음으로 싸워서 아버지의 먼눈을 뜨게 한 효녀孝女 심청의 동작과 행동 같은 것은 가장 극적劇的이라고 할 수 있을 것입니다. 그리고 구두닦이 애가 학교에 가고 싶어서 혼자 울고 있는 장면場面을 무대에서 보았다고 합시다. 그런 연극에서는

---

68 애스킬로스(Aeschylus): 그리스의 삼대 비극시인悲劇詩人의 하나. 525–455B.C.
69 소포클레스(Sophocles): 그리스의 삼대 비극시인悲劇詩人의 하나. [서기 전 496–406].
70 유리피데스(Euripides): 그리스의 삼대 비극시인悲劇詩人의 하나. [서기 전 485–407].

구두닦이 애가 혼자 울고 있는 데 싸움이 어디 있느냐고, 싸움이 없는 연극도 있다고 할 수 있을 것입니다. 그러나 그 구두닦이 애는 마음 가운데서 공부하고 싶은 생각하고 싸움하고 있다는 것을 잊어서는 안 될 것입니다. 그렇듯 연극은 어디까지나 싸움입니다. 그런 싸움을 배우가 동작과 말과 표정表情으로 무대에 나타내는 것입니다. 그리고 배우가 무대에서 연극을 할 수 있는 본보기가 희곡戱曲입니다.

희곡은 두말할 것 없이 다른 문학, 시나 소설과 같이 작자가 자기의 사상思想과 감정感情으로 꾸며 낸 사건事件을 문자로 기록한 것입니다. 시나 소설과 같이 작자의 사상과 감정을 글로 쓴 것이기는 하지마는 희곡은 시나 소설보다도 다른 형식形式을 가지고 있습니다. 희곡은 연극이 될 만한 어떤 사건을 배우가 무대에서 표현할 수 있는 대화對話와 독백獨白으로 된 것입니다. 거기에다가 배우가 나오고 들어가는 것이라든가 동작과 표정까지도 가리키는 것입니다. 그리고 희곡이 다른 문학 – 시나 소설보다 까다로운 것은 시간과 장소가 정해 있다는 것입니다. 시나 소설에 있어서는 학교 교실에서 생긴 일을 운동장으로 가져갈 수도 있고, 종로나 한강으로 가져갈 수도 있지마는 희곡에 있어서는 막幕을 바꾸기 전에는 도무지 장소를 바꿀 수가 없습니다.

시간에 있어서도 시나 소설에 있어서는 시간의 제한制限이 없지마는, 희곡에 있어서는 한 막의 사건이 기껏 해야 몇 시간에 지나지 못합니다. 새벽이면 새벽, 낮이면 낮, 밤이면 밤, 그 시간에 일어나서 해결解決될 사건이라야 됩니다. 그리고 나오는 사람에 있어서도 시나 소설에 있어서는 몇 백 명, 몇 천 명이라도 관계ㅎ지 않지마는 희곡에 있어서는 극장 무대가 제한되어 있는 만큼 나오는 사람의 수에도 제한이 있다는 것을 알아야 합니다.

희곡 외에 배우, 관객觀客을 가리켜 연극의 삼대 요소三大要素라고 합니다. 그리고 연극에는 비극悲劇과 희극喜劇이 있습니다. 어느 시대時代나 어느 나라를 막론莫論하고, 희극보다는 비극이 더 많았고, 더 유명有名했고, 구경하는 사람도 비극이 더 많았습니다.

그리스의 아리스토텔레스[71]라는 철학자哲學者는,

"비극은 엄숙한 어떤 볼만한 커다란 행동의 본보기다. 얘기로서보다도 행동에 있어서 본보기다. 비극은 엄숙한 얘기로 되어 있고, 거기 나오는 사람은 그 바탕과 지위가 위대한 사람이 아니면 안 된다."

라고 말했습니다.

아리스토텔레스의 말과 같이 비극은 신이라든가 높은 지위에 있는 사람들이 비참悲慘한 운명運命과 무서운 고통苦痛으로 인해 불행에 빠진다는 슬픈 얘기라고 할 수 있을 것입니다. 그와 반대로 희곡은 장사치라든가 보잘 것 없는 사람들의 얘기로 어디까지든지 우스꽝스러운 것이라야 되고, 정치가政治家라든가 거리의 잘났다고 하는 사람을 까불어 비웃는 것이라고 할 수 있을 것입니다.

비극이 눈물을 흘리게 함으로 슬픈 생각, 무서운 생각을 잊을 수 있게 한다면, 희극은 웃게 함으로써 시비是非와 불평不平을 잊게 하는 것일 것입니다.

---

김진수金鎭壽: 극작가. 평남 중화中和 출생. 일본 입교 대학 출신. [4242~ ].

---

71 아리스토텔리스(Aristoteles): 고대古代 희랍의 유명한 철학자. [서기 전 384~322]

# 5. 신세대新世代의 문학

조용만趙容萬

최근 미국의 서적, 잡지 유를 얻어 볼 수 있는 기회機會를 갖게 되어, 대전大戰을 전후하여 해마다 간행刊行되어 오는 명작 단편선집名作短篇選集들과 장편 소설들을 닥치는 대로 읽어 보았다.

이하 그 독후감讀後感을 겸하여 미국의 현대 문학 – 널리 세계적으로 신세대 문학을 조망眺望하는 나의 환상幻想을 적어 보려는 것이다.

우리들은 길에서 흔히 미병美兵들이 전선電線을 가설架設한다든지, 병사兵舍를 수축修築한다든지, 또는 물품을 운반運搬한다든지 하는 광경을 볼 수 있다.

그 때 그들의 동작은 느릿느릿해서 도무지 재빠른 맛이 없고, 집게질, 가위질하는 손이 굼뜨고 어색하고 사개를 맞춘다든지, 겨냥을 대는 법이 탐탁ㅎ지 못한 것을 우리들은 보고 느낄 것이다. 그러나 이렇게 무디고 어색한 손놀림으로 일해 놓은 것을 나중에 다시 바라본다면, 만들 때와는 딴판으로 전체가 훤하고 미끈하고 잘 조화調和, 정제整齊되어, 우리의 상상과는 딴판인 훌륭한 한 개의 위엄威嚴을 갖춘 물건을 이루었음을 발견하고 놀라게 된다.

이것은 우리가 우리 눈으로 일상 보아 온 미국 군인들의 작업作業 광경을 예로 든 것이지마는, 그들의 머리로 만들어진 문학 작품도 역시 이와 똑같은 것을 발견할 수 있다.

그네들이 걸작傑作이라고 추장推奬하는 작품을 읽어 본다면, 그 세부細部를 뜯어 볼 때에 재치 있는 기교技巧도 볼 수 없고, 면면綿綿한 정서情緖도 볼 수 없고, 미묘微妙 착잡錯雜한 심리 전개展開도 찾아 볼 수 없다. 신개지新開地 같이 거칠고 조잡粗雜하고 생경生硬한 묘사描寫로 일관一貫되어 잔재미가 조금도 없이 빽빽하고 도무지 읽어 나갈 생각이 안 들지마는, 그러나 이 고비를 넘어서 끝까지 독파讀破하면, 역시 머리를 콱! 때리는 어떤 느낌이 있다.

나는 영국의 소설과도 프랑스의 것과도 다른 일종 색다른 느낌을 갖게 된다. 어색하면서도 웅대雄大하고 사개가 뒤틀린 것 같으면서도 필경은 정제整齊되었고 조황粗荒한 것 같으면서도 정한精悍한 풍모風貌를 갖추었고, 그리고 맨 끝으로 용이히 범할 수 없는 어떤 위엄을 띠어 읽는 사람을 육박肉縛하는 기백氣魄을 느끼게 한다. 이것이 장편 소설을 힘들여 읽어 끝냈을 때에 느끼는 일종의 쾌감快感이라고 할까, 어쨌든 미국의 현대 소설을 읽는 한 개의 매혹魅惑이다. 그것은 흡사恰似히 미병美兵들이 굼뜬 손으로 만든 한 개의 영사營舍를 보는 것과 같이 아기자기한 맛은 찾아 볼 수 없지마는, 미끈하고 명랑明朗한 한 개의 궁륭형穹窿形 영사營舍를 바라보는 것은 근대적인 상호尙好이기도 하다.

그러면 이것은 웬 까닭일까? 한 마디로 말해서 전통傳統이 없기 때문이라고 말할 수 있다. 건국建國한 지 이제 겨우 백육칠십 년 밖에 안 되었으니, 미국에는 영국 문학과 같은 찬란燦爛한 전통傳統이 있을 리 없고, 프랑스 문학과 같은 무거운 전통의 짐이 있을 리가 없다.

왕조 시대王朝時代의 현란絢爛하고, 다채多彩롭고, 세련洗練된 기교技巧와 풍취風趣와 우아優雅를 모르고 살아 온 이 국민에게 그런 것을 기대하는 것은 그 기대하는 사람의 잘못이다.

미국에는 윤환輪奐의 미美를 갖춘 궁궐도 없고, 표묘漂渺 우완優婉한 풍속도風俗圖도 없다. 눈에 보이는 것은 사막沙漠이나 임야林野를 개척開拓한 신개新開 도시에 임립林立한 고층高層 가옥이며, 공장의 굉굉轟轟한 기계 소리이며, 그 속을 질주疾走하는 자동차다. 그들의 생활은 이 같은 환경 속에 있으므로, 극히 현실적이며, 노골적露骨的이며, 사무적이며, 기계적이다. 한 말로 말하면 과학적科學的이다. 신비神秘도 없고, 정서情緒도 없고, 있다는 것은 오직 합리적인 것뿐이다.

그러므로 구라파의 전통을 찾는 양반들에게는 이런 것이 다 조야하게 보일 것이며, 동양의 고대국古代國으로 자처自處하는 우리네 눈에는 역시 거슬려 보일 것은 말할 것도 없다.

이 때문에 우리 눈에는 도무지 아무런 윤택潤澤이 없어 보이고, 소박素樸, 생경生硬하여 보이고, 심지어는 지둔遲鈍하여 보이기까지 한다. 따라서 이런 환경 속에서 나온 문학도 도무지 재미가 없고, 모래알을 씹는 것 같이 싸랑싸랑하여, 입맛에 당기지 않는다.

드라이저(Dreiser), 신클레어(Sinclair), 고울드(Gold), 콜드웰(Caldwell), 포레스터(Forester), — 이렇게 이름만 늘어놓아야 별 소용이 없지마는, 이들이 쓴 작품 속에서 어디 하나나 우리네 입맛에 맞는 소설이 있나 나는 독자들에게 물어 보고 싶다. 거개擧皆가 싸랑싸랑하고 딱딱하고 도무지 재미라고는 약에 쓰려고 찾아도 구할 수 없는 그런 소설들이 아닌가? 일본 말로 번역된 가령 라이스(Rice)의 "대도회"를 읽어 보라. 블룸필드(Bloomfield)나 신클레어 루이스(Sinclair Lewis)의 제 작품을 읽어 보라. 독자는 내 말이 있기 전 먼저 수긍하고 있을 것이다.

그러면 이 같은 미국 문학을 어떻게 보는가? 구라파 문학의 척도尺度로 볼 때에 아주 다른 딴 세계인 것은 사실이나 이것을 가지고 질의 상하를 논한다는 건 잘못이다. 대체 무엇 때문에 구라파 문학이 문학의 정도正道이며 정통이란 말인가? 프루스트(Proust), 조이스(Joyce), 울프(Woolf)의 문학같이 심리 해부의 막다른 골목에 틀어 박혀서 옴짝달싹을 못하는 것이 과연 문학의 정통이며, 당래當來할 새 세대의 문학을 시사示唆하는 것일까? 또는 앙드레 지드(Andre Gied), 올더스 학슬리(Aldous Huxley)의 문학같이 창백蒼白하고 허무虛無한 지성知性의 골짜기에 떨어져서 헤매는 것이 새 세대의 문학의 지표指標가 될 수 있을 것인가? 아니다, 프랑스의 문학은 그 문화와 같이 이제 소생蘇生할 수 없이 노쇠老衰했으며, 영국의 문학도 그 민족과 같이 몰락沒落하는 과정過程에 들어 있다. 그들의 문학은 찬란한 낙일落日의 문학은 될 수 있을지언정 신흥新興하는 명일의 문학은 될 수 없다.

미국의 생경生硬하고 소박素樸하나 그러나 다분히 발랄潑剌하고 정한精悍하고, 투쟁적인 문학은 그것이 생경하고 소박한 만큼 앞으로 발전發展하여 나갈 여유餘裕가 있지 아니한가? 전통의 무거운 짐이 없이 홀가분하고 자유로운 미래가 창창蒼蒼한 이 미국의 문학이야말로 혹은 새로운 세대를 계승繼承할 새 문학의 지표指標가 아닐 것인가? 어제까지 미국의 문학을 가리켜 경박輕薄하니 무통일無統一하니 하고 그리 중시重視하여 오지는 않았지마는, 그러나 천박淺薄하다고 흉보는 그 문학 속에서 의외로 명랑하고 진솔眞率하고, 웅심雄深한 그 무슨 종래의 답답한 문학에서 발견하지 못하던 새로운 천지를 발견하고 지금 경탄驚嘆하여 있는 것이 오늘날 제이차 세계 대전을 치른 우리들의 경우가 아닌가?

여기 비근卑近한 예를 들어 현대 작가 중에 가장 로만적이요 일종의 실화實話 문학이라고까지 말을 듣는 라벨 네이단의 "/바알리의를/"이라는 소설집을 생각해 보자. 이 소설의 서문序文에서 버네은 네이단을 가리켜 호우돈(Hawthorne)에 비할 수 있다고 격상激賞하였는데, 이 소설집에 수록收錄된 다섯 편의 중편中篇 소설이 미국에서 퍽 로만적이요, 목가적牧歌的으로 보이지마는, 그러나 우리 눈에는 몹시 거칠고 소박素樸하고 생경生硬하다.

그러나 발랄潑剌하고, 명랑하고, 솔직한 맛은 오늘날 구라파의 어느 작가에게서도 찾아볼 수 없는 신선감新鮮感을 우리에게 주는 것이다.

자연과 어디까지 투쟁하여 가는 씩씩하고 정한적精悍的 문학, 인간악人間惡과 대치對峙하여 이것에 패퇴敗退하지 않고 도리어 이를 극복克服하여 나가는 열렬한 투쟁의 문학, 그것은 서재書齋에 틀어박혀서 회색灰色의 회의懷疑속에 방황하는 도피逃避와 배회徘徊의 문학이 아니다.

모든 모순矛盾과 혼란混亂 대립과 갈등葛藤을 극복하여 나가는 씩씩한 새 세대의 휴매니티(humanity)를 창조하는 것이 새로운 문학의 화제話題라고 하면, 이 미국의 현대 문학이야말로 신세대가 희구希求하는 문학이 아닐까?

일찌기 영국이 그랬듯이 이제 미국은 대전을 계기契機로 하여 세계의 예지叡知를 모으고 있다. 구라파로부터 망명亡命해 간 과학자, 예술가, 사상가가 얼마나 많이 신개지新開地의 과학을, 예술, 사상을 진전시키는 데 기여寄與하고 있는가? 진실로 현대의 미국은 문예 부흥기復興期에 있다고 하여도 과언過言이 아닐 것이다. 세계의 예지들이 모여 그들이 빚어내고 추진推進시킬 명일의 미국 문화는 찬란히 세계에 군림君臨할지도 모른다. 이 말이 너무나 지나친 말이라고 하면, 다만 한 마디 이런 말은 우리가 자신을 가지고 말할 수 있다. 즉 지난날에 있어서는 우리가 미국 문학을 경시輕視할 수 있었지마는, 이제부터는 경시할 수 없을 뿐만 아니라, 그것에 큰 관심을 가지고 그 동향動向을 주목하여야만 할 것이다.

이제 와서 미국의 문학은 확실히 세계적으로 없어서는 안 될 문학일 것이다.

---

조용만趙容萬: 호는 아능雅能. 소설가. 서울 출생. 경성 대학 출신. [4242~ ]. 저서에 “/문학 개론/”이 있음.

# 6. 김소월金素月의 추억追憶

김억金億

이제 소월素月은 돌아가고 말았으니, 여기에 이야기가 있다 하면, 그것은 모두 돌아볼 길 없는 지나간 그 옛날의 추억에 지나지 않을 것이외다. 한창 젊은 몸으로 발휘할 수 있는 재능才能을 보여 줄 수가 있었거늘, 그만 그대로 검은 운명의 손은 아닌 밤에 돌개바람 모양으로, 우리의 기대 많은 시인 김정식金廷湜 군을 꺾어 버리고 말았으니, 우리의 설움은 여기에 있는 것이외다.

생을 좋아하고 사를 싫어하는 것은 누구나 금할 수 없는 인정이외다. 그러하거늘 하물며 재능 있는 사람이 그 재능을 발휘하지 못하고 그대로 돌아갔음에 이겠습니까? 이 우리들이 소월의 요절夭折을 맘 깊이 안타까워하는 소이所以외다. 그러나 생사는 사람의 할 수 없는 운명이외다. 어떠한 힘으로든지 면할 수가 없는지라, 우리는 엄정한 사실에 대하여 한갓 머리를 숙이고 가장 엄정하고 진실하게 자기와 모든 주위를 살펴보는 것이외다.

그러면 나는 무엇을 생각한 것이런가? 사랑하는, 기대 많던, 시인이 돌아간 이 날에 나는 과연 무엇을 생각할 것이런가? 나는 저 아이얼런드

의 시인 윌렴 바틀러 예이츠(William Butler Yeats)와 함께,

"내 세상의 아름다운 모든 것은

물처럼 자취 없이 하나 하나 스러지니"

하면서 혼자 한숨이나 쉴 것인가? 그렇지 아니하면 어스름 저녁에 어두워지는 무덤 가를 혼자 휘돌면서 슬픈 노래나 맘껏 부를 것인가?

또는 그것도 아니라 하면, 돌아오지 못할 그 옛날의 귀여운 기억記憶을 고요히 가슴에 안고 언제든지 그러한 심정心情을 가질 수는 없는 것이외다.

저 무심한 세월은 혼자로서 기록記錄을 지어 놓으며 밤낮 없이 흘러갑니다. 달아납니다. 사람의 맘도 흘러가는 물이외다. 저 맑은 하늘을 떠도는 구름이외다. 물이요 구름인지라, 이 아침에는 이 기슭을 돌고, 이 저녁에는 저 북녘 하늘을 헤매지 않을 수가 없고 보니, 곳에 따라, 때에 따라, 우리의 맘은 변하는 것이외다. 이리하여 아무리 우리의 안타까워하는 심정心情이 깊고 간절하여도 언제까지든지 우리는 같은 그 심정을 가질 수가 없는 것이외다. 슬픈 일이언마는 이 또한 사람의 힘으로 어찌할 수 없는 일이외다. 한껏 취하여 무어라고 노상 떠들던 심정도 언제 한번은 반드시 깨는 법이외다. 깨고 나면 지나간 일은 모두다 자취 없는 뜬 구름이외다. 누구라서 밝은 월색月色 아래서 깊이깊이 맺은 언약이 변하지 아니하리라고 굳이 믿고, 그것을 단언斷言할 수가 있겠습니까?

소월의 요절夭折을 가장 섧게 흐느끼는 우리의 맘도, 하루 이틀 지내는 동안에는 자기도 모르게 잊어버릴 것이외다. 소월을 잃어버린 이 날에 나의 설워하는 점은 이곳에 있는 것이외다. 사람은 어찌하여 잊지 말자던 맘이, 언제든지 사랑스러운 기억을 그대로 가슴에 지니자던 맘이, 언제든 한번은 무심한 세월에 따라 그것조차 잊어버리게 되는가, 이것이 나의

가장 설워하는 바외다. 믿을 수 없는 사람의 이 맘을 참을 수 없이 설워하는지라, 지금 나는 나의 지나간 날의 소월을 추억하는 바외다. 지나가는 세월은 물이라, 어름어름하다가는 그 기억조차 잃어버리기 쉽기 때문이외다.

더구나, 중앙 문단中央文壇에 지기知己가 적은 소월이외다. 비록 작품에 나타난 이 불행不幸한 시인의 사랑스러운 자취는 있을망정, 지기知己로의 기억이나 사랑으로의 소월의 자취는 그야말로 찾아 볼 길이 드물 것이외다. 일찍이 소월이 노래한 "못 잊어"의 한 편을 나는 이 날 와서 생각 아니 할 수가 없는 일이외다. 그것은 아무리 아니 잊으려고 하여도 결국 세월이 지나가면 잊어버린다는 것이외다.

못 잊어 생각이 나겠지요.
그런 대로 한 세상 지내시구료.
사노라면 잊힐 날 있으리다.

못 잊어 생각이 나겠지요.
그런 대로 세월만 가라시구료.
못 잊어도 더러는 잊히오리다.

그러나 또 한편 이르겠지요.
"그리워 살뜰히 못 잊는데,
어쩌면 생각이 떠지리까?"

소월 자신도 이렇게 노래했던 것이외다. 들고 나는 세월에 사람은 자기도 모르게 하나씩 하나씩 기억까지 잃어버리는 것이외다.

생별生別도 싫거든 하물며 사별死別이리까? 사별의 불행을 들을 때에 나는 참을 수 없는 안타까운 애석愛惜을 소월에게 가지게 되니, 이것을 소월의 읊은바 설운 심정心情이외다.

봄 가을 없이 밤마다 돋는 달은
"예전엔 미처 몰랐어요."

이렇게 사무치게 그리울 줄도
"예전엔 미처 몰랐어요."

달이 암만 밝아도 쳐다볼 줄은
"예전엔 미처 몰랐어요."

이제금 저 달이 설움일 줄을
"예전엔 미처 몰랐어요."

이것이외다. 이 시의 작자인 소월을 잃은 이 날에, 이 시의 작자를 생각하는 나의 맘은 아득한 예전 날로 돌아가서, 이 작자의 이 시에서 나의 안타까운 심정을 호소하게 되니, 이것도 무슨 소월과의 뜻하지 아니한 숙연宿緣인가 보외다. 더구나 생각하면 이 시는 소월의 열 팔구 세 전후의 작作으로, 이 시에 대하여 토론도 하였을 뿐 아니라, 그 때에는 하루같이 만나서, 동서東西 시인들의 시가詩歌에 대하여 서로 이야기하는 것으로써 일과日課를 삼다시피 하였으니 시의 작자가 불행하게도 요절夭折해 버린 이 날에 나의 심정이 어떻게 어두워지지 아니할 수가 있을 것입니까? 생각하면 모두가 지나간 꿈이외다.

만일 같은 시가詩歌라도 그것을 나누어 민요民謠니 시가詩歌니 하는 형식적 구별을 할 수가 있다 하면, 소월의 시가에 대한 솜씨는 민요에 있었던 것이외다. 그러나 그렇다고 소월에게 민요 이외에 시가가 없다는 것은 아니외다. 그러나 그것들이 민요의 시에 비하여, 딱딱스러워 이지理知를 거쳐 나온 것을 금할 수가 없는 것이 유감이외다.

들 가에 떨어져 나가 앉은 멧기슭에,
넓은 바다의 물갓 위에,
나는 지으리, 나의 집을.

다시금 큰길을 앞에다 두고,
길로 지나가는 그 사람들은
제각금 떨어져서 혼자 가는 길
하얀 여울 턱에 날이 저물 때,
나는 문간에 서서 기다리리.

새벽 새가 울며 지새는 그늘로
세상은 희게 또는 고요하게
번쩍이며 오는 아침부터,
지나가는 길손을 눈여겨보며
그대인가고 그대인가고.

이것은 "나의 집"의 시거니와, 이것을 만일 이 시인의 민요民謠에 비겨 본다면 얼마나 순정純情의 빛이 적은지 손쉽게 볼 수 있는 것이외다. 소월 자신은 어떤 이유인지 모르거니와, 민요시인民謠詩人으로 자기를 부르는 것을 그는 싫어하여, 시인이면 시인이라 불러 주기를 바라던 것이외다. 그러나 사실은 역시 그는 어디까지든 민요형民謠形에 남보다 유다른 솜씨를 보여 주던 것이외다. 그리고 그것이 가장 자연스러웠습니다.

이것은 이 시인이 남겨 놓은 시집 "진달래꽃"을 들여다보면 누구나 용이容易하게 알 일이거니와, 일찍이 "접동새"라 제題하고 노래한 것을 나는 이곳에 인용引用하겠습니다.

접동,
접동,
누나 접동.

진두강津頭江 가람 가에 살던 누나는
진두강津頭江 앞 마을에
와서 웁니다.

옛날 우리나라
먼 뒤쪽의
진두강津頭江 가람 가에 살던 누나는
의붓어미 시샘에 죽었습니다.

누나라 불러보라.
오, 서러워 !
시샘에 몸이 죽은 우리 누나는
죽어서 접동새가 되었습니다.

아홉이나 남아 되는 오랍동생은

죽어서도 못 잊어 차마 못 잊어,
야삼경夜三更 남 다 자는 아닌 밤중에
이 산 저 산 옮아가며 슬피 웁니다.

말할 것도 없이 이것은 시재詩材를 전설傳說에서 가져다가 시화詩化시킨 것이외다. 이 시인의 용어用語에 대한 관심關心이 컸던 것임을 우리는 알 수가 있는 동시에, 또한 같은 말을 반복反復하면서 음조미音調美를 어디까지든지 나타낸 데는 실로 탄복歎服할 바이외다. 이만한 별別하지 아니한 상想을 가져다가 이만큼 자연스럽게 시화詩化시킴에는 무엇보다도 작자의 시적 소질詩的素質이 보여지지 아니할 수가 없는 일이외다. 나는 이것을 무슨 가장 좋은 가작佳作의 하나로 인용引用한 것이 아니요, 이 시인의 표현 수단表現手段으로 용어用語와 음조音調에 대하여 어떻게 유의留意하였는지 그것을 보자 함이외다.

누구나 다 알다시피 저 유명한 "진달래꽃"이라든가, "삭주귀성朔州歸城" 같은 것은 말할 것도 없거니와, 실로 소월의 민요에는 두고두고 애송愛誦할 만한 작作이 적지 아니하외다. 이것으로써 보면 우리 시단詩壇은 분명히 높이 평가評價할 만한 시인 하나를 잃어버렸습니다. 그런 만큼, 일찍이 외우畏友 월탄月灘이 여러 해 전 "/개벽/"지開闢誌에다 "무색無色한 시단詩壇에 소월의 시가 있다"고 하면서, 이 시인의 노래를 가장 높이 평가하였던 것이외다.

그 당시로 보면 월탄의 그 말이 결코 한갓된 찬사讚辭가 아니었던 것이외다. 그러나 이미 소월이 돌아간 이 날에는 이것도 다 지나간 옛날이외다. 한갓되어 자취도 없어질 기억이 있을 뿐이외다.

그리고 소월의 시에 나타나는 원망스러운 한恨과 고독孤獨은 역시 소월 그 자신의 성격性格이외다. 가끔 가다가 자포自暴라 할 만한 것이 있는 것도 또한 소월의 생활로는 어찌할 수 없는 일면一面이외다. 불우不遇한 속에서 뜻을 얻지 못하였는지라, 이 시인의 심독深篤한 성격은 원망스럽게도 그것을 단념斷念해 버린 것이외다. 사업에는 패敗를 보고 생활이 안정安定을 잃게 되니, 그의 고독孤獨은 컸던 것이외다. 그리고 북받쳐 오르는 울분鬱憤에 가끔 소월은 총명聰明한 이지理智의 판단判斷을 잃어버렸던 것이외다.

대체로 보아서 이십 세 전후의 작에 좋은 것이 많았고, 그 이후의 작에는 딴딴한 이지理智가 보이는 것은, 결국 소월 그 자신의 성격이던 것이외다. 또 그리고 조숙早熟한 결과라고 할 만도 한 것이외다. 하여간 이 시인의 짧은 33세의 일생은 대단히 불행하였습니다. 불행하였던지라, 이 시인에게 대한 우리의 애석哀惜은 그 끝을 모르는 바외다. 그리고 언제든지 소월이 생사生死에 대하여 이야기하던 것을 생각하면, 그 요절夭折은 재자다병才子多病의 그것이라기보다도, 요절을 의미하는 무슨 전조前兆가 아니었던가 하는 생각도 없지 아니하외다. 생사生死에 대하여는 소월로서 자기다운 무슨 확신確信이 있는 듯이, 조금도 두려워할 것이 아니라는 듯한 태도態度로 이야기하던 것을, 나는 이날 와서는 도리어 혼자로서 이상히 생각지 아니할 수가 없는 일이외다.

이 박행薄倖한 시인에 대한 더듬길 될 만한 나의 추억은 상당히 많습니다. 그러나 우선 이만 것으로 끝을 맺고 다른 기회機會에 다시 적어 보려 하거니와, 다시금 금할 수 없는 애석哀惜한 생각과 함께, 나는 머리 숙여 이 박행薄倖한 시인 김소월의 평화로운 명목瞑目을 고요히 비는 바외다.

그리고, 이 시인이 우리에게 남겨 준 작품 유산遺産을 나는 언제든지 설운 심정心情으로 대할 것을 설워하는 바외다.

---

김억金億: 호는 안서岸曙. 시인. 평북 정주定州 출생. 동경 경응 대학 문과 수업. [4228~ ]. 저서에 시집 "/해파리의 노래/", "/안서 시집/", "/봄의 노래/", "/금모래/", "/물망초/" 들이 있음.

# 7. 영화와 감상

박인환朴寅煥

영화 감상을 위한 방법이라는 것은 단지 그 영화를 보고 어떻게 느끼느냐는 법밖에는 없다. 말하자면 "센스"[感覺]이다. 이것이 제일 중요한 일이며, 처음부터 자기의 "센스"를 가지고 작품을 자세히, 그리고 천천히 보아야만 하는 일이지만, 구태여 그 방법을 위한 몇 가지 이야기를 적자면 아래와 같은 것이 아닐까 나는 생각한다.

얼마 전까지 영화는 감독의 것이 되어 왔다. 좋은 감독은 훌륭한 영화를 만들어 왔고, 너절한 감독은 좋은 영화를 만들지 못했다. 비단 얼마 전까지의 일이 아니라, 이것은 현재도 미래도 그러한 것이겠으나, 감독이 중요시되던 감독 중심 제도라는 것이 차차 없어지기 시작했다.

영화 회사는 감독 한 사람의 실력에만 의존할 수가 없어서, 더욱 영화 감독은 예술가이기 때문에 그들을 마음대로 쓰기도 곤란했다. 그들은 회사 측의 기업성과 간혹 어그러지는 일이 많았으므로, 이 감독을 연출가라고 개칭하고 "프로듀서"(제작자) 아래에 속하게 하였다. "프로듀서"는 회사에 월급제로 속하는 사람이 대부분이며, 이름은 회사의 기업과 그 영리 정책을 대변하면서도 영화 예술에 눈이 밝은 사람이어야만 되는 법이다.

그래서 감독은 제작자 밑에서 연출의 부분에만 종사하게 되었던 것이다. 감독 제도의 폐단을 시정하는 것은 감독에게만 영화 제작을 맡기면 자기가 생각하는 독자적인 예술에만 치중하기 쉽고, 또한 자기 영화를 훌륭하고 화려한 것으로 만들기 위하여 막대한 경비를 쓰는 법도 있지만, 제작자 중심으로 옮긴 후부터는 감독은 제작자로부터 많은 제약을 받게 되었다. 그러하므로 영화를 감상하기 위해서는 그 영화를 누가 제작했느냐는 것을 알아야 한다. 이 제작자 제도가 가장 심한 나라는 "아메리카"이며, 그 다음은 영국, 일본이다. 프랑스에서는 그다지 제작자 중심이 아닌 것도 아직까지 프랑스가 영화 감독 각자의 예술의 개성을 존중하고 있다는 증좌이며, 이것은 곧 프랑스 영화에 예술적인 특성이 뚜렷이 남아 있다는 것을 이야기한다.

그렇다고 하여 제작자 제일주의로 나가고 있는 "아메리카" 영화가 예술적으로 뒤떨어지고 있다는 것은 아니다. "아메리카"에서 이 제도로 전환한 이후에는, 다소 실패한 일이 많았으나, 그 후 이름 높은 훌륭한 제작자가 속출해서 지금은 조금도 손색없는 "시스템"이 되었다.

그러므로 일반 관중은 영화를 보고 난 후부터 영화배우의 이름이나 감독의 이름을 외는 것도 좋으나, 그 "프로듀서"가 누구라는 것을 더욱 기억하여야 한다. 그 작품이 우수한 것이라면 더 중요하게 된다. 그래서 제작자의 이름이나 감독의 이름을 잘 알고 있으면, 다음 작품도 안심하고 가 볼 수도 있고, 그들의 예술적인 경향도 잘 알게 되는 것이다.

대체적으로 훌륭한 제작자는 우수한 연출자나 배우를 선정하게 되며, 그 반대도 역시 같다. 더욱 연출자나 배우들도 훌륭한 "프로듀서"와 함께 영화를 만들 것을 원하며, 그러기 위해서 무척 애를 쓰고 있는 예가 한두 가지가 아니다.

한국의 사정은 국산 영화가 적기 때문에 영화 관객의 대부분은 외국 영화를 볼 때가 많다. 그리고 그러한 외국 영화를 볼 때에 우리들에게는 어찌할 수 없는 "핸디캐프"가 있는 것이다.

그것은 무엇이냐 하면 외국 영화를 즐겁게 보기 위하여 영화를 보는 것이 아니라, 읽지 않으면 안 된다는 것이다. 영화의 말을 알아듣지 못하는 이상, 자막字幕을 읽는다는 것은 할 수 없는 일이며 실상 자막을 읽고 영화를 따라 다니고 있는 것이다. 그러므로 영화를 한 번 보고 그 작품을 감상했다고는 할 수가 없고, 이것은 단지 "보았다"는 것밖에 되지 않는다.

그러므로 진실로 영화를 감상하기 위해서는, 그 작품이 읽고 난 후 따라가면서 보았을 때의 인상이 좋았으면 적어도 두 번만은 보아야 한다. 아니, 두 번 이상이라도 좋으니 좋은 작품일 경우에는 여러 번 보는 것이 영화 감상의 식견을 높이게 한다.

그 하나의 예로서는 "잔 콕토"[72]의 "올훼"나, "캐럴 리드"[73]의 "셋째의 사내" 같은 것이었다. 이 두 작품은 그 작가의 사상이나 예술적 경향이 다르지만, 영화에 있어 그의 예술성과 이론을 마음대로 구사한 작품이다.

나는 외국 영화를 전문으로 감상하는 분부터서도 "콕토"의 "올훼"는 이해할 수가 없다는 소리를 들었다. 몇 번 보았느냐고 물었더니 한번 보아서 뭔지 모르기 때문에 그 이상 보지 않았다는 것이다.

이것은 영화를 감상하는 태도가 아니다. 다른 제작자나 연출가가 만든 것이라면 몰라도 시인으로 연극으로 현 프랑스의 대표적 존재인 "콕토"의 작품을 모를 수는 없을 것이다. 여기서 다시 말하고 싶은 것은 자막을

---

72 잔 콕토(Jean Cocteau)[1889~ ]: 프랑스의 현대 시인. 시나리오 라이터 및 영화감독. 콕토의 감독한 영화가 우리나라에도 한두 개 들어왔음.

73 캐럴 리드(Caroll Reade): 영국의 영화감독. "셋째의 사내", "심야의 탈출" 등 우리나라에서도 이 감독 작품이 상연되었음.

읽고 화면을 따라가는 방법과는 다른 방법, 즉 자막을 읽은 후에 느끼는 "센스"인 것이다. 그 "센스"를 갖지 못하고서는 도저히 화면을 따라갈 수도 없을뿐더러 이해도 못할 것이다. "콕토"의 지금까지의 예술의 세계를 이해해 온 분이면 몰라도, 처음 "콕토"를 대하는 분이면 더 난처했을 것이다.

즉 읽는 것도 아니며, 보는 것도 아니며, 단지 느끼는 것이다. 느낀다는 감각성이 문제가 되는 것이다.

제작자와 마찬가지로 "콕토"와 같은 개성이 뚜렷한 영화 연출자가 있을 경우에는 그 연출자를 잘 이해할 필요가 있다. 그것은 이름으로서가 아니라, 어디까지나 그 사람이 지니고 있는 예술성과 영화적 감각이다.

제작자는 여러 경향의 작품을 여러 감독의 손에 의해서 제작하고 있는데 반하여, 연출가는 자기 독특한 것이 있다. 그러므로 상기한 외의 몇 사람에 대해서는 잘 그 예술을 이해하고 자주 감상하는 것도 영화 감상의 좋은 방법이 된다.

"시나리오"는 영화의 교과서라고 한다. "시나리오"가 제작자와 연출가의 손에 의해서 채택되면, 연출자는 그것을 "대본화"臺本化하고 곧 배우가 결정되어 촬영이 개시된다. 하지만 채택되지 않는 것이 많다. 역시 "시나리오"도 제작자의 지배하에 있는 것이다. 그러나 훌륭한 "시나리오"는 훌륭한 작품이 되고, 그 중 몇 사람은 영화의 전반적 가치를 좌우한다.

그러므로 영화의 감상에 의한 하나의 방법으로 "시나리오"를 읽으면 훨씬 도움이 되는 수가 많으나, 우리나라에서는 아직 "시나리오"가 잡지 같은 데 소개되지 않으니까 큰 문제가 된다. "시나리오"를 읽으면 영화를 보기 전에 그 작품이 지니는 "이미지"를 알 수가 있으며, 더욱 영화로서의 의도를 완전히 파악할 수가 있다. 물론 연출자가 아니기 때문에 전부를 안다는 것은 힘이 드는 일이나, 그 연출자의 영화적인 성격만을 그 전에 알고 있다면 "시나리오"가 실린 지면地面 위에 영화의 각 "씬"장면이 전개될 수도 있는 것이다. 이것도 역시 "이미지"(image)를 정리하는 "센스"가 중요한 역할을 한다.

---

박인환朴寅煥: 시인. 강원도 인제麟蹄 출생. [4257~ ]. 저서에 공동共同 시집 "/새로운 도시와 시민들의 합창/"이 있음.

# 편집編輯하는 법

## 1. 편집의 기술

편집編輯이란 책을 만드는 일이다. 어떠한 글을 가지고 어떠한 형태의 책을 만들어 내는 편집 기술은 기술 중에도 자못 예술성을 띤 기술이다. 그러므로 편집자는 학력學力만이 아니요, 충분한 소질을 가져야 한다.

아무리 훌륭한 내용을 가진 글이라 할지라도 알맞은 활자와 지면地面의 배치配置, 그리고 책 전체의 꾸밈새가 제대로 되지 않았을 때는 독자讀者에게 불쾌감을 주게 되는 일이 많은 것이다.

편집의 일은 지면 배치紙面配置가 가장 중요한 것이나, 그 외에 원고를 모아 책이 되어 나올 때까지의 모든 일이 다 편집에 관한 것이니, 활자의 크기(호수) 결정, 각 면의 글줄의 수, 각 줄의 글자 수, 제목題目의 위치 작정을 비롯하여, 조판組版 후의 교정校正(=잘못된 일을 고치는 일), 표지의 장정裝幀과 카트의 사용 등에 이르는 모든 점에 관하여 가장 그 책으로서 적합하도록 고려하는 것이 모두 편집자의 일인 것이다.

이러한 일은 편집자의 넓은 교양과 상식에 의하여 되는 것인 동시에 세밀한 계산과 주의가 따라야 비로소 완수될 수 있는 것이다.

원고를 조판소에 넘겨서 판을 짜게 할 때는 미리 그 원고를 읽어 오자誤字를 정정訂正하고, 글줄을 새로 세울 데와 띄어쓰기 등을 정리하며 그림이 필요한 데는 그림 넣을 자리 등을 지적하여 놓는다.

조판이 되면 교정 박이[校正刷]를 내어 틀린 글자, 빠진 글자, 뒤집어진 것, 줄이 고르지 못한 것 등을 일정한 기호記號로 고쳐 주면 조판소에서는 이것에 의하여 판을 고쳐 다시 교정 박이를 내어, 2교, 3교 거듭하여 적당하다 생각될 때에 교료校了=교정 완료를 하면, 이것에 따라 고친 판으로 인쇄에 회부回附하게 된다.

교정에서 주의할 일은 첫째 원고와 상이相異한 것을 찾는 것이나, 때에 따라서는 저자著者의 부주의로 인한 오서誤書가 없지 않을 것이니, 이러한 것은 교정자가 원고 교정을 착실히 함으로써 그 오서를 발견할 수 있는 것이며, 둘째로 조판에서 잘못된 것을 찾는 데 있어서는 교정자의 생리적인 원인에 의하여 잘못 보거나, 정신적인 동요動搖에 의하여 침착성을 잃거나, 혹은 지성知性의 빈곤에 의하여 발견하지 못하는 경우가 있으니, 교정자는 항상 견문見聞을 넓히고 상식을 쌓아야 하는 동시에 침착해야 한다.

그리고 무엇보다도 주의해서 보는 것이 필요하다. 글의 뜻에 정신을 기울이면 글자의 틀린 것이 보이지 않고, 글자에 주의하면 그 내용의 잘못과 원고의 일부분이 빠진 것 등도 발견하지 못하는 경우가 있으니, 실로 교정은 심심甚深한 주의력에 의해서 그 임무를 다할 수 있는, 숨은 노력을 필요로 하는 일이다.

교정 박이에 교정 기호 등을 써 넣을 때도 항상 명확한 기호와 지시指示를 해야 한다. 흘림으로 쓴 교정은 나중에 도리어 엉뚱한 것으로 되어 버리기 쉬운 것이다.

단행본單行本일 경우에는 비교적 간단하나 잡지일 경우에는 각 지면마다의 형태와 그림, 사진 등의 위치 및 그 크기 등을 적당히 하여, 시각적으로 구성미構成美를 나타내어야 하므로, 그 지면 배치는 미리 지면마다 편집자가 본을 만들어 조판에 넘겨야 한다.

원고 장수張數와 지면 면적과의 관계를 짐작하고 계산하여, 무리가 눈에 뜨이지 않게 하여야 할 것이며, 제목과 카트의 크기를 전체 분량과 대조하여 균형을 가지게 하는 등 편집자의 용의 주도用意周到한 고려考慮가 요구된다.

## 2. 학교 학급 잡지 신문의 편집

근래 각 학교에서는 대개 잡지 혹은 신문을 내고 있다.

경비가 부족할 때는 등사판 인쇄로, 그렇지 않을 때는 활판 인쇄로서 좋은 책과 신문이 만들어지고 있다.

학생들이 이러한 잡지, 신문을 편집하는 일은 편집 기술의 양성뿐만 아니라, 취미와 책임 관념을 기르는 데에서도 좋은 일이다.

신문은 주로 학교 내의 동태, 학생과 선생에게 관계되는 여러 가지 사항, 학교와 가정과의 연락에 관한 사항 등이 그 기사가 되며, 잡지일 경우에는 선생 혹은 지명인사知名人士 선배들의 연구 논문 및 교양적인 글과 학생들의 논문, 문예 작품 및 교내 주지周知 사항 등이 주요 내용이 될 것이다.

잡지나 신문을 막론하고 여기 실을 글은 어디까지나 학생에게 적합한 것이어야 하며, 뉴스 하나에도 학생과 관련성 있는 것을 채택해야 함은 물론이다.

끝으로 기사 내용에 대한 주의 몇 가지를 더 써 둔다.

학교 기관지에는 교내의 미담美談 같은 것이 가장 좋은 기사일 수 있으며, 학교의 체면이나 명예를 지나치게 염려하여 학생에게 반성의 재료가 될 것도 취급하지 않는 것은 오히려 옳지 못하다. 물론 선생이나 학우들의 개인적인 결함缺陷 등을 발표하는 태도는 절대로 삼가야 한다.

학생들은 이러한 교내 신문이나 잡지를 활용하여 민주주의적인 언론言論을 배우고 또 실천하는 것은 장래의 사회생활에 큰 도움이 될 것이다.

뉴스 하나에도 공정하고 치밀한 조사 태도를 가지고 기사를 써 보는 것은 좋은 일이다.

일반 신문 기사에도 이 공정한 태도는 최대 최고의 방법인 것이다.

① 언제 ② 어디서 ③ 누가 ④ 무엇을 ⑤ 무슨 이유로 ⑥ 어떻게 했다는 이 여섯 가지는 기사를 쓰는 사람이 빠뜨려서 안 되는 일이며, 신문 기사의 필수 조목이 되어 있다.

## 표준 고등 글본

定價　圓

4289·3·25 印刷
4289·4· 1 發行

著者　李秉岐
鄭寅承
白　欽

서울中央小公洞17
發行　**新丘文化社**
4260·10·5 No.474

供給處　韓國檢認定教科書供給株式會社

# 교육 평론

# 고대조선古代朝鮮의 여류교육가女流敎育家[1]

이병기李秉岐

수사학가修辭學家의 아들이라고 반듯이 문장가文章家가 아니고 법률학가法律學家의 아들이라고 반듯이 변호사辯護士가 아니고 교육가敎育家의 아들이라고 반듯이 위인偉人은 아니겠지마는 동서고금東西古今의 역사歷史를 보면 위인偉人의 부모父母는 흖이 위인偉人 또는 교육가敎育家이었다. 그 아버지보다도 그 어머니가 그러타 예例를 들면 맹자孟子도 그러코 이순신李舜臣도 그러코 이등박문伊藤博文도 그러코 어거스틴도 그러코 뭇소리니도 그러타.

웨 그런가 —아버지의 감화感化보다 어머니의 감화感化가 더 한가— 아버지의 감화는 가을과 같다면 어머니의 감화는 달과 같다 할가 어쨌든 어머니의 감화가 어버지의 감화보다 더한 것은 사실이다.

그럼으로 훌륭한 교육가인 그 어머니를 가진 위인이 많음도 당연한 일이다.

그런데 여긔 말하자는 교육가는 반듯이 사범학교師範學校나 졸업卒業하고 교편敎鞭을 잡은 이를 이름이 아니라 다만 그 가정家庭에 있어 그 자녀

1 「古代朝鮮의 女流敎育家」, 『신생』 2권 11호, 1929. 11.

의 교양教養에 고심노력苦心努力하는 이를 말함이다. 아니 그 자녀의 교양에 고심노력만 하였다는 것보다도 초월超越한 위대偉大한 감화력感化力을 가진 그이를 말함이다. 그리고 그 실례實例를 다만 고대古代 조선의 여류女流에서 몇 사람 들어 말하는 것이다.

신라新羅의 만명 부인萬明夫人 — 그는 김서현金舒玄의 부인夫人이요 김유신金庾信의 모친母親이다. 서현舒玄의 위업偉業도 그의 내조內助의 힘을 입은 것이 적지 않지마는 유신庾信의 삼국통일三國統一의 대공업大功業을 일우게 된 것은 오로지 그의 교양敎養으로 말미암은 것이라 해도 과언過言이 아닌가 한다.

유신庾信은 십오세十五世에 화랑花郞이 되고 세인世人의 흠모欽慕를 받고 낭도郞徒와 같이 다니며 놀 때 술집 또는 기생妓生ㅅ집에도 아니 갈 수 업었다. 그리하여 맞흠내 어느 기생妓生에게 유혹誘惑을 받었다. 비록 영웅英雄이라도 이 유혹에는 하는 수 없든 것이다. 유신은 만일 그대 거긔에 타락墮落되어버렸으면 어찌 되었을가. 유신庾信은 다행이 그 어머니의 교훈敎訓을 받어 깊이 늣기고 다시 맹서하여 참마항斬馬巷이라는 자최를 남겨두고 그와 같은 유신이 된 것이다. 어느 어머니가 방탕放蕩한 아들에게 그만한 교훈敎訓을 아니하랴마는 교훈 그것이 용한 게 아니라 교훈을 한 번 듯고 즉시 개오改悟하게커럼 교양敎養한 것과 간단한 한 말로서 바루 늣기게 하는 자기自己자신自身의 수양修養이 과연 놀라운 일이다.

이 한 가지 일로도 넉넉히 그 평일平日의 교양과 그 인물人物의 어떠함을 짐작할 것이다. 유신을 그러한 어머니를 가진 것이 참으로 행복幸福이었다. 그는 유신의 어머니만 아니라 신라의 어머니였다. 그는 과연 거룩한 어머니였다.

고려高麗의 정몽주鄭夢周 모친母親 이씨李氏 — 그는 매우 다심한 교육가이었다. 어찌 생각하면 만명 부인과는 서로 다른 성격性格을 가진 이었다. 만명 부인은 걸걸하고 씩씩한 여자라 하면 그는 안존하고 얌전한 여자라 하겠다. 다시 말하면 만명 부인을 다혈질多血質 같은 이고 그는 신경질神經質 같은 이였다. 가령 그 아들을 기를 때 옷을 해 입히는데 옷의 거죽은 푸른빛으로 하고 옷의 안은 밝안빛으로 하여 속은 불같이 열렬하고 겉은 물같이 축축하라는 의미意味를 표表하였다는 것이다. 그때는 고려 말이 되어 국운國運이 다하고 인도人道가 쇠하고 민심民心이 흉흉하여 음모陰謀, 살해殺害, 질투嫉妬, 모함謀陷, 시기猜忌, 폭행暴行 등의 악풍惡風이 성행盛行하든 때라 과연 처세處世하기 퍽 어려웠음을 알고 그는 그 아들에게

가마귀 싸우는 골에 백로白鷺야 가지 마라
성낸 가마귀 흰빛을 새우나니
창파滄波에 좋이 씻은 몸을 더러일가 하노라

하는 놀애를 지어주며 평일에 조심을 시겼다는 걸 보아도 그의 위인偉人이 이러타는 것을 알게 한다. 그 얼마나 알뜰한 살뜰한 마음인가 과연 지성至誠스러운 어머니다. 이런 어머니가 정몽주 같으신 위인의 아들을 둔 것도 우연한 일이 아닌가 한다.

이조李朝의 홍천민洪天民 부인夫人 유씨柳氏 — 그는 洪瑞鳳의 모친이요 柳夢寅의 妹氏다. 그는 어렸을 때에 그 아우 몽인의 글 배우는 걸 보고 엇개 넘어로 글을 배워 많이 외고 많이 지어보고 하여 맞흠내 文筆이 능란하게 되었으며 出嫁한 뒤에 서봉을 낳고 남편을 여히고 매양 삭망朔望을 당하면 제문祭文을 지어 읽으며 그 아들에게 친히 글을 가르쳐주는데 만일 일과日課를 좀 게을르게 하면 반듯이 피가 흐르도록 종아리를 치며 그 치든

매는 비단보로 싸아 두고 하는 말이 "짐이 되고 안 되기는 이 애의 부즈런과 게으름에 달렸으나 이걸 중히 아니 녀길 수 없다." 하여 그 아들에게 글ㅅ감을 받을 때에는 반듯이 포장을 치고 들으며 하는 말이 "이 애가 잘 외면 내가 반듯이 깃븐 빛이 있을 터이니 이 애가 이걸 보며 교태한 마음이 날가바 그런다" 하며 필경 그 아들로 하여 학업學業을 일우고 문장文章이 되고 벼살이 정승政丞에 이르게 하였다.

그는 만명 부인과 이 씨와도 또한 다른 것을 위에 말한 것과 같이 엄격嚴格하고 냉정冷靜한 성격이 보이는 것이다. 일즉 홀어미가 되어 남달리 귀여운 아들을 손소 가르칠 때 한편으로는 엄부嚴父 노릇도 하고 한편으로는 자모慈母 노릇을 하여야 하겠으나 보드랍고 따듯한 정情이 적고 아무래도 쌀쌀하고 매사운 어머니 같으며 만명 부인과 이 씨와 같은 감화력도 가진 이는 아닌 것 같다. 그러나 그의 고심苦心과 노력努力은 놀랍지 아니할 수 없다. 이런 점에 있어서는 만명 부인도 이 씨도 못할는지 모른다.

그리고 그 밖에도 이순신李舜臣 모부인母夫人, 이준경李浚慶 모부인母夫人, 사임당師任堂 신 씨申氏, 조경인曺景仁 부인夫人 심 씨沈氏, 정일당靜一堂 강씨姜氏 홍인모洪仁謨 부인夫人 서 씨徐氏와 같은 유명有名한 이들이 있으나 위에 말한 만명 부인萬明夫人, 이 씨李氏, 유 씨柳氏들이 어느 의미意味로 보나 그 시대時代 그 시대時代의 대표代表가 될 만한 여류 교육가라 또다시 이 사람 저 사람을 일일一一이 들어 말하는 것이 돌이어 번잡煩雜하게만 될가 하여 그만두는 것이다.

# 해방 後 국어교육[2]

이병기李秉岐

다 아시는 바이지만 다시 말하고자 함은 과거 36년 동안 일정日政 때 그들이 가장 주력注力하던 건 우리 국어를 없이려 하던 것이었다. 그들이 조선을 영원히 일본日本 속지屬地로 삼으려는 의도意圖로서 조선 민족성 국민성의 근원根源인 우리 국어를 없이려 함은 그들로서는 현명賢明한 일일는지 모르겠으나 우리의 가장 고통과 분함은 여기에 있었다.

우리는 다행히 기미만세己未萬歲후 신문新聞 잡지雜誌 강습講習을 할 수 있어 우리 국어운동을 하였다. 철자법통일綴字法統一도 되고 한편으로 대사전大辭典도 꾸미고 문체文體도 정돈이 되고 인하여 국어 연구열도 높아 가자 그들은 조선어 교육을 폐지廢止하고 관청官廳 학교學校에서는 우리말을 쓰지도 못 하게 하였다. 이러고 보니 우리 국어는 어찌 되았겠는가. 우리말 강습講習은커녕 신문新聞 잡지雜誌도 다 없어지고 그뿐만 아니라 우리가 우리말은 한 번도 아니 쓴다는 걸 도리어 자랑하고 지내던 분들도 없지 않었다.

그러나 4278년四二七八年 8월八月 15일十五日 해방은 되었다. 일인日人들

2 「해방 후 국어교육」, 『새교육』, 1948. 9.

은 다 쫓겨 가고 이성異域에 있던 동포同胞들은 돌아오고 태극기太極旗는 집집에 꽂히고 거리 고샅마다 우리 애국가愛國歌 소리가 들렸다.

우리 국어운동으로도, 한자 폐지漢字廢止 학술어 제정學術語製定 국어 정화國語淨化 각처各處의 한글 강습講習 이등이 한때 굉장하다 않을 수 없더니 겨우 수년數年이 못 되어 흐지부지 하여 버리고 충무로忠武路 부근附近에서는 다시 일본日本 음식飮食과 그 말이 쓰이고 청년靑年 남녀 간男女間에는 일어日語를 그냥 짖거리기도 하고 각各 지방地方에서는 한문漢文을 가르치는 서당書堂이 버썩 성하고 철도鐵道의 역명驛名이 다시 한자漢字로 씌었고 신문新聞 잡지雜誌는 각기各其 철자법綴子法이 다르고 학교 입학시험學校入學試驗의 국어 성적國語成績은 전년前年이나 금년今年이나 다름이 없다. 그러면 우리는 일어日語 대신에 영어英語나 배워야 할 것인가?

해방 후 우리 학교 교육에 우리 국어 교수 시간敎授時間이 퍽 많아졌다. 그 많은 시간時間을 어떤 교사敎師들이 담당擔當하고 있을가. 해방 전에는 일어日語나 배우고 또는 가르치기도 하던 이가 어느 때 우리 국어의 교양敎養을 하였을가? 해방 즉후卽後 임시臨時 교원양성소敎員養成所 또는 조선어학회의 한글 강습講習 등으로 약간若干 구급救急은 하였으되 이런 양量이나 질質로는 도저到底히 부족不足할 것이다. 그래도 학교學校는 소·중대학小中大學 등을 자꾸 세우고 하여나가는 것이 또한 기이奇異한 일이다.

> 이시렴 부듸 갈다 아니 가든 못할소냐
> 무단無端히 네슬트냐 남의 말을 들엇느냐
> 그려도 하 애도래라 가는 뜻을 일러라.

어느 학원學院에서 전수과專修科 입학시험入學試驗을 보며 이 노래를 산문散文으로 쉽게 풀어 적어라 하였는 바 대학大學 2, 3학년二三學年 정도程度의 학생學生으로서 이 문제問題를 바루 대답한 이가 60명六十名 중 5, 6인五六人에 불과하였다. 이를 꼭 표준標準할 건 아니로되 우리의 말글 학력學力이 어떤가를 대강 짐작할 수 있다. 그러나 우리는 우리말 글에 대하여서는 관심關心이 그리 두텁다고 할 수 없다. 우리가 아는 말 아는 길이니 그 무엇을 배우잘 것이 있을가 하는 지나치는 생각으로 그리 유심히 알려 하지 않고 어름어름 지나는 일이 흔하다. 이건 우리 국어교수國語教授에 가장 주의注意를 하여야 할 것이다. 만일 외국어外國語 같으면 일종一種 호기심好奇心을 이르켜 탐구探究하려 할 것이다. 그리고 또는 우리 말글을 열심熱心으로 배우고자 하는 학생學生들이 있다 하드라도 잘 아르켜 줄 만한 교사教師가 있어야 함은 더 말할 것 없다. 이러므로 해방 후 우리 국어교육이 부실함은 그 허물이 학생學生보다 교원教員보다도 이를 지도指導하는 당국자當局者에게 있다고 하고 싶다.

웨 임시교원양성소臨時教員養成所는 폐지廢止하였는가?
웨 성인교육成人教育의 각처各處의 한글 강습講習은 않는가?
웨 국어교원강습國語教員講習會회을 자주 개최開催하지 않는가?

각各 학교學校서 국어國語를 담당擔當한 교원教員들이 단지 그 교본教本만 가지고 능히 가르킬 것인가? 그 교본教本에 해당該當한 참고서參考書도 없고 사전辭典도 없으니 비록 국어國語의 조예造詣가 있는 이라도 여간 힘들 것이 아니다. 아무리 교본教本은 훌륭하게 되었드라도 이를 잘 아르키지 못한다면 헛노릇이 아닌가? 문맹文盲을 퇴치退治함도 시급時急한 일이지만 주主로 학교學校서의 국어교육國語教育이 잘되어야 할 것이다.

그동안 철자綴字나 횡서橫書쯤이 무던히 알게 되었으되 어구語句의 해석解釋이나 그 장章과 편篇의 감상鑑賞이라든지 비평批評에 대하여는 아직 어둡다 할 수밖에 없다. 사실 국어교육國語敎育이 각기 정도程度에 따라 다르다. 말하자면 국민학교國民學校에서는 독법讀法, 중학교中學校에서는 해석解釋, 대학大學에서는 감상鑑賞 비평批評에 중점重點을 두겠지만 국민학교國民學校서라도 그 깜냥대로는 해독解讀과 감상鑑賞 비평批評을 시킬 수 있다. 이러하여 어감語感 어의語義 어휘語彙와 글의 묘미妙味를 잘 깨쳐 나가게 하여 저의들로 하여 그런 말을 쓰고 그런 글도 짓도록 가르켜야 할 것이다.

동창이 밝엇느냐 노고지리 우지진다
소치는 아이놈은 상긔 아니 일엇느냐
재넘어 새래긴 발을 언제 갈려 하느니

이런 교재敎材를 가르킬 때 이 노래의 첫 구절句節인

동창이 밝엇느냐

부터를 어떻게 설명說明해 주어야 할 것인가? 이 노래를 지은 이는 거적문이나 판장문을 한 방에서 자다가 종달새노고지리 소리를 듣고야 비로소 날이 샌 줄을 알고 이렇게 말한 것인가? 이렇다면 그다음 장章의

상긔 아니 일엇느냐

의 '상긔'가 힘이 적고 서술敍述이 너무 평범平凡하여 아무 긴장緊張한 맛

이 없다. 그러면 무슨 말인가? '동창이 밝엇느냐'즉 '동창이 아니 밝앗느냐'를 줄여 쓴 말이다. 이와 같이 쓴 예例는 고가요古歌謠에 종종 보이는 것이다.

우리 국어교육을 담당한 여러분은 이를 한 밥벌이 하는 곳으로만 여기지 말고 좋은 사우師友를 찾어 묻기도 하고 좋은 서적書籍을 구하여 많이 읽기도 하며 항상 이를 염두念頭에 두고 깊이 궁구窮究하고 알어내어 확연確然한 자신自信을 가지고 또 이를 어떻게 가르켜야 할가 하는 철저徹底한 방법方法을 세워 가지고야 교단校壇에 나서라. 그렇지 못하면 차라리 다른 방향方向으로 전환轉換하라 함을 나는 가장 간절히 말하는 바이다.

우리가 우리 국민國民으로서의 애국정신愛國精神을 배양培養함도 다만 건조乾燥 무미無味한 추상적抽象的 문구文句로만 가지고 운운云云할 것이 아니고 구체적具體的 또는 인상적印象的인 적어도 우리 말글의 한 문예교본文藝教本으로서 우리 말글의 본연本然한 성질性質과 색태色態가 농후濃厚히 표현表現되어 있는 것이라야 하겠다. 이런 건 문교부국文教部局에서 잘 참작參酌하여 훌륭한 우리 말글의 교본教本을 꾸며 내리라고 믿는다.

마침 우리 새 정부政府가 수립樹立되는 이 마당에 새 정부政府는 더욱 진보進步한 우리 국어교육에 대한 좋은 방침方針과 시설施設이 꼭 실시實施될 줄로 우리는 큰 신뢰信賴와 기대期待를 하고 있다.

[필자筆者는 국립國立 서울대학교수大學教授]

# 고전古典과 국어교육國語教育

이병기李秉岐

요마적 고전古典이란 말을 버썩 많이 쓰는바 과연 고전古典은 무엇을 가리켜 이르는가? 우리의 고가古歌, 고문古文이고 보면 모다 고전古典이라고 할까? 무론 우리의 고가古歌, 고문古文이 우리의 고전古典에 속屬함이 아닌 건 아니되 이런 걸 그대로 함부로 고전古典이라기보다도 그 천와舛訛와 진가眞假와, 우열優劣을 세밀細密히 검토檢討하고 교정校正한 연후에 비로소 우리의 고전古典다운 고전古典이 될 것이다. 고전古典다운 고전古典. 즉 귀중貴重한 전적典籍이 될 수 있는 것이라야 하겠다. 이렇지 않으면 그건 고전古典의 한 재료材料뿐이다. 춘향전春香傳의 판본板本이 지금 수십여數十餘 종種이 전하되 그중中 고전古典다운 춘향전春香傳은 거의 없다고 하여도 가可하다. 그 주인공主人公인 춘향春香이 혹은 중종中宗 때 사람이라, 혹은 인조仁祖 때, 숙종肅宗 때 사람이라 하기도 하였으나 그 책冊들을 읽어보면 이 근대近代의 기명器皿 십물什物과 묘명廟名 관제官制가 더러 보이기도 하고 얼토당토않은 수작이 많다. 이런 진테미와 같은 그 글들을 다만 한 심심풀이로 보고 있을 그때에는 이것이 짐짓 문학文學이 되건 말건 그건 아랑곳없이 그저 보아주려니와 지금 국문학國文學으로는 한 작품作品이 아니 된 것이면 될 수 없다. 종래의 춘향전春香傳 기타其他 여러 소설小說이 한 작품作品으로 된 것이라기 보다가 한문漢文 고사故事나 또는 국어國語의 어휘語彙 토속土俗의 재료材料 등을 유취類聚하여 놓은 것이 많았다. 그러나 그건 다 그런 것도 아니다. 자세히 살펴보면 그중에는 훌륭한 작품作品도 없지 않았다.

—도령이 배회고면徘徊顧眄하여 산천山川 구경하며 잊은 글귀도 생각다가 문득 녹음 간 어떤 일 미인이 추천하는 양 보고 심신이 황홀하여 급히 방자 불러 묻는 말이 저 건너 저것이 무엇이고 방재 대답하되 어듸 무엇이 뵈는잇가 도령 왈 없다 저 건너 뵈는 것이 무엇인고 아마도 선녀하강 하여는가 보다 방자놈 대답 보소 방장方丈 봉래蓬萊 영주瀛洲 삼신산三神山이 아니여든 선녀 여기 이곳에 왔오릿고 그러면 무엇인고 금이냐, 금생여수金生麗水라 하오니 여수麗水 아니여든 금金이 어이 잇으릿고 그러면 옥玉이냐 옥산곤강玉山崑崗이라 하오나 곤강崑崗이 아니여든 옥玉이 어이 있으릿고 그러면 해당화海棠花냐 명사십리明沙十里 아니여든 해당화海棠花 어이 잇으릿고 그러면 귀신이냐 북망산北邙山 아니여든 귀신鬼神이 어이 잇으릿고 도령이 역정 내여 왈 그러면 무엇이니 방재 그때야 엿자오되 다른 것이 아니오라 본읍 기생 월매月梅딸 춘향春香이로소이다.

—경판춘향전京板春香傳

—저집 일흠 영각瀛閣 저 다리는 오작교烏鵲橋오, 도련님 들으신 후 네 말 듯고 경개 보니 이제 어듸 인간人間이냐. 내 몸이 우화羽化하야 천상天上에 올라왔다 뒤찜 찌고 걸으면서 혼자 생각하는 말이 광한루廣寒樓는 좋다마는 항아姮娥는 어듸 간고 오작교烏鵲橋 분명分明하니 직녀성織女星을 거의 볼 듯 배회고면徘徊顧眄하노라니 난듸 없는 일륜명월一輪明月 녹운간綠雲間의 오락가락 정신精神을 겨우 수습收拾하야 유심有心

히 다시 보니 명월明月은 미인美人이오 녹운綠雲은 녹음綠陰이라 출몰出沒코저 오락가락 추천鞦韆하는 거동이라 심중心中의 의혹부정疑惑不正 보고보고 또 보와도 사람은 사람이나 분명分明한 선녀仙女로다 방자다려 물어보와 저 건너 화림花林 속의 추천하는 저 여자女子가 처녀處女이냐 신부新婦이냐, 방자가 엿자오되 본부퇴기本府退妓 월매月梅의 딸 춘향春香이라 하나이다.

— 신오위장申五衛將의 남창춘향가男唱春香歌

이건 이 도령의 광한루廣寒樓에 놀러갔다가 마침 그네 뛰는 춘향春香이를 바라오고 동경憧憬하는 양을 적은 것인바 경판춘향전京板春香傳의

그러면 금金이냐 옥玉이냐 해당화海棠花냐 귀신鬼神이냐!

하는 대문은 실정實情 실혹實惑에 맞지 않는 한 우스운 수작이고 신오위장申五衛將 남창男唱 춘향가春香歌의

광한루廣寒樓는 좋다마는 항아姮娥는 어듸 간고 오작교烏鵲橋 분명分明하니 직녀성織女星을 거의 볼 듯 배회고면徘徊顧眄 하노라니 난듸없는 일륜명월一輪明月 녹운간綠雲間의 오락가락 정신精神을 겨우 수습收拾하야 유심有心히 다시 보니 명월明月은 미인美人이오 녹운綠雲은 녹음綠陰이라 출몰出沒저코 오락가락 추천鞦韆하는 거동이라 심중心中의 의혹부정疑惑不正 보고보고 또 보와도 사람은 사람이나 분명分明한 선녀仙女로다.

함은 여북 찬찬하고 알뜰하고 영절스러운가? 경판京板의 그것보다 훨씩 낫지 않은가. 이 밖에도 군데군데 고치어 문맥文脈이 소상昭詳하고 어구語

句가 정채精彩로우며 더구나 이 도령이 암행어사暗行御史가 되어 창포파립敝袍破笠하고 남원南原을 가서 춘향春香 모母와 옥중獄中에 있는 춘향春香을 볼 때 춘향春香 모母도 그렇거니와 춘향春香은 더 반기고 그가 거지가 아니라 암행어사暗行御史인 줄을 넌지시 짐작하였음과 암행어사출도暗行御史出道한 뒤 먼저 애매한 옥수獄囚들과 함께 춘향春香도 석방釋放하고 엄연히 동헌東軒에 좌기坐起하여 공사公事를 처리處理하여 사흘이나 있는 동안에 밤이면 춘향春香의 집을 으늑히 찾아가 언약言約을 하고 서울로 돌아와 어전御前에 복명復命하고 집으로 나와 비로소 그 부모父母께 춘향春香의 일을 말하고 춘향春香의 일행一行을 데려다 살았다 하였음은 과연 그때의 정실精實 체례體禮에도 합당合當한 바이었다. 다른 모든 춘향전春香傳에는 암행어사출도暗行御史出道 후 먼첨 춘향春香이를 잡아다가 괜히 엄포를 하고 동헌東軒으로 고이 올려 서로 안고 꿈이냐 생시냐 하고 뒤둥글었다 하였다. 이는 한 저열低劣한 흥행興行에 불과하고 제법 교양敎養이 있는 사회社會에는 아무런 효과效果가 없을 것이다. 벌서 이 도령이 남원읍南原邑에서 암행어사출도暗行御史出道를 하였을 때에는 그 절정絶頂에 도달到達한 것이 아닌가, 그 나머지 시시한 일로서 이런 걸작傑作인 극가劇歌를 시시하게 망쳐버릴 것이 아닌가 한다.

— 이렇듯 경계할 제 의외 제비 삿기 한나히 공중의서 뚝 떠러져 대발들의 발 빠져 두 발목이 작근 부러져 피를 흘리고 발발 떨거늘 흥부가 보고 펄덕 뛰어 달아들어 제비 삿기 손의 들고 잔잉이 여겨 하는 말이 불상하다 이 제비야 은왕성탕, 한자로는'殷王聖湯'임 은헤 밎어 금수를 사랑하여 다 길러 내엇더니 이 지경이 되어스매 어찌 아니 가련하리 여봅소 아기 어미 무삼 당사실 잇습나 애고 굼기를 부자의 밥 먹듯 하며

무삼 당사실이 잇단 말이오 하고 천만의의 실 한님 얻어 주거늘 흥뷔 칠산 조긔 겁질을 벗겨 제비 다리를 쓰고 실로 찬찬 동혀 찬 이슬의 언져두니 십여 일 지난 후 다리 완구하여 제 곳으로 가려할고 하직할 제 흥부가 비감하여 하는 말이 먼 길의 잘 들어가고 명년 삼월의 다시 보자 하니 저 제비 거동 보소 양우광풍 몸을 날려 백운을 냉소하고 주야로 날아 강남을 득달하니……

—경판京板 흥부전興夫傳

— 제비 삿기 여섯의서 다섯 먹고 하나 남아 혈혈이 아니 죽고 날기를 공부타고 대발 틈의 바리 빠져 거의 죽게 되엿거늘 흥보 보고 대경하여 제비 삿기 손의 놓고 무한 탄식한다. 가긍한 너의 목숨 대맹의게 아니 죽기에 완명으로 알아더니 절각지환 웬일이냐 네 경색 가긍하니 기여이 살리리라 칠산 조구 겁질 벳겨 두 다리 돌돌 감고 오색당사 찬찬 감아 제집의 너엇더니 십여 일 지낸 후의 양각이 완고하여 비거비래 노는 거동 보기가 장이 좋다 구만 리 장공의 높이높이 날아보고 일대장천 맑은 물을 배로 싹 씻어보고 평탄한 너른 뜰의 아장아장 걸어보고 갈게 맨 빨래줄의 한들한들 앉어보고 바람의 떠러진 꽃 퇴기퇴기 차도 보고 세우의 젖은 날개 실근실근 다듬으며 아로새긴 들보 우의 고운 말로 하례하고 해당화 그늘 속의 오락가락 놀아보니 흥보 조와라고 집안의 있을 제는 제비하고 소일하고 나갓다 들어오면 제비집을 몬저 보와 다정이 지내더니 섭섭다 우리 제비 고향 강남 가려하고 하직하는구나 흥보 탄식하여 사랑읍다 우리 제비 날라버리고 가랴나냐 강남이 머다하니 며칠이면 당도한고 명춘의 나오거든 부듸 내 집 찾아오라

—신오위장申五衛將의 박타령

이 노래도 윤고산尹孤山 어부사시사漁父四時詞의 겨울 것인 바 그중 아압

지鵝鴨池는 중국中國 신당서新唐書나 구당서舊唐書의 이소전李愬傳의 즉 원화元和 11년十一年 10월十月에 군사軍師를 밤에 일으켜 마침 쏟아진 눈비를 무릅쓰고 가서 채주蔡州 오원제吳元濟를 칠새 밤이 깊어 눈이 더 펑펑 쏟아지고 그 성城 밑은 다 아압지鵝鴨池라 아압鵝鴨들을 쳐 소리를 어지럽게 하고 그 이튿날 새벽에 눈이 그치자 원제元濟의 외도外宅에 들어가 함성陷城을 하였다는 고사故事이고 초목참草木慚은 중국中國 육조六朝때 진왕秦王 부견符堅이 진晋을 칠 새 진장晋將 사만謝萬이, 방어防禦하는데 부견符堅이 팔공산八公山 초목草木을 다 진병晋兵으로 바라보고 크게 패하였다는 고사故事다.

이상以上 두 노래는 중국中國의 시문詩文의 문자나 고사古事를 인용引用하여 퍽 괴벽怪僻하고 난삽難澁하게 지었다. 이는 순정純正한 서경敍景이 아니고 한 탁의托意다. 그러나 우리는 이런 노래를 읽고 무엇을 느낄까 하면 한 진부陳腐한 수작뿐이었다. 같은 윤고산尹孤山 가사歌辭로도 이보다 좋은 작품作品이 있지 않은가.

석양夕陽 넘은 후에 산기山氣는 좋다마는
황혼黃昏이 갓가오니 물색物色이 어둡는다
아희야 범 므서온듸 나다니디 말아라.

—윤고산尹孤山의 일모요日暮謠

엄동嚴冬이 디나거냐 설풍雪風이 어듸 가니
천산만산千山萬山의 봄 긔운이 어릐엿다
지게를 신조晨朝에 열고서 하늘빛을 보리라.

—윤고산尹孤山의 춘효음春曉吟

이상以上 두 수首는 어떠한가? 참 싱싱한 새로운 아름다운 작품作品이었다 소선과 같은 산국山國에서 옛날 수림樹林이 많고 인가人家는 드물 때 두메에 사는 사람으로서는 당연 날이 저물면 범 무서워 아이들 보고 나다니지 말라고 해야 할 것이었다. 과연 토속土俗의 풍정風情을 잘 들어내지 안했는가. 또 봄 새벽에 창문窓門을 열고 하늘빛을 보리라는 것이 그 발발한 바라는 마음 즉 청양靑養의 희망希望이 얼마나 크고 높은가, 이는 읽는 이로 하여 심금心琴을 울리고 한 중보重寶를 얻은 듯한 느낌을 자아내게 할 것이다.

> 때에 이지李知 나흔 점고 아는 것이 없은지라 6세六歲의 아일아우를 이끌고 풀 가온대 업듸엿다가 왜의 사로잡힌 배 되니라 진가온대 들여 쇠자물쇠로 써 봉하고 깊은 집에 가도고 기동에 쇠못을 박고 뭇 왜놈이 지키더니 때 여름이라 당무정계堂廡庭階 사이에 어즈럽게 누어 발 용납할 곳이 없는지라. 이지李智 밤에 그 못을 흔들어 빠히다가 지킨 왜 불로 써 와 살피면 지智 못을 처음처로 박앗다가 왜 조을믈 기다려 자믈쇠를 빠혀 품고 차마 아일 바리고 도망치 못하야 등에 업어 우지 말라 경계하고 벌건 다리로 자는 왜를 넘어 따흘 갈회여 드듸고 정제庭除에 나가니 저른 담 사오四五 척이 있는듸 그 밖은 두어 길이나 한지라 아회를 업고 뛰고 싶으나 그 소래 따흘 울릴가 두려워하여 몬저 아회를 드리워 따헤 떠르쳐 가로대 우지마라 울면 죽으리라 하고 따헤 더지니 아회 아아히 울거늘 따라 뒤여 업고 달아나니 왜 구지 잠들어 깨지 못하더라.
>
> —어우야담於于野談

이는 임진왜란壬辰倭亂 때 이지李知란 이가 자기 아우를 업고 그 자물쇠를 벗고 도망했다는 기록記錄인바 형제兄弟간 우애의 정리가 과시 놀랍지 않은가.

우지 마라 울면 죽으리라

와 같은 대문은 이를 읽을 때 눈물이 절로 아니 날 수 없다.

형아 아이야 네 살을 만져 보와
뉘손대 타나관듸 양재모양 조차 갈으산다
한 젓 먹고 길러나 이셔 닷 마음을 먹디마라.

—정송강鄭松江의 단가短歌

이 노래는 송면앙정宋俛仰亭순純의 오륜가五倫歌의 장유유서長幼有序도 이와 꼭 같은 바 이런 이론적理論的 주인적注人的인 것보다도 먼저 말한 어우야담於于野談의 이지李知란 글이 더 인상적印象的으로 그 심정을 자발自發하게 함이 아닌가.

어멍 신딜 날가랜 하난
청대 가대 엇배인 질에
발을 벗성 새 날 듯한다.

—제주민요濟州民謠

어멍은 어머니, 신딜은 게신듸를, 날가랜은 날로 하여가라고, 하난은 하니까, 청대는 청죽靑竹, 가대는 노죽蘆竹, 엇배인은 엇비껴 베인 질은 길, 발은 족足, 벗성은 벗어서, 새날 듯은 새가 날 듯, 다름질하여 가는 모양,

이는 퍽 줄고 한 말투로 음악적音樂的 요소要素를 많이 진 제주濟州 민요民謠의 한 명편名篇이다. 자식子息으로서 그 어머니를 생각하는 열열熱烈한 정을 쏟아 놓은 것이 아닌가.

어버이 사라신 제 섬길 일란 다하여라
디나간 후면 애닯다 엇디 하리
평생平生애 곳텨 못할 일이 이뿐인가 하노라

—정송강鄭松江의 단가短歌

이 노래 역시亦是 이론적理論的 주인적注人的 한 훈사訓辭에 불과하되 먼저 적은 제주濟州 민요民謠는 순진지극純眞至極한 모자母子의 정을 잘 노래한 것이 아닌가.

이와 같이 고전문학古典文學의 뽑힐 것과 뽑히지 못할 것이 있는바 이를 만일 한 금새, 한 타령으로 본다면 그는 금을 버리고 모래를 줍는 것과 다름이 없다.

국어교육國語敎育으로 말하자면 여러 가지 문제問題가 있으나 우선 그 근본적根本的 중대重大한 문제問題는 국어교재國語敎材를 어떤 걸 뽑아야 할 것인가 함이다. 재전의 국어교재서國語敎材書처럼 공막空漠한 추상적抽象的 이론理論으로 된 건조乾燥 무미無味한 재료材料를 써, 다만 주인적注人的으로 가르친다면 그 내포內包된 사상思想, 정신精神은 아무리 훌륭하다더라도 현대現代 학도學徒의 심리心理에는 맞지 못하며 무단히 아까운 세월歲月만 낭비浪費할 뿐으로 아무런 보람이 없을 것이다.

우리의 고전古典은 우상偶像이 아니다. 우상偶像처럼 숭배崇拜할 이도 없으려니와 숭배崇拜시킬 수도 없다. 한 삼십三十여 년 전의 신문학운동新文

學運動이 일어나 우리 고전古典은 아직 연구硏究도 없을 때 시성詩聖인 양으로 자타自他가 격찬激讚하던 그 시인詩人들이 지금은 어찌 되었나? 아직도 그렇게 떠들던 '춘향전春香傳 하나가 알뜰히 연구발표硏究發表되지 못하지 않은가? 그런 학문學文으로는 고사하고 다만 문장文章만으로도 현대문現代文을 평론評論한 문장강화文章講話가 있을 뿐이고 고전古典의 그것은 약간若干 재료材料 그대로 남았다. 이 고전古典에도 현미경顯微鏡과 해부도解剖刀를 가지고 덤벼 그 갈피를 잘 따지고 밝힌 후라야 하겠다.

그러나 아직은 하는 수 없다. 한두 사람의 주견主見과 해석解釋만을 신빙信憑할 수 없고, 그렇다고 아무나 스스로 견강부회牽强附會하여 한달 수도 없으므로 비록 상당相當한 교본敎本이 되어 있다더라도 그걸 잘 주물러 잘 가르칠 이가 몇몇이나 있을까? 결국 국어교육國語敎育은 고전문학古典文學의 연구硏究며 그 교원敎員의 양성養成이며 조야朝野 국민國民의 국어國語에 대한 이해理解가 잘 되기 전까지는 그저 갈팡질팡할 수밖에는 없을까 한다.

끝

# 국문학國文學과 국어교육國語敎育[3]

가람 이병기李秉岐

다행이 8·15(八·一五) 이후엔 우리말을 국어國語라 하고 우리 문학文學을 국문학國文學이라 하였다. 우리는 일정日政 36년간三十六年間 그들의 정책政策으로 인하여 거의 자아自我를 망각忘却하게 되었고 아직도 일정日政의 찌꺼기가 없는 건 아니다. 8·15(八·一五) 이후의 학생學生들은 몰라도 그 이전의 학생學生들로는 우리 국어國語보다도 일어日語의 교육敎育을 더 깊게 받았었다.

아직 영英 독獨 불어佛語는 서투른 까닭에 그건 그렇지 못하나 일어日語의 서적書籍은 꽤 애독愛讀하고 있다. 심甚한 학생學生들은 국어문학國語文學 교수시간敎授時間에도 일어日語의 문예잡지文藝雜誌를 가지고 와 선생先生의 눈을 숨겨 읽고 있기도 하고 공문서公文書 또는 사담私談하는 때에도 일어日語를 던져 쓰고 있다.

이런 걸 그런 학생學生들만 나무랄 건가? 아니다 나는 우리 해당국該當局과 그 교육자敎育者들이 크게 반성反省하여야 할 것이라고 생각한다.

---

3「國文學와 國語敎育」,『全北日報』, 1955. 2. 20.

1. 국어교육國語教育의 실력實力 향상向上과 국어교과서國語教科書의 편찬編纂 개정改正이다.

매양 우리 정부政府에선 예산豫算이 자라지 못하여 공무원公務員 감원減員을 투쟁鬪爭한다.

가뜩이 생활난生活難에 부대끼고 있는 우리로서는 베실이라기보다도 그 생활生活을 보장하기 위하여 가장 말석末席인 공무원公務員이라도 얻고자 한다.

그 취직就職에는 국어교육國語教育이 가장 쉬운 모양이다. 각도各道에 1一, 2二개 이상以上의 사범학교師範學校가 있고 또는 사범대학師範大學이 몇몇 곳에 있어 졸업생卒業生이 없는 건 아니지만 기시旣是 그 학교學校에 충당充當된 교원敎員이 있는지라 새 졸업생卒業生으로도 오히려 취직키 어렵다.

새 졸업생卒業生이라 하여 반드시 그 전의 교원敎員보다 낫다는 건 아니다. 새 졸업생卒業生으로도 어떠한 교수教授 밑에 어떻게 공부를 하였는가, 또 그전의 교원敎員으로도 어떻게 연구研究하여 가르쳤는가 하는 것이 문제問題다. 매년 중등학교中等學校나 대학교大學校 입학시험入學試驗의 성적成績을 보면 국어교육國語教育이 그다지 양호良好한 편이 아니다.

그런데도 한번 그 자리를 차지하고 있으면 정실情實로서 떠나기 어려울 것이며 그 연구研究보다도 그 처세處世에 더 힘써야 한 것이라 꼬장이야 타든가 말든가 산적만 먹어야 하겠다. 해당국該當局으로서는 이런 걸 시정是正하려고 매양 강습회講習會도 열고 자격시험資格試驗도 보고 하긴 하지만 그다지 성과成果가 나타나지 않는다. 그리고 국어교과서國語教科書에 실린 글에는 어느 이데올로기에만 치중하고 그 학생學生들의 심리心理에 맞지 않은 것이 많았다. 그 일례一例를 든다면 난삽難澁한 한문어체漢文

語體인 독립선언서獨立宣言書를 국민학교國民學校 교과서敎科書에 넣었으니 교원敎員이나 그 배우는 아동兒童들이 어떻게 이해理解할 것인가? 이건 대학大學 1─, 2년생二年生에도 어려운 것이다. 물론 독립정신獨立精神을 알리는 건 좋으나 그 이해理解해 어려운 글을 가르쳐 비록 진언眞言이나 염불念佛처럼 익달리 외운다더라도 그 뜻을 알 것인가? 또 중고등학교中高等學校의 교과서敎科書엔 간간間間 난해難解한 문구가 있다.

즉 심청전沈淸傳의 「북두칠성호반에」와 같은 것이다. 이걸 어느 고등학교高等學校 국어교원國語敎員들은 여러 날 토의討議하여 별별해석別別解釋을 하였다. 그러나 틀렸다.

심청전沈淸傳도 여러 본本이 있는바 그중中 '북두칠성향야반北斗七星向夜半'에로 적혔다. 당唐 백낙청白樂靑 시詩의 "북두칠성횡야반北斗七星橫夜半 청가일곡단군장淸歌一曲斷君腸" 그걸 인용引用한 것이다. 어째서 이런 오착誤錯한 문구文句를 모르면서 편찬하였을까? 적어도 편찬하는 이는 그 글을 잘 알고야 채택採擇한 것이 아닌가? 편수관編修官이 모르는 글을 어느 교원敎員인들 알 수 있을까? 알 수 있는 글도 수두룩한데 어찌 모르는 글을 뽑았을까? 또 모모某某 명名사라 하여 그들을 꼭 쓸 것도 아니다. 명名사라고 다 문장이 아닌 바에 그 글을 취할 것이 무엇인가? 정신精神도 정신精神이려니와 그 글부터 되고야 말이다. 된 글이라도 문학적文學的으로 된 글이라야 한다.

극히 추상적抽象的인 성현聖賢의 훈화訓話나 명인名人의 잠꼬대 같은 소리와 그 해석을 많이 요要하여야 할 건 한갓 건조무미할 뿐으로서 이런 건 각 교당敎堂 학원學院에 미루고 우리 국어교과서國語敎科書엔 선진先進각국各國의 그것과 같이 한 국민國民의 교양과목敎養科目으로 첫째 그걸 배우는 학생學生들의 심리心理에 맞는 글로서야 국민정신國民精神 내지 그 이

데오로기도 선전宣傳하고 교양教養시킬 수 있는 것이다. 아무리 좋은 약이라도 병자病者가 아니 먹는다면 소용이 없다.

약간 사탕沙糖이라도 가미하여 먹도록 해야 할 것 아닌가? 그 원칙原則은 좋더라도 실행實行함에는 그 방법方法이며 그것이 또 때와 곳을 따라 달라야 한다. 나는 이렇게 생각한다. — 우주宇宙의 존재存在는 각개各個물체物體의 연합적聯合的 작용作用이다. 그러므로 나는 다만 국어교육國語教育 국문학國文學이 부진不振하는 것만 원하지 않는다. 이런 학과 교육도 우리 국가國家 세포細胞의 한 부분인 만큼 그 전체의 형성 성장에 따라 크게 되는 것이다. 이래서 지금 우리 국가로는 누구 한 사람에게만 그 책임責任을 지울 것이 아니고 우리 국민國民의 공동책임共同責任인 동시同時에 각기各其 개별적個別的 책임責任을 맡은 그이는 특히 직책職責에 진력盡力하여야 하겠다.

2. 우리 국민國民으로서 국어國語 국문학國文學을 무엇으로 알고 있는가?

내가 8·15(八·一五) 해방 후에 대구大邱에 국문학國文學 강연講演을 갔었을 때 모某 중학교中學校서 서울로 국어교원國語教員을 구하려 가자 하였더니 그 교장校長이 가로대 "조선말을 조선사람 치고 누가 몰라서 배우고 가르치며 그 교원教員을 서울까지 가서 구할 것이 무엇인가?" 하였다는 말을 들었다.

우리는 우리말을 한 학문學問으로는 아지 않았다. 문자文字라면 한문漢文 그것을 배우는 것으로 알았으며 우리글은 언문諺文 즉 상놈글로서 무식한 상민常民이나 부녀婦女들이 배우는 것이고 제법 유식하다는 분들은 언문諺文을 모르는 것이 도리어 한 자랑거리였다.

아직도 한문漢文이나 또는 기타其他 외국어문外國語文을 존숭하고 우리 어문語文과 같은 건 배우지 않고도 되는 줄 알고 있는 이가 적지 않다. 선진국가先進國家들에서는 각各 학과學科 가운데 그 국어교육國語敎育을 가장 치중하고 있다. 영국英國 사람으로서 영어英語를 모를 배 아니지만 영어교육英語敎育만은 한 20년二十年 계속한다. 모든 학과學科가 그 국어國語로서 적혔는 만큼 그 국어교육國語敎育을 그렇게 중대重大히 안 할 수 없다. 우리가 일정日政 36년간三十六年間 일어日語를 그만큼 배웠으니 철자법 문법 등 시설스러운 한글은 그만두고 일어를 써야 할 것인가 좀 더 배워가지고 영어를 써야 할 것인가 일어나 영어를 우리가 쓰더라도 살 수 없는 건 아니다. 우리 전 국민이 과연 그렇게 된다면 우리 한국이 어떻게 될 것인가? 이건 미국이 영어를 쓰고 있는 것과는 전연 다른 한 국가國家로서의 존속存續을 상실喪失한 뚜렷한 상태일 것이다. 왜 그러냐 하면 우리 국어는 우리 장구한 역사와 함께 우리 한국 민족을 성장시켜온 것이며 우리 국민정신도 여기에 담겨있는 것이다. 저 파란波蘭, 애란愛蘭과 같은 나라들이 그 상실喪失한 국어와 함께 그 국가를 찾고 있음도 또한 이러한 이유일 것이다. 국어뿐 아니라 철학 정치 경제 또는 자연과학도 그 어느 몇 가지는 누구나 알고 있으나 이건 학문이 아니다. 학문은 그 체계와 조직을 알아야 한다. 촌부야부村夫野夫가 초목草木 금수禽獸의 이름은 많이 안다더라도 그가 동식물학자動植物學者는 될 수 없다 그와 같이 국어교육을 받지 않은 이로서 아무리 물명物明과 설화說話 소설小說을 많이 안다더라도 그가 국어문학 학자는 될 수 없다.

그러고 보면 국어문학이 어떤 줄을 모르는 학문이 어떤 줄을 모르는 이다. 다시 말하면 아는 것 같으면서도 실은 무식한 것이다. 국어문학은 일반 국민이 필수必修할 학문이다. 국어문학을 모르는 이는 우리 국민이 아니다. 더구나 요즈막 구미식 신교수법을 우리도 채용하는 오늘날 학생들이 자발적 학습으로 그 학과를 각기 미리 연구하여 그 부형父兄에게 모르는 곳을 반드시 물어볼 것이다. 부형으로서도 그만한 지식을 예비豫備하여야 하겠다. 옛날과 같이 학동學童 학생學生을 학교에만 맡길 것이 아니다. 더욱이 국어교육은 그러하다.

이리하여 학교나 가정이 협력하여 국어교육을 향상시켜야 한다.

국어교육이 잘 되면 우리 국민정신國民精神은 따라 앙양昂揚할 것이다.

(필자는 전북대학교문리과대학장)

# 편지 작법

# 편지독본讀本[1]

이병기李秉岐

## 一. 일반一般 편지에 대한 마련

편지는 가장 실용實用되는 글이다. 우리 일상생활에 떠날 수 없는 글이다. 우리가 서로 분망奔忙히 경쟁하고 사는 이 세상에 있어 번번이 면대面對하여 담화談話로만 그 일을 다 할 수 없다. 혹은 멀리 있을 때라든지 혹은 가까이 있을 때라도 담화談話로는 못 다 할 경우가 적지 않다. 그런 때 담화談話 대신으로 쓰이는 것이 편지라 하겠다.

그럼으로 우리에게 담화談話가 필요한 것처럼 편지도 필요할 것이다. 그러면 그는 얼마나 답답한 생활을 하랴. 비록 남의 손을 빌어 쓴다더라도 제가 제 손으로 하는 것 같으랴. 다른 학식學識, 기능技能도 있어야 하려니와 편지를 쓸 줄 아는 것이 다행한 일이겠다.

편지는 제 혼자만 보자는 것이 아니고 남에게 알리자는 것인즉 남이 잘 아려보게 하여야겠다. 만약萬若, 난삽難澁, 애매曖昧하고 보면 그 글을 받고 남에게 알리자는 것인 즉 받아 보는 이로 하여 퍽 곤란하게 할 것이

1 「편지讀本」, 『女性』, 1939. 8.

라고 그리고 그 사연도 모르게 된다면 당초 지묵紙墨을 허비하잘 것이 아니다.

워낙 글이란 건 말을 글ㅅ자로서 적어가지고 나의 뜻한 바를 남에게 알리자는 것이다. 이것이 글의 의의意義인바 본래 우리글은 이 의의意義로서 세계의 모든 글 가운데 가장 뛰어나게 되었다는 평評을 받는 것이다.

> 나랏말소리 중국中國과 달라 문자文字로 더불어 서로 통通하지 못하는지라 이럼으로 어린 백성百姓이 이르고저 할 배 있어도 마츰내 제 뜻을 펴지 못할 놈이 많으니라 내 이를 딱하게 여겨 새로 스믈여달 자字를 맹그러노니 사람마다 하여금 수히 익혀 날로 씀에 편케 하고저 할 따름이니라.
>
> 세종어제훈민정음世宗御製訓民正音

이처럼 사람마다 — 노소老少, 남녀男女, 귀천貴賤의 어느 사람을 물론하고 모다 이 글ㅅ자를 수히 익혀 씀에 편케 하고저 맹그신 것이다. 과연 날로 씀에 쉽고 편케 된 글이다. 그러고도 정확正確히 쓰도록 된 글이다. 이 글을 가지고 잘 쓰고 보면 종래의 이두吏讀나 한문漢文 이상의 효과效果를 얻을 것이오, 더욱이 편지와 같은 글로는 유명有名한 구소수간歐蘇手簡보다도 나은 글들도 나타날 것이다.

편지는 말의 갈피를 잘 가리고 써야 하리라. 편지는 편지로 쓰이는 특수特殊한 말이 많으매 그 말에 해당該當한 곳을 찾아 써야만 된다. 그러지 않고 함부로 쓰다가는 실당失當, 실수失手, 망발妄發을 하기 첩경 쉬운 바이다. 한 부인婦人이 필요必要하다. 편지를 쓸 줄 모른다면 담화談話를 할 줄 모름과 같다. 사돈査頓집의 큰아들이 죽은 걸 위문慰問한다는 것이 '큰아

드님 상사喪事를 당하옵서 얼마다 망극罔極하오리까'하여 부모상父母喪을 당할 이에게나 쓰는 망극罔極이라는 문자를 쓰고 시끌한 학부형學父兄이 유경留京하는 자기自己의 따님에게 답장答狀을 하며 '저거번 너의 하서下書를 받아 보고 복희만만伏喜萬萬'하여 어른에게나 쓰는 하서下書, 복희伏喜라는 문자를 쓰고 아들이 집에 있어 저의 조모상祖母喪을 당하고 객지客地에 있는 저의 아버지에게 기별奇別한다는 것이 '집안에 다른 연고는 없으나 다만 할머님이 돌아가시어 섭섭하나이다.'하여 저의 할머니가 돌아갔는데 다른 연고는 없다 하고 그 망극罔極한 정을 겨우 섭섭하다 하였으니 이 따위는 다 실언失言, 망발妄發이다. 이렇게 함부로 쓰면 남에게 실례失禮만 될뿐더러 심하면 남의 좋지 못한 감정感情을 일으키기도 하는 것이다.

말은 평이平易, 정확正確, 타당妥當한 말을 쓰더라도 너무 가식假飾을 하거나 간사奸邪, 야비野卑스러워서는 아니 되고 성의誠意, 이정裏情에서 우러나오는 솔직率直, 충실忠實한 말이라야 한다. 남을 속이는 이는 저를 속이는 것이고 저를 믿는 이를 남도 믿게 하는 것이다. 비인 말을 가지고 살살 발려 맞추는 수작으로는 도저到底히 남의 깊은 정을 끌을 수 없다. 축하祝賀나 조위弔慰를 할 때 자기自己로도 그와 같이 넘치는 웃음과 겨우는 눈물이 없이는 아무런 미사여구美辭麗句를 나열羅列하더라도 그 보람이 없으리라.

문체文體는 간결한 것이 좋다. 너무 번연繁衍, 소리蘇黐하면 그 요지要旨를 알기가 어렵다. 고전古典 경전經典도 아닌 편지ㅅ글을 누가 그리 탐탁히 궁구하여 보리오.

우리 사람이 땅덩이란 집이 생긴 뒤로 아주 세월歲月이 오래지 못함으로 태양太陽이며 유성遊星이며 이밖에 여러 세계世界가 어떠한 방법方法

으로 생겨났는지 눈으로 보지 못하였으며 또 넓으나 넓은 이 우주宇宙에는 방장 생겨가는 세계世界도 있고 생겼다가 차차 늙어가는 세계世界도 있고 또 이미 없어지는 것이었마는 또한 자초지종自初至終을 눈으로 본 것이 아니매 아주 똑바로 그 차석次席을 알 수가 없도다.

청춘일호靑春一號 세계世界의 창조創造

이 글을 보면 태양太陽이며 유성遊星 밖에의 세계는 어떤 세계이며, 또 우주宇宙에 생기고 늙고 없어지는 세계는 어떤 세계인지, 또는 육안肉眼으로 아니 보임으로 알 수 없다고 하였으나 과연 그 세계와 같이 퍽 어수선한 글이다. 만일 이런 문체文體로서 편지를 쓸 양이면 그 편지를 보는 이는 자연 눈살을 아니 찌푸릴 수 없으리라. 이름 바 속담俗談의 저녁을 굶을 편지라는 것도 이런 글을 두고 이름이리라.

이렇게 문구文句 문체文體에도 근염勤念하려니와 또한 편지를 받아 볼 그와의 관계關係라든지 모든 사정事情도 짐작하는 것이 좋다. 무슨 청탁請託이라든지 차구借求라든지를 하게 될 때 자기自己의 군색窘塞함만 생각고 택없이 청請할 것도 아니요, 청請한 것을 아니 수응酬應한다고 원망怨望할 것도 아니다. 또는 남의 독찰讀札을 받을 때 부득이 수응酬應을 못하게 되면 관곡款曲한 말이라도 하여 그 사정事情을 알림이 가可할 것이다.

편지를 쓸 때에는 무엇 때문에 이 편지를 쓰는가를 잊어서 아니 된다. 이는 너무 평범平凡한 일 같으되 사실 편지를 쓰다가 딴 생각을 하고는 그 쓰려든 요점을 빠치는 수가 종종 있다. 이걸 건망증健忘症 있는 이의 일로만 돌릴 것이 아니다. 누구나 어느 때 이런 실수를 할는지 모른다. 신이 아닌 우리 사람으로는 장담壯談할 수 없다. 찰찰察察한 척하는 이도 이런 실수를 곧잘 한다. 어떻든 삼가야 할 일이다. 삼가는 때에는 실수가 적을 것이다.

편지의 형식은 두 가지가 있으니 정식正式과 약식略式. 정식正式은 전문前文, 본문本文, 말문末文 등의 주부主部와 일자日字, 서명署名, 추기追記 등의 여부餘部도 모다 가추인 것이고 약식略式은 전문前文, 말문末文 혹은 여부餘部까지 생략省略하고 다만 요건要件만을 자상히 쓰는 것이다.

편지의 전부全部를 말하면 허두虛頭, 시령時令, 안부安否, 요건要件, 결말結末 등이 있는데 전문前文은 허두虛頭, 시령時令, 안부安否등이오. 요건要件은 본문本文이오 결말結末은 말문末文이다.

정식正式은 예禮를 가추는 경우에 쓰고, 약식略式은 흔히 간편簡便하게 쓰는 것인바 지금 와서는 정식正式보다 약식略式이 많이 쓰이는 것이다.

편지의 종류로는 이렇게 나눌 수 있다. — 안부安否, 축하祝賀, 조위弔慰, 청탁請託, 주문注文, 궤견饋遣, 차구借求, 속빈速賓, 사례謝禮 등.

안부安否는 편지에 문안問安이라는 말과 같이 으레 쓰이는 것이로되 이는 안부를 묻고 말함으로 요점을 삼음이고 축하는 경사로운 일이 있을 때 송축頌祝을 하거나 치하致賀를 함이오, 조위弔慰는 남의 조부모상祖父母喪이나 자녀子女의 참경慘境이 당하였는 때 조문弔問이나 위상慰狀을 함이오, 청탁請託은 남에게 무슨 일을 부탁하거나 간청함이오, 주문注文은 무슨 물건을 상점에 말하는 것이오, 궤견饋遣은 과실이나 음식과 같은 것을 주고받는 것이오, 차구借求는 서책書冊이라든지 기구器具등을 빌리는 것이오, 속빈速賓은 손님을 위謂하는 것이오, 사례謝禮는 신세身世진 일을 말하거나 사우謝遇를 하거나 합니다.

이밖에도 더 있겠지마는 대개 이런 부류部類로서 일반 편지를 다 말할 수 있다.

그런데 편짓글은 오랜 옛날부터 있었으며 발달되어 왔다. 한글이 생기기 전에는 이두吏讀로써 쓰이었고 그 후에는 물론 한글로 적었고 그 전통을 이어 내간체內簡體라는 순우리말글로 된 훌륭한 글월을 이루어있고 궁정宮庭에서는 봉서封書, 전교傳敎, 윤음綸音 등을 다 이 문체文體로 쓰는 것이고 사가私家에서는 항응 이것으로서 통신通信을 하고 그 투식套式을 할 만한 편지들이라는 것을 사본寫本, 혹은 판본板本으로 하여 서로를 구하여 보고 규방문학閨房文學으로는 가장 중요重要한 것이었고 이로 말미암아 가엾은 부녀婦女들의 서글픈 그 정경情景도 거기 하소연을 하든 것이다.

그러나 그 투식套式을 그대로 쓸 수 없는 것이 있다. 오늘날 시대가 변함을 따러 예속禮俗, 관습慣習, 추향趨向이 다르고 언어言語, 정취情趣, 기분氣分 등이 달려지매 그것도 자연 달러질 수밖에 없다. 가령 관혼상제冠婚喪祭로 말하더라도 옛날 그것과 같이 꼭 실행實行을 하잘 것도 아니려니와 할 수도 과연 없다. 그래도 그 지면만은 옛날 그대로 쓴다 하면 한 골계滑稽로 보일뿐이다. 아닌 게 아니라 이런 골계滑稽를 지금 우리로는 면할 수 없는 사실事實이다. 과연 동서東西와 신구新舊가 혼잡混雜하여 불순不純하기 이를 때 없는바 그런대도 저기 그 조화調和를 도모하려 비록 우스운 일이되 새로이 이도 있음직한 이 조고마한 편지틀을 말하자는 것이다.

# 편지독본讀本[2]

이병기李秉岐

## 二. 안부安否

옛날부터 일정一定한 투식套式으로 된 편지가 있어왔으나 그대로만 쓸 것이 아니고 또는 그 사정事情, 경우境遇, 형편形便을 따려 문구文句를 증멸增滅하여 달리 할 수도 있다.

-신부新婦의 문안問安-

아버님 전 상사리

문안 알외옵고

긔후 안녕하옵신 문  안 아옵고저 바라오며 알외올 말슴  하감하옵심 젔사와 이만 알외며 내내

긔후 만안하옵심 바라옵나이다

년 월 일 자부사리

2「편지讀本」,『女性』, 1939. 9.

이는 신부新婦가 싀아바니에게 하는 편지. 싀어머니에게는 어머님이라 하고 사연은 이와 같은바 '상사리'는 이두문吏讀文의 상백시上白是라는 말인데 올려 알왼다는 뜻이고 '긔후'는 기체후氣體候라는 말을 줄인 것이고 '하감'은 하감下鑑, 어른께서 보신다는 뜻이고 '젓사와'는 황송惶悚하와와 같은 말이고 '자부'는 자부子婦, '사리'는 알왼다는 말.

-그 답장答狀-

첫 글시 보고 아름다운 용모를 대한 듯 든든 반가오며 그동안 연하여 잘 있으니 기쁘다. 예는 대도 일양일다 총총 다 못 그친다.

년 원 일 구

싀아바니가 새로 얻은 며누리를 아직 보든 못하고 그 편지만 받아보고 하는 답장. '대도 일양일다'는 모다 무고하다는 뜻이고 '총총 다 못'은 총총하여 다 못 적는다는 뜻이고 '구'는 구舅, 싀아비라는 말.

-아우의 問安-

兄 主 前 上書

伏不審此時

客中氣體候萬安伏湖不任下誠舍弟無故伏幸除不備白

年 月 日 舍弟 某上書

-同回答-

卽見汝書備知伊問安否慰喜兄無故爲幸姑此不

年 月 日 兄

순한문純漢文으로 적은 이런 편지는 너무도 덤덤하다. 한 투식套式일 뿐이오. 정말 편지다운 맛이 나지 않는다. 형兄은 객지客地에서 집안일을 모르고 아우는 집에서 객지客地에 계신 형兄의 일을 모르는지라 여북 궁금할 바가 아니다. 겨우 무고無故하다는 말만으로는 부족不足하다.

江水三千里 家書十五行 行行無別語 只道早歸鄕

이는 명明의 원개袁凱라는 이가 경사京師에서 그 가서家書를 얻어 보고 지은 유명有名한 시詩다. 요지要旨는 이러하되 십오十五 행行이나 되는 것이니 꽤 자상히 적은 것이다. 총총한 때에는 이런 요지要旨와 같이 되지마는 그렇지 않으면 좀 더 자상히 적는 것이 좋을 것이다.

무단한 문구文句를 늘어놓고 수다스러운 수작을 하여 그 요점要點을 흐리는 일이 있다.

-어느 문학청년文學靑年의 편지-

요새는 햇살이 밝고 따뜻하여졌습니다. 멀리 보면 아지랑이까지 끼어서 봄 기분氣分이 넘칩니다. 아 — 이제는 봄이 왔습니다. 분명 왔습니다. 봄이 왔으니 간 겨울이 다시 도로 올리는 없겠지요. 바라건대 봄이 한결음 더 깊어져서 눈이 녹고 얼음이 풀려서 땅속에서 자는 싹과 두터운 껍질 속에 파묻힌 눈을 불러내며 사람들로 하여금 굳게 닫은 문門을 열어 놓고 농부農夫는 가래 메고 들로 여자女子는 나물바구니를 끼고 밭으로 나오게 하였으면…… 버들가지를 들어서 호데기를 맨들어 불련마는…… 어떠신지요? 감기感氣로 수일數日 고생辛苦하여 이제야 두어자 적습니다.

이런 글을 깨알같이 엽서葉書에 적었다. 편지라기보다 한 감상문感想文이다. 말은 퍽 임홍淋鴻하고 유창流暢하나 편지로서는 쓸데없는 수작이다. 그리고 꽤 긴 글을 적었으면서 그 끝에는 '두어 자 적습니다.'하였다. 이는 어느 추도회식追悼會式에서 사십 분 이상以上으로 한 추도문追悼文을 읽으면서 '이런 간단簡單한 말로 그치나이다.' 함과 같은 우스운 말이다.

문안問安을 하되 그 선후先後의 차서次序와 취사取捨, 생략省略할 것이 있다.

> 그동안 소식消息 몰라 궁굼하다. 날은 몹시 무덥다.
>
> 아버님께서 안녕安寧하시고 할머님은 병환病患은 어떠하시냐? 나는 이달 삼십일일 돌아가겠다. 그 날 오후午後 오시五時쯤 하여 오리정五里亭까지 짐꾼 하나를 보내 다오.

할머니와 아버지의 안후安候를 물을 때에는 할머니 안후安候를 먼저 물어야할 것인데 더구나 병환病患으로 계신 할머니를 나중에 물을 것이랴? 그리고 할머니가 병환病患이 계실 때 대탕待湯[3]을 하고 있는 아버지가 어찌 안녕安寧할 수 있으랴. 어떤 때에는 '할머님 병환病患이 어떠하시냐? 다른 연고나 없느냐?'하고 묻는 것이 마땅하다.

> 비는 안 오고 날마다 무덥기만 하다.
>
> 아버님도 안녕安寧하시고 어머님도 안녕安寧하시고 작은아버님 내외內外분도 안녕安寧하시고 너도 잘 있고 누의들도 잘 있고 종제從弟들도 잘 있고 옥동玉童이와 옥체玉體도 잘 있느냐 궁금하다. 형兄은 잘 있다. 새로 옮아와 있는 여관旅館은 깨끗도 하고 주인主人도 친절親切하여 좋

3 '시탕侍湯'의 오기.

다. 자조 편지를 하여 다오.

이와 같이 온가족家族과 식구食口를 일일이 다 물을 것이 없다. 그 중 물어야할 몇만 말할 것이다. 편지를 받아 볼 이는 물론이고 그밖에는 특별特別한 이 — 무슨 사고事故가 있든지 병病이 났든지 한 이를 물음에 그칠 것이다. 이를테면 '너도 잘 있고 집안이 다 무고하냐?' 하는 것으로 될 수 있다. 그리고 법다이 인사와 도리를 차리자면 한 편지로서 다 물을 것이 아니고 그 앞앞이 따로따로 문안問安편지를 하는 것이 가可하다.

우리의 말은 하오, 하게, 하소 하는 경우를 따라 달리 되었으므로 이 경우를 틀려서는 될 수 없다. '진지 잡수시고 안녕히 지무셨습니까?' 하는 말을 '밥 잡수시고 안녕히 잤습니까'한다면 그 우아랫말의 조화調和가 아니 되어 우리 귀에도 대단히 설고 불경不敬스럽기도 하다. 이와 같이 편지에도 문안問安하는 말을 틀리게 쓰고 보면 될 수 없다.

> 따끈한 볕살에 신록新綠이 날로 짙어 가며 절후節候는 벌서 초하初夏의 기운이 완연宛然해졌습니다. 그 뒤 오래토록 안후安候를 뭇 잡지 못하여 매우 죄송罪悚합니다.
>
> 기체후만중氣體候萬重하옵시며 댁내宅內 제절諸節도 무고無故하옵십니까? 문생門生은 약約 반삭半朔을 긍亘하와 내량奈良, 경도지방京都地方의 수학여행修學旅行을 마치고 수일數日 전前에 귀경歸京하여 이래爾來 원기元氣로히 공부工夫에는 여념餘念이 없는 생활生活을 하고 있습니다.

이 편지는 얌전히 적었으나 '기체후만중氣體候萬重, 댁내제절宅內諸節도 무고無故'라는 것이 흠이다. 기체후氣體候를 쓰고 보면 만중萬重이라는 평교문平交問에 쓸 말을 쓰지 말고 만안萬安이라든가 만강萬康이라든가, 강녕

康寧, 안녕安寧이라든가 하는 경어敬語를 써야 하고 댁내宅內 제절諸節 밑에도 무고無故라는 말보다 더 경어敬語인 안녕安寧이라든가 균적均迪이라든가를 써야 할 것이다. 그러나 그런 많은 투어套語를 다 알아 가지고 쓰자면 그런 소양素養이 없는 이로 도저到底히 될 수 없는 일이다. 그뿐더러 그 진부陳腐한 투어套語를 인습因襲하여 쓰잘 필요必要도 또한 없다.

> 일기日氣가 고르지 못한 이때
> 안녕安寧하십니까 댁내宅內도 안녕安寧하십니까? 저는 그간間 학질瘧疾을 앓다가 지금은 쾌복快復되었습니다.

특별한 경우 외에는 종래의 그 투식偸式을 가추지 말고 이런 식으로 쓰더라도 좋다. 이것이 당연한 일이다. 그 투식套式을 쓰는 것보다 퍽 자유自由, 자연自然스럽고 그리고 진정眞情스럽다. 그러나 말의 버릇을 좇아 그 쓰이는 경우만은 밝히고 쓰지 않으면 아니 된다.

간독책簡讀冊의 투식套式대로나 편지를 쓰는 이는 용속庸俗한 학구배學究輩의 하는 일이다. 저기 문장文章의 묘리妙理를 얻은 이로는 그 경우는 잃지디으면서도[4] 투식套式을 벗는다. 예부터 유명한 편지는 다 이러하다.

> 그리 간 후 안부 몰라 하노라.
> 엇디들 있는다 서울 각별한
> 긔별 없고 도적은 물러가니
> 깃거하노라 나도 무사이 있노
> 라 다시곰 조히 있거라.
>
> 정유구일이십일丁酉九日二十日

4 '잃지 않으면서도'의 오기.

글월 보고 도둔 것은 그 방이 어둡고
날도 음陰하니 일광日光이 돌아지거든 내 친親
히 보고 자세 긔별호마 대강 용약用藥할 일
이 있어도 의관의녀醫官醫女를 드려 대령待令하려 하노라
본별 말라 자연 아니 조히 하랴.

계묘癸卯 복월復月 십구일十九日 사시巳時

이는 다 선조대왕宣祖大王께서 그 삼녀三女 정숙옹주貞淑翁主에게 하신 편지가 간단簡單하고 전아典雅하고도 그 간간하고 사랑하시는 정의情意가 넘친다.

이제 네 글을 보니 네 얼굴을 보듯 하다 네 얼굴을 보면 네 어미를 보듯 하리다.

[금견여서今見汝書 지견여모知見汝貌 여견여모汝見汝貌 여견여모汝見如母]

이는 송우암宋尤庵 선생先生이 그 외손外孫 권이정權以鋌에게 보낸 편지. 그 따님은 일찍 죽고 외손外孫이 있어 어찌한 일로 오랫동안 외조外祖를 와 보든 않고 편지 왕래往來만 하는바 한번은 외손外孫의 편지를 보고 이런 회답回答을 하였더니 눈물을 흘리고 바로 와 보았다한다.

문안問安편지에 요점要點이 문안問安인즉 문안問安 그것이 빠져서는 아니 되겠지마는 그렇다고 그 말을 함부로 쓰고 보면 그 투식套式에 빠지기 쉬운지라 문안問安하는 말은 될 수 있는 대로 새롭게 간단簡單하게 쓰고 또는 그 말을 아니 쓰고라도 능히 그 뜻을 이룰 수 있다면 더 묘妙할 것이다.

## 三. 축하祝賀

축하祝賀는 무슨 기쁜 일, 경사慶事로운 일이 있을 때 말하자면 입학入學 또는 어느 시험試驗에 급제及第가 되었다든지 졸업卒業을 하였다든지 취직就職이 되었다든지 유학遊學을 한다든지 개업開業을 한다든지 결혼結婚을 한다든지 득남得男을 하였다든지 병病이 나았다든지 수가 났다든지 승리勝利를 하였다든지 영달英達을 하였다든지 성취成就를 하였다든지 성공成功을 하였다든지 하는 때 하는 것이니 자기自己도 그와 같이 기뻐하는 마음으로 말을 하여야 한다. 이러면 예禮도 되고 정情도 된다. 예禮가 정情으로서 나오는 것이니 너무 정情을 지나치면 예禮도 아니다.

-입학入學 치하致賀-

글월 보아 반가운 중中 더욱 고보高普에 입학入學된 일, 무어라 치하致賀할 길도 없소이다. 평소平素에 진실眞實히 공부工夫하던 그대이매 당연當然히 입학入學될 줄은 알았지마는 그래도 서울은 입학경쟁入學競爭이 심甚한 데이라 다소多少 염려念慮되지 아닌 바도 아니었소. 그러나 인저나도 안심安心하게 되었소이다. 앞으로 다만 몸조심을 하여 꾸준히 공부工夫하기 바라오. 첨으로 부모슬하父母膝下를 떠났으니 울적할 때도 많겠지요. 그러나 지금은 그렇지도 않다는 씩씩한 말을 들을 때, 나는 기쁘게 생각하였소이다.

이 편지는 실정實情을 그대로 말한 것인바 그다지 흠잡을 곳도 없이 되었다.

-급제及第 치하致賀-

일기日氣가 따뜻한 이때, 형兄은 그 어려운 시험試驗을 잘 치르시고 영예榮譽로운 입학入學을 하시었다니 이는 형兄의 뛰어나는 재분才分과 각고刻苦한 열심熱心의 결과結果인바 형兄만 기뻐할 것이 아니라 천하天下가 다 기뻐할 바입니다. 형兄은 앞으로 더욱 분발奮發하고 면려勉勵하여 한 학교學校의 모범생模範生만 될 뿐 아니라 온 세계世界의 모범생模範生이 되시기를 바랍니다.

이 편지의 '천하天下가 다 기뻐할 바입니다'라든가 '온 세계世界의 모범생模範生이 되시기를 바랍니다'라든가는 너무 풍을 친 말이라 도리어 허황스러이 들릴 뿐이다.

-졸업卒業 치하致賀-

일전日前 신문新聞을 보고 형兄도 이번 졸업卒業하신 줄 알았습니다. 얼마나 기쁘십니까. 그 말은 다른 고학생苦學生에 비比하면 형兄은 실로 행운幸運이지마는 여러 해포 이역異域의 풍상風霜을 겪고 공정工程을 닦아 드디어 그 보람이 있게 됨은 경하慶賀를 마지 못하는 바입니다. 그 품으신 포부抱負를 가지고 돌아오시어 이 사회사중社會事衆을 위하여 노력努力하실 줄 믿고 기대期待합니다. 언제쯤 돌아오시겠습니까? 오시면 한번 찾아가 뵙겠습니다.

이 편지의, '그 많은 다른 고학생苦學生에 비比하면 실로 행운幸運이지마는'과 같은 말은 치하致賀로서는 불긴不緊한 말이다. 어찌 생각하면 비웃어 말하는 것 같기도 하다. 대체 경하慶賀를 하는 바에는 경사慶事로운 그 예例를 다수多數히 예거例擧할 것이 아니다. 누구나 다 으레 있음직한 일이라 하면 경하慶賀하자는 의미意味가 희박稀薄할 것이다. 비록 남들도

다 있음직한 일이라도 내게만 홀로 있는 양으로 아는 것이 더욱 경사慶事로운즉 이 의미意味를 강조强調하여 말하여야 할 것이다.

-혼례婚禮 치하致賀-

일전日前 청첩請牒을 받았습니다.

경사慶事스러운 그날이 점점 가까워지니 여북 기쁘시리까. 들으니 신부新婦되실 이도 의표儀表가 출중하고 재덕才德이 겸비兼備하시어 형兄의 이상理想과 현실現實에 조금도 서어한 바이 없다시니 만만萬萬 경하慶賀하나이다.

행복幸福스러운 형兄으로서 더욱 행복幸福스러운 가운家運을 이루시고 또한 가범家範이 되어 혼돈混沌한 풍화風化까지라도 맑히도록 하시오.

그날 가 뵈옵고 치하致賀를 하자는 것이 공교히 상치相値되는 일이 있어 못 가게 되니 죄송罪悚합니다. 우스운 것이나마 별지別紙와 같은 걸 보내오니 받으시오.

이 근래近來 혼례婚禮 치하致賀 같은 것이 성행盛行하여 혼례식장婚禮式場에는 반드시 축사祝辭가 있고 축전祝電이 있다. 어떤 이는 우정 익살스러운 말을 하여 그날 신랑신부新郎新婦와 내빈來賓들을 웃기기도 하지마는 그것은 한 해학諧謔에 부과不過하매 삼갈 일이오. 또 이런 편지를 쓸 때에도 해학諧謔같은 건 멀리 할 것이다. 해학諧謔이 되고 보면 치하致賀의 뜻을 잃는 바이다.

또는 너무 추워 준다고 아첨과 같은 야비野卑한 말을 하기 쉽고 거짓과 같은 비시 더듬는 말을 하기 쉽고 새퉁스럽거나 어지빠른 말을 하기도 쉽다. 이것도 다 삼갈 일이다.

## 四. 조위弔慰

당내堂內의 지친至親인 조부모祖父母나 형제兄弟나 숙질叔姪이나 자손子孫 등의 불행不幸한 일이 있을 때 조장弔狀이든지 위문慰問을 하는 것인바 조장弔狀은 남의 부모상父母喪을 물을 때 쓰는 글이고 위장慰狀은 기타其他의 지친상至親喪을 물을 때 쓰는 글이다.

-우인친상友人親喪의 조장弔狀-

모某{명名}은 돈수재배언頓首再拜言. 불의不意의 흉변凶變으로 선부군先府君{대부인大夫人}께서 별세別世하옵신 부음訃音을 받자오니 경달驚怛하옵기 마지못하오며 유광流光이 신속迅速하와 벌서 성복成服{양례襄禮, 순삭旬朔, 졸곡卒哭, 소상小祥, 대상大祥}이 지나오니 효심孝心의 애통哀痛하심이 오작 하시오리까. 바라건대 십분관억十分寬抑하와 순변종례順變從禮 하시옵소서. 모某는 상거초원相居稍遠하므로 즉시卽時 분위奔慰치 못하옵고 소장疏狀을 올리오니

조찰照察하시옵소서. 불비근소不備謹疏

년年 월月 일日 성명姓名 소상疏上

성명姓名 대효大孝{지효至孝} 고전苦前{애전哀前}

-동답장同答狀-

모某{명名}는 계액재배언稽顙再拜言. 흉화凶禍를 당하와 선고先考선비先妣가 기세棄世하오니 통운망극痛隕罔極하옵든 차

존소尊疏의 친절親切하신 조사弔辭을 주시오니 하성下誠에 애감哀感함을 이긔지 못하옵나이다. 창황미불차근소愴荒迷不次謹疏

년年 월月 일日 고자孤子{애자哀子, 고애자孤哀子} 성명姓名 소상疏上

성명姓名 인형仁兄 좌하座下

돈수재배頓首再拜는 머리를 땅에 대고 절을 두 번이나 한단 말인데 즉 사람을 공경하는 뜻, 옛날 임금께 상소上疏할 때에도 돈수백배頓首百拜라는 말을 첫머리에 쓰던 것, 선부군先府君 혹은 선대인先大人이라고도 쓰는데 이는 남의 돌아가신 아버지를 이름이오, 선대부인先大夫人이라면 남의 돌아가신 어머니를 이름. 별세別世는 세상世上을 떠났다는 말. 부음訃音은 부고訃告 즉 죽었다는 기별奇別인데

경암김호씨이숙환금월사일오전구시어경성부××정××번지자택별세자이부고敬庵金浩氏以宿患今月四日午前九時於京城府××町××番地自宅別世玆以訃告

발인發靷 금월今月 ×일日 ××시時

장례葬禮 동일同日 ××시어모時於某

년年 월月 일日 사자嗣子 모某명名

양상讓喪 모某성명姓名

이것이 요마적 보통 쓰이는 부고訃告의 형식形式. 경항驚恒은 놀납다는 말. 유광流光은 시일時日이가는 것. 위복威服은 초상初喪난 후 상인喪人이나 복인服人들이 지어 입는 예복禮服. 예禮는 장례葬禮. 순삭旬朔은 달포. 졸곡卒哭은 초상初喪 후 석 달 만에 지내는 제식祭式. 소상小祥은 초상初喪 후 한 돌이 되는 날 하는 제식祭式. 대상大祥은 초상初喪 후 두 돌이 되는 날 하는 제식祭式. 소장疏狀은 상인喪人에게 하는 편지. 조찰照察은 살펴보시라는 말. 대효大孝는 남의 부상父喪에 쓰고 至孝지효는 남의 모상母喪에 쓰는 문자. 고전苦前은 장례葬禮를 지내기 전 애전哀前은 장례葬禮후에 쓰는 문자. 계액재배稽額再拜는 이마를 조으고 절을 두 번한다는 말인데 상인喪人의 편지 첫머리에 쓰는 말. 선효先孝는 돌아가신 아버지. 선비先妣는 돌아

가신 어머니, 기세棄世는 별세別世와 같은 말. 통운망극痛隕罔極은 지극히 슬프다는 말인데 망극罔極은 그지없다는 뜻이고 망극지통罔極之痛이란 말을 줄이어 망극罔極이라고도 하며 이 문자는 부모상父母喪에만 쓰이는 것. 존소尊疏는 남의 소장疏狀을 존칭尊稱함. 하성下誠은 아랫사람의 정성. 황미불차荒迷不次는 정신이 어지러워 갖추어 할 수가 없다는 뜻. 고자孤子는 어머니는 살아 계시고 아버지만 돌아가신 때, 애자哀子는 아버지는 살아 계시고 어머니만 돌아가신 때, 고애자孤哀子는 부모父母가 돌아가신 때 쓰는 말. 인형仁兄은 저편을 경칭敬稱하는 말.

이 조장弔狀은 이전 보통학교普通學校 조선어독본朝鮮語讀本에 있는 것인데 옛날 쓰던 한문漢文으로 된 그 투식套式을 그대로 하여 약간若干 우리말을 섞어 넣은 것이다. 이는 일정一定한 것으로 연월일年月日 성명姓名등 몇 자字만 갈아 넣어 쓸 뿐이다. 또 우리말글로 된 것이 있으니 이건 꼭 일정一定하지 않고 그 정례情禮만 어그러트리지 않고는 말은 더러 달리 쓰기도 하든 것이다.

-동서간同壻間의 조장弔狀-

형님 전 소상서

천만 몽매 밧

본댁 대고 말슴 무삼 말슴 하오며 외오서 문부하옵시고

망극하오신 심회 오작하옵시랴 지필을 받드와 어찌 설화하오리잇가 세월이 쉽싸와 어느덧 초종성복을 지내오시다 하오니 촉치의 망극지통이 어떠하시랴 하정의 일캇사오며 일긔 고로지 못하온대 긔력 부지하옵신 문안 하옵고저 바라오며 예는 아바님게오서 종종 편치 못하오신 중 어머님 환후 수일채나 감긔로 미령하오시니 초민초민하오이다. 알욀 말슴 황미 중 살피오심 이만 알외오며 내내 긔력 지안하오시기 천만 바라나이다.

년 월 일 아오 아모 소상서

-답장-

아오님 전 답 소상

이곳은 죄역이 심중하와 천만불외에 안어루신네 상사를 맞나오니 망극 철천지통이 남의 없사온 중 이때 당하와 더욱 새롭사오이다.

조소 받자와 뵈옵고 애감하오며 차시 일긔 덥사온데

신상 평안하오시나

두 분 제절이 미령 중 지내오시니 복념 부리옵지 못하오며 말슴 남사오나 비회 중 이만 적사오니 뫼오서 신상 평안하오심 믿십나이다.

년 월 일 형 아모 답 소상

동서간同壻間은 자매姉妹의 남편끼리 이르기도 하지마는 이는 형제兄弟의 안해끼리 이르는 말. 형님은 아랫동서가 웃동서를 부르는 말. 소상장은 소상장疏上狀. 천만 몽매 밧은 천만千萬 몽매夢寐 밖, 본댁대고는 본지의 부모상父母喪, 본댁대고本宅大故. 외오서는 멀리서. 문부는 부고訃告를 받은 것, 문부聞訃. 망극은 망극罔極. 지필은 조히와 붓, 지필紙筆. 설화는 설화說話, 말. 촉처는 보고 듣고 다지르는 것, 촉처觸處. 하정은 하정下情, 아랫점지, 부지는 보존함, 상인喪人에게 안녕安寧, 평안平安이란 말을 아니 쓰고 부지라는 말을 쓰는 것. 환후는 환후患候, 병환病患이란 말, 병이란 말의 존칭尊稱. 미령은 미령靡寧. 안녕安寧치 못함. 초민은 초민焦悶, 민망한 것. 부모父母의 병환病患이 있을 때 쓰는 말. 황미중은 황미중荒迷中. 지안은 지안支安, 부지와 같은 말. 죄역은 죄역罪逆, 상인喪人은 스스로 죄인罪人과 같이 여기는 것. 심중은 심중深重, 많은 것. 천만불의는 천만불의千萬不意, 뜻밖에. 안어루신네는 어머니. 철천지통은 철천지통撤天之痛, 지극한 아픔. 조소는 조소弔疏.조장弔狀. 애감은 애감哀感. 두 분 제절은 시부모父母의 제절諸節. 복념은 복념伏念, 어른을 생각한다는 말. 부리는 마는 것. 비회중은 비회중悲懷中.

이상以上의 조장弔狀도 한문漢文 문자를 쓰긴 하였으되 전혀 우리말법으로 된 글이다. 지금이라도 이를 참짐參斟하여 쓸 것이 많다.

-손 아랫사람에게 하는 위장慰狀-

봉장

안후 몰라 하든 차 들으니 그 사이

중제를 맞났다 하니 지극 놀다오며 비회 오작하리 지필을 들어 무삼 말로 위로하리 너무 슬워 말고 부듸 잘 지내여라.

년 월 일 아모

-답장-

아모님 전 답 상사리

문안 알외옵고

하서 받자와 못내 알외오며

긔후 안녕하옵시니 하정의 만행이와 하오며 아모는 의외에 복제를 맞나와 비회 금하지 못하옵나이다. 알욀 말슴

하감하옵심 젓사와 이만 알외오며 내내 긔후 만안하옵심 바라옵나이다.

년 월 일 아모 답 상사리

봉장은 봉장奉狀, 아랫사람에게 하는 편지. 안후는 안후安候, 편안하다는 소식. 중제는 중복제重服制, 조부모상祖父母喪을 당한 것. 하서下書는 윗사람이 아랫사람에게 한 편지. 만행은 만행萬幸, 퍽 다행함. 복제는 복제服制, 복인服人이 됨.

이 밖에도 그 예例가 많은바 위장慰狀, 조장弔狀의 구분區分은 그 정례情禮와 용어用語에 있으니 이걸 자상히 살피어 쓰지 않으면 아니 된다.

# 편지독본讀本[5]

이병기李秉岐

## 五. 청탁請託

난초蘭草두어 뿌리를 얻어다 분盆에 흙을 담아 되는 대로 심어 두었다. 물을 가끔 주어도 자라지 않고 잎사귀 끝이 거뭇거뭇 죽어든다. 어느 날 난초蘭草를 잘 기를 줄 아는 친구親舊가 찾아왔다. 그 난초蘭草를 보고는 그대로 두면 얼마 아녀 죽을 것이니 내게로 보내어라 내가 고쳐 심어 주리라. 난초蘭草는 다른 화초花草와 달라 그냥 흙에 심는 것이 아니고 정한 모래로 심는바 심는 법이 꽤 까다롭다 하였다. 이 말을 들은 지 수일數日 후 난초蘭草와 화분花盆을 그 친구親舊에게 보내었다.

날세

안녕安寧하십니까? 일전日前에 보시는 난초蘭草와 화분花盆을 보냅니다. 특히 틈을 내어 수고를 해 주시기 바랍니다. 그리고 기르는 법을 대강 적어주셨으면 좋겠습니다. 대단히 미안未安합니다.

---

5 「편지讀本」, 『女性』, 1939. 10.

그 친구親舊는 난초蘭草와 화분花盆과 편지를 받아 보고 숯과 기와쪽을 캐들어 화분花盆밑에 한케를 깔고 우에 굵은 모래를 펴고 난초蘭草뿌리를 차침 가는 모래를 넣고 하여 다 심고는 물을 부어 보고 돌려보내었다.

보내신 난초蘭草는 심어드립니다. 아직 한 십일十日동안은 빛을 보이지 말고 바람이 잘 통하는 곳에 두고 하루 한 번씩 물을 주고 그 다음부터는 겉의 모래를 헤쳐 보아 물기가 없으면 물을 주시오. 즉 건칠수삼乾七水三의 정도程度로 물을 주시오. 물이 탁濁하면 뿌리가 썩습니다. 물은 우물물과 같은 짠물은 금기禁忌요 냇물, 빗물이 좋습니다. 거름은 부디 마시고 삼복三伏 볕은 쪼이지 마시고 치울 때에는 얼리지 않도록 유의留意하시오. 할 말씀이 더 있으나 우선 이만 그칩니다.

심부림을 시기랴고 계집애 하나를 시골서 데려왔다. 달포가 되어도 저의 집 생각을 못 잊어 자꾸 운다. 아무리 달래도 듣지를 않는다. 마지못하여 저의 집으로 도로 보낼 수밖에 없다. 그러나 그리 가즉지도 않는 시골을 혼자 보낼 수도 없고 가리가기도 어려운 일이다. 그러자 마츰 자기自己의 친구親舊가 그 시골을 가게 되었다.

잠시暫時 적조積阻하였습니다. 나도 찾아뵙지 못하였지만 왜 그리 한 번도 오시지 않습니까. 거의 얼굴을 잊히게 되었습니다. 형체만왕兄體萬旺하시고 댁내제절宅內諸節도 균안均安하신지 앙소만만仰溯萬萬합니다. 저는 무고無故하외다. 그런데 이 편지를 쓰는 건 까닭이 있습니다. 다름이 아닙니다. 저의 집에서 계집애 하나를 ××서 데려다 두었더니 제집 생각을 하고 자꾸 울기만 하므로 도로 보내려 하는바 형兄이 마츰 게를 가신다니 퍽 괴로우신 일이지마는 다리고 가시었으면 생광生光이 되겠습니다. 간절히 빌고 바랍니다.

동同 회답回答

적조積阻한 건 마찬가지입니다.

안녕安寧하시다니 반갑습니다. 말씀하신 계집애는 그러리다. 어린 것이 여북 제집 생각이 나서 그렇게 울겠습니까. 저의 시골 갈 때 꼭 다리고 가겠습니다. 염려念慮 마시오.

이 편지들에는 잘못된 어구語句가 적지 않다. 문자를 부당不當하게 쓰기도 하고 쓸데없는 말을 하기도 하였다. '잠시적조暫時積阻'는 웃읍다. 잠시暫時 못 맞나본 것이 적조積阻가 될 것이 아니다. 그리고 '얼굴을 잊히게 되었다'는 건 더 우스운 말이다. 잠시暫時 못 보았다고 설마 얼굴이야 잊히랴. '형체만왕兄體萬旺, 댁내제절宅內諸節 균안均安, 앙소만만仰溯萬萬'은 군소리다. 그리 머잖은 곳에 있는 친구親舊가 시골을 마침 간다는 말을 들었다면서 어찌 그 안부安否는 못 들었으리오. 그뿐더러 이런 편지에는 청탁請託할 바의 주요主要한 점이니 주요主要한 점만 들어 말할 것이다. '생광生光이 되겠다'는 것은 부당不當한 말이다. 계집애 다리고 가는 것이 무슨 생광生光이 되리오. '빌고 바랍니다'도 너무 과過한 말이다. '말씀하신 계집애는……그렇게 울겠습니까'하는 건 새수 적은 말이다. 그 계집애를 두려던 친구親舊는 이런 말을 들으면 어떠하리오. 이상以上의 요건要件을 가지고 이럴 것이 아니라 다음과 같이 적으면 좋을까 한다.

한동안 못 뵈었습니다. 들은 바 형兄께서 쉬히 ××을 가신다 하오니 과연 그렇습니까? 제弟의 집에 부리는 계집애 하나를 저의 집으로 보내려 하는바 괴로우시지마는 다리고 가서 ××의 모某를 찾아주시기 바랍니다.

동同 회답回答

형兄의 안녕安寧은 종종種種 들었습니다. 말씀하신 계집애는 내명일來明日 오후 5시午後五時전으로 저의 집으로 보내시오. 그날 저녁 급행차急行車로 떠나려 합니다. 시골을 갔다 오면 곧 가서 뵈겠습니다.

또 청첩請牒에는 혼례婚禮, 수연壽宴, 무슨 회會 등의 참석參席를 청함이 있다.

-혼례婚禮-

이李××씨氏 장남長男 ×× 군君

김金××씨氏 차녀次女 ×× 양孃

우右 양인兩人 결혼식結婚式을 금일今日 ××일日 오후午後 2시二時 ××에서 거행擧行하겠사오며 존가尊駕를 봉요奉邀코자 하오니 광림光臨하시기를 바랍니다.

년年 월月 일日

주례主禮 박朴××

동부인同夫人 귀하貴下

근계謹啓

이李×× 씨氏 次男차남 ×× 군君

朴박×× 씨氏 차녀次女 ×× 양孃

우양인결혼식거행자감봉요右兩入結婚式擧行玆敢奉邀 존가행장尊駕幸賜 광임경요光臨敬要

시일時日 ××월月 ××일日음陰 ×월月 ×일日 오전午前 ××시時

처소處所 ××× 강당講堂

년年 월月 일日

주례主禮 김金××

동부인同夫人 귀하貴下

-수연壽宴-

이때

존체만복尊體萬福하심을 앙축仰祝합니다. 금월今月 ×일日은 가친家親의 수신晬辰인바 인가鄰家에서 간략히 연회宴會를 하려 하오니 그날 오후午後 ×시時 왕림枉臨하시기를 바랍니다.

년年 월月 일日

이李××

귀하貴下

-출판기념회出版記念會-

우리들이 경애敬愛하고 갈망渴望하던 ×××의 ××집集이 출판出版된 바 하루 저녁 한자리에 모여서 저자著者를 위로慰勞하고 격려激勵코저 합니다. 부디 참석參席하여 주시기 바랍니다.'

시일時日 ×월月 ×일日 오후午後 ×시時

처소處所 ×××××

회비會費 ×원圓 ×전錢당일지참當日持參

발기인 發起人

××× ××× ×××

-임시총회臨時總會-

다음과 같이 임시총회臨時總會를 하겠사오니 꼭 참석參席하여주시기를 바랍니다.

때　×월月 ×일日{×요曜} 오午 ×시時

곳　××××회관會館

일　회칙개정會則改正, 기타其他

년年　월月　일日

××××회會

-원고原稿를 청請함-

근계謹啓 요사이

귀체안녕貴體安寧하십니까? 이번 폐지弊誌에 좌左와 같은 귀고貴稿를 실리고저 하오니 망중忙中이실지라도 기일期日안으로 보내주시면 감사感謝하겠습니다. 가서 뵈올 것이오나 총총悤悤하와 서자書字로 여쭈오니 노량怒諒하시압.

一. 제題 ××× 이백자二百字 ××매枚

一. 기일期日 ×월月×일日

년年　월月　일日

××사社

이런 것으로서 청탁請託 편지의 대강을 알겠으나 또 일례一例를 들면

주상主上이 지통至痛 중 달포 심려로 지내옵고 자로 미령靡寧하옵서 성체聖體 손상하옵시기 이르올 것이 없사온대 출현궁出玄宮 하오시는 일을 보오시게 하옵기 차마 절박하옵고 지통을 겸하와 병이 일어 위중하올 뿐 아니오라 성궁聖躬 위하[여] 가려옵는 념려가 간절하와 붇드옵고 못 가시게 하오니 이제 즉시 하옵시기 지정을 생각하셔 동가動駕 전의 성빈成殯하옵고 알외게 하소서.

하는 건 정종대왕正宗大王의 자전慈殿인 혜경궁홍씨惠慶宮洪氏가 정종正宗 13년十三年 10월十月 양주楊州에 있던 빙우원氷祐園{정종正宗의 아버지 사도세자思悼世子의 무덤}을 수원水原으로 이봉移奉할 때 그 개광開壙의 일을 맡아보던 관원官員에게 하신 봉서封書이되 역시亦是 부탁付託을 하신 글이다. 그 대의大義는 지극한 통심痛心이 계신 정종대왕正宗大王께서 겸하여 병환이 위중하신 가운데 그 아버님 원소園所의 개광開壙을 보러 가려 하시니 가시기 전에 출현궁出玄宮{님금의 무덤을 파내는 것}하여 성빈成殯을 하라는 것이다. 옛날 글이라 좀 난삽亂澁하기는 하나 퍽 진지眞摯하고 간곡懇曲하다.

## 六. 주문注文

복유차시伏惟此時

존체만안尊體萬安하시고 댁내균안宅內均安하심을 복축伏祝하나이다. 예는 아무 연고 없나이다. 말씀하자는 건 다름이 아니오라 그때 들어온 나무를 거의 다 때어 떨어졌으니 물먹지 않고 잘 마르고 개비가 굵은 장작으로 한 마차馬車만 사오일四五日 안으로 속速히 보내 주시기 복망伏望하나이다.

여불비후체餘不備候禮

년年 월月 일日

모某 재배再拜

이걸로도 말하는 뜻은 알 수 있으나 너무 경어敬語를 쓰고 너무 공손恭遜하였다. 이른바 과공過恭이 비례非禮다. 아직 책상冊床물림으로 약간若干

문자나 알아 가지고는 이런 편지를 첩경 쓰기 쉬운 것이다. 복유伏惟, 존체만안尊體萬安, 댁내균안宅內均安, 복축伏祝, 복망伏望, 재배再拜 등과 같은 경어敬語를 쓸 것이 아니고 허두虛頭와 시령時令과 안부安否와 결말結末등을 갖추어 쓸 것도 아니다. 다만 요건要件만을 간명簡明히 적을 것이다.

> 사오일四五日 안으로 좋은 장적한 마차馬車를 꼭 보내주시오.

이러면 훌륭한 주문注文이 되었다. 괜히 애를 쓰고 헛된 글을 맨들 것이 없다.

> 근계謹啓
>
> 귀사貴社의 더욱 융성隆盛함을 앙축仰祝합니다. 귀사貴社 출판出版의 ××집集 일부一部를 속速히 보내주시오. 정가定價와 우료郵料는 부쳐드립니다.

주문注文에는 주문注文할 물건物件의 명칭名稱, 종류種類, 수량數量과 자기自己의 주소住所와 같은 걸 자상하게 적어야 한다. 저편에서 돈과 편지는 받았다 하더라도 이런 것이 불분명不分明하면 착오錯誤가 나기 쉬울 것이다.

> 이와 같이 폐사弊社를 애호愛護하여주시니 대단 감사感謝합니다. 주注하신 책冊을 즉시卽時 부쳐드립니다. 앞으로도 더욱 사랑해 주시기를 바랍니다.

주문注文의 회답回答은 퍽 친절親切하고 공근恭勤하고 그리고 신속迅速하게 하여야 한다.

## ㄷ. 궤유饋遺

옛날 기록記錄의 택남집澤南集 같은 걸 보면 충무공忠武公이 통제사統制使가 되어 뱃사람들을 동독하여 얻은 바가 많았다. 오래지 못하여 방서謗書에 걸리어 체포逮捕가 되어 고문拷問을 당하고 겨우 죽기를 면하였다. 그러자 원균元均이가 패하고 충무공忠武公을 일으켜 다시 통제사統制使가 되어 크게 전구戰具를 작만하고 계무戒務가 퍽 바빴다. 그 바쁜 가운데 충무공忠武公이 손수 부챗살을 깎기도 하고 그 지방地方 소산所産의 기완십물器玩什物을 맨들고 구하여 권귀權貴한 이들에게 보내었다. 이런 걸 보고 혹 누가

"공公도 또한 선물을 하느냐"

말하면 공公이 가로되

"내 뜻이 나라를 위함에 있는바 화요귀인華要貴人을 가장 사귀기 어렵다. 만일 그들의 뜻에 맞지 못하면 속에서 방해를 놓아 내 일이 패할 것이니 내 비록 공을 세우고 나라의 은혜를 갚으려 한들 될 수 있으랴. 내이 걸 하는 바는 내 몸을 위함이 아니로라"

하였다.

세상世上에 큰일을 하는 이로도 이와 같은 방편方便을 아니 쓸 수 없으려니와 실은 인정人情으로 궤유饋遺 같은 걸 하는 일이 없을 수 없다. 진미珍味나 진완珍玩을 얻어 볼 때 자연 자기自己의 친척지구親戚知舊에게도 나누어주고 싶은 생각이 날 것이다. 육적陸績의 회귤懷橘이나 두보杜甫의 대

주사고인對酒思故人도 이와 같은 일일 것이다. 율곡栗谷이나 우계牛溪 같으신 현인賢人의 편지를 보면 매양 그 끝에 건석어乾石魚 한 마리라도 주고받고 한 것이 적혔다. 물건物件의 귀천貴賤과 다소多少를 이를 것이 아니고 정으로 주고받던 것이었다.

변변치 못한 것이오나 북경北京을 갔다 온 기념記念으로 이 시전지詩箋紙 한 축을 보내드립니다.

진귀珍貴한 걸 보내시어 받기는 하나 미안未安합니다.

포도葡萄가 새로 익었삽기 두어 송이를 따 보냅니다.

이렇게 간단히 적을 때도 있지마는 궤유饋遺같은 건 보통 편지 끝에나 혹은 협지夾紙에 적기도 하는 것이다. 그리고 무엇을 남에게 준다고 자긍自矜할 것도 아니고 받는다고 비굴卑屈할 것이 아니다. 자긍自矜하고 비굴卑屈하면 도리어 정의情義에 어그러질 것이다.

# 편지독본讀本[6]

이병기李秉岐

## 八. 문의問議

어느 시골 사는 이가 묵은 지도地圖 하나를 가지고 있다. 지도地圖는 장지壯紙 여러 장을 연폭連幅하여 조선팔도朝鮮八道의 산수山水, 도로道路, 성곽城郭, 봉대烽臺, 도서島嶼 등을 다 그렸다. 그 호화豪華롭게 살던 조상祖上 때의 귀물貴物이라고 이것밖에 없다. 생계生計가 퍽 곤란困難하여 팔고자 하는바 서울서 사는 그 친구親舊에는 이런 묘리妙理를 잘 아는 이가 있으므로 편지를 하여 물어보는 것이다.

적조積阻하였습니다. 그 동안

어떠하십니까. 저는 무고합니다. 그런데 물어볼 말씀이 있습니다. 저의 집에 한 사백여년四百餘年 전해오는 조선팔도지도朝鮮八道地圖 하나가 있습니다. 낡기는 퍽 낡았으나 그림이든지 글자는 다 알아볼 수 있습니다. 들리는 말에는 이런 고물古物이고 보면 몇 천 원千圓을 한다니 과연 그렇습니까. 그럴 수 있다면 가지고 서울로 갈까 합니다. 속速히 회답回

6 「편지讀本」, 『女性』, 1939. 11.

答이 오기를 바라고 있습니다.

그 친구親舊는 이 편지를 받아 보고 바로 답장答狀을 하였다.

안보安報를 들으니 기쁩니다. 저도 연고 없습니다. 말씀하신 지도地圖는 그 실물實物을 보아야 합니다. 말만 듣고는 알 수 없습니다. 그러나 형兄이 일부러 가지고 오실 것이 아니라 그걸 너무 구기고 상하지 않게 잘 싸아 소포小包로 저에게 부치시오. 본 뒤에 그 값이든지 파는 법이든지를 알려드리리다. 속히 보내시오.

× × ×

문예文藝에 뜻을 둔 한 청년靑年이 자기自己를 가르치던 스승에게 이런 편지를 하였다.

날은 점점 더워지기 시작합니다. 학교學校를 나온 지 벌서 두 해가 되었습니다. 한 번도 찾아뵙지 못하여 죄송罪悚합니다.

저는 일찍부터 글에 흥미興味가 있었습니다. 그리고 여러분들의 지으신 글도 읽어 보았습니다. 학교學校에 있을 적에는 선생先生님의 지도指導도 많이 받았습니다마는 일단 학교學校를 나와 웃 학교學校도 못 가게 되니 눈앞이 막막합니다. 누구 하나 지도하여 주실 분이 없습니다. 그리하여 이제는 동서양東西洋을 물론하고 유명有名한 작품作品을 읽고자 합니다. 이러한 점에 있어 선생先生님께 여쭈올 말씀은 특히 빼놓을 수 없는 작품作品 — 지은 사람의 이름과 작품作品의 이름이올시다. 바쁘시더라도 좀 적어 주시오.

이 편지를 받아 본 그 스승의 답장答狀

오랜만에 글을 받아 보고 퍽 반가워하네. 특히 빼놓을 수 없는 작품作品을 말하여 달라 하였으나 그보다도 자네의 정도程度에 맞은 작품作品을 보는 것이 좋을까 하네. 그건 자네도 아는 유명有名한 작품作品 가운데서 더러 고를 수 있으리. 어떻든 한번 오시게. 서로 만나 자세仔細히 의논하세. 한 시내市內에 있으면서 자주 볼 수 없으니 섭섭하이.

이 답장答狀에도 말하였거니와 한 시내市內에 있으면서 암만 바쁘기로니 두 햇 동안이나 찾아보도 않고 겨우 편지나 하여 지도指導를 받으려는 것은 성의誠意가 너무 부족不足하다.

## 九. 근면勤勉

서울을 와서 공부工夫를 하고 있는 한 청년靑年이 냉수마찰冷水摩擦을 하여 보고 시골에 있는 벗에게도 그걸 권勸하는 편지.

녹음綠陰이 어느덧 짙었습니다.

안녕安寧히 계신지오. 요사이는 농촌農村의 가장 일 많은 철인데 오직이나 바쁘시겠습니까. 천성天性이 근면勤勉하신 형兄의 자자孜孜히 활동活動하고 계시는 광경光景이 완연宛然히 눈앞에 나타납니다. 제弟는 원래元來 체질體質이 허약虛弱한 편이므로 건강建康에 대하여 많은 주의注意를 하고 있습니다. 여기에 온 뒤로는 남는 시간時間을 될 수 있는 대로 전부全部 운동運動에 바치고 있습니다. 또 아침의 냉수마찰冷水摩擦을 하루도 빼지 않고 실행實行합니다. 이것은 물론 신체身體를 건강建康케 하는 효과效果도 있겠지마는 제弟는 전혀 의지수양意志修養의 한 방편方便으로 생각하고 있는데 처음에는 심증도 더러 났으나 그것을 이기고 끊임없이 실행實行하는 습관習慣을 지으니 도로혀 유쾌愉快함을 깨닫게 됩니다. 이 두 가지로 말미암아 신체身體가 튼튼하고 정신精神이 깨끗하게 되어 학습學習의 능률能率이 매우 증진增進되었습니다. 그리하여 학과學課에 대한 흥미興味를 느끼고 학교學校에 대한 애착심愛着心과 선생先生님에 대한 경모敬慕가 더욱 깊어가는 것을 스스로 깨닫습니다. 형兄은 본래 강건强健하신 우에 대자연大自然의 품속에서 자연自然을 벗 삼고 흡족洽足한 일광日光에 멱 감고 신선新鮮한 공기空氣를 호흡呼吸하시는 터이니 구태여 허약자虛弱者의 흉내를 내실 필요必要는 없겠지오마는 냉수마찰冷水摩擦은 심신心身을 아울러 단련鍛鍊한다는 점으로 보아 제弟의 경험經驗을 미루어 형兄에게 권勸하고 싶습니다. 지금부터라도 꼭 시작하여 보시면 어떠겠습니까? 그리고 앞으로 종종種種 안보安報를 들려주신다면 여북이나 반갑겠습니까. 아직 이만 그칩니다.

동同 회답回答

그동안

건강建康히 계시면서 공부工夫 잘 하신다니 퍽 기쁩니다. 제弟 역시 다른 연고는 없이 그날그날을 즐기고 있습니다. 냉수마찰冷水摩擦을 권勸하여 주신 것은 퍽 감사感謝합니다. 날마다 근육적筋肉的 활동活動을 하고 일광日光속에서 시간時間을 보내는 제弟로서는 저절로 운동運動이 되고 제물에 일광욕日光浴이 되는 터이므로 신체身體의 단련鍛鍊에 대하여 별別로 관심關心을 가지지 아니하였던 것입니다마는 냉수마찰冷水摩擦의 효과效果를 형兄이 그처럼 찬미讚美하며 권하여 주시는 바에야 마음이 쏠리지 않을 수 없습니다. 곧 실행實行하려고 합니다. 내내 건강建康하심을 빌고 그칩니다.

이와 같은 허약虛弱하든 몸이 냉수마찰冷水摩擦을 하고 튼튼해진 경험經

驗을 말하여 그 벗에게도 권함이 여북 정다운 일이냐. 그 벗도 근육적筋肉的 활동活動을 하여 퍽 건강建康하긴 하면서도 이런 정다운 권면勸勉을 받고야 긍종肯從 않을 수 없는 바이다.

> 사람이 지독한 더위와 추위를 견딜 줄 모릅니다. 옷을 벗고 부채를 부치고 더위를 못 이길수록 더욱 덥고 화로火爐를 끼고 핫옷을 겹쳐 입고 추위를 못 이길수록 더욱 춥습니다. 글 읽는 데 마음을 두어 그 추위 더위를 잊는 이만 같지 못합니다.

이는 유명有名한 박연암朴燕岩 선생先生이 그 종형從兄에게 올린 편지다. 간단簡單은 하지마는 심절深切한 말이다.

×××

> 자연自然의 묘사描寫는 예술가藝術家의 작품作品이올시다. 당신은 참으로 풍경화가風景畵家이올시다. 다만 바다가 숨 쉬고 하늘이 바라보고 초원草原이 짓고 자연自然이 속삭이고 말하고 도란거리고 등의 빈번頻繁한 인격화人格化 의인법擬人法 — 같은 묘사법描寫法은 당신의 묘사描寫를 좀 단순單純하게 좀 덜금하게 좀 불명확不明確하게 합니다. 미美와 자연自然의 수두룩한 표현表現에는 단순單純하게 '해가 진다', '어두워졌다', '비가 온다' 등과 같은 간단簡單한 말만으로 도달到達할 수가 있습니다. — 그리고 그 단순單純은 당신이 가장 특징特徵이 될 것입니다. 아마 다른 이러한 작가作家보다도……

이는 로서아露西亞 문호文豪 체홉이 코리키에게 한 편지의 일절一節. 코리키의 작품作品인 "초원草原에서"와 "벌筏의 우에서"라는 것을 읽고 가장 걸작傑作이라고 탄상嘆賞한 다음에 이런 자연묘사自然描寫에 대하여 간곡懇曲히 말한 것이다.

권면勸勉을 함에도 입에 붙은 말이 아니라 정말 충심衷心에서 나오는 말이야 한다. 그런 말은 남을 능히 감동感動케 할 수 있는 까닭이다.

## 十. 보도報道

보도報道는 알려드린다는 말인바, 혹은 취직就職, 혹은 이사移舍, 혹은 여행旅行, 혹은 사고事故, 혹은 행사行事 등의 자기自己가 당한 사정事情과 광경光景을 그 친지親知에게 알려드리는 것이다. 우리의 궁금ㅅ증은 이런 보도報道를 못 들을 때 나는 것이다. 친親한 사이일수록 때로 그 보도報道를 기다리고 있다.

> 저물어 용수산龍首山에 올라 기둘리도 족하足下는 오지 않고 강江물만 동東에서 오고 그 가는 건 보이지 않더이다. 밤이 깊어 달에 띠워 돌아오매 정자亭子 아래 동구나무에 하얗게 사람이 섰는데 또 족하足下가 먼저 와 그 어름에 계신가 의심도 하였습니다.

이는 연암燕岩 선생先生이 창애倉厓라는 이에게 준 편지. 족하足下는 남을 경칭敬稱하는 말. 용수산龍首山에서 함께 만나기로 하였든 것이 오지 않으므로 밤이 깊어서 달을 보고 배를 띄우고 돌아와서는 그를 그리워하던 정경情景을 그리었다. 시詩요 서書인들 이보다 더 할 수 없겠다.

오래 내 아우의 얼굴을 못보고 오래 내 아우의 말을 듣지 못하니 마음이 헛출하여 주린듯하다. 요사이 내 아우는 어떤 이를 만나며 무슨 글을 읽으며 무슨 일을 하는가. 새 옷을 입으면 내 아우의 헌 옷을 생각하고 좋은 먹이를 입에 대면 내 아우의 종이 씹음을 생각하며 귤橘, 감, 석류石榴, 밤 붙이를 볼 적마다 어찌하면 내 아우를 내 곁에 둘까 하노니 내 아우야 그런 줄 아는가. 가을이 점점漸漸 선선하여 낮이 짧고 밤이 기니 내 아우의 글 읽기에 매우 좋을지라. 내 아우는 엄부령하여 해를 헛되이 보내지 마라. 저즘께 글을 보매 크게 볼만한 것이 있기로 기쁘고 매우 든든하였다. 나는 스무대 애께 떠나려 하며 부산동남釜山東南에 큰 물길이 하늘에 닿고 고래 같은 무서운 물결이 일어도 내 한 길, 고운 물처럼 믿노니 이는 어느 때의 글 읽는 힘이다. 내 아우야 스스로 사랑하며 네 언니를 그리울 때에 이 편지를 펴어 보아 나본 듯이 여겨라.

계미癸未 구월九月 보름날 답을 받고 쓰노라.

이는 영조英祖 삼십구三十九 년年에 이언진李彦瑱이라는 역관譯官으로서 통신사通信使를 따러 현해탄玄海灘을 건너가서 자기自己의 아우에게 한 편지. 그 아우를 생각하는 모양을 알리며 겸하여 알뜰히 그 글 읽는걸 권勸하기도 하였다.

도착到着한 후 일주일一週日 만에 형兄은 또 떠나고 나는 형兄 예例를 좇아 지내는 동안 어느덧 벌서 삼주간三週間 진영중陣營中 기와起臥를 한 것이외다. 기후氣候는 말할 것 없고 생활방법生活方法에도 좀 익어지고 의기양양意氣揚揚하외다. 그런데 이곳에는 훙한 조망眺望의 곳이 있습니다. 먼저 온천溫泉이 있는 곳부터 말씀하지요. 예는 바위 또 바위로 된 큰 산山인데 바위는 어떤 놈은 무너져 석문石門 석굴石窟이 되고 어떤 놈은 또 암애巖厓 우에 무시무시하게 높이 솟아서 있습니다. 이르는 곳마다 자연自然의 탕수湯水가 소리를 쳐 흐르는바 이 뜨거운 물에서 오르는 뭉일뭉일한 하얀 김은 특히 아침, 그 암산岩山의 머리를 덮어 숨깁니다. 그 물 속에 계란鷄卵을 넣으면 삼분三分 만에 익어 버립니다. 종일終日 달단인韃靼人의 여자女子가 이 세 가호 집을 오르랑 나리랑 하며 빨래를 하는 것이 보입니다. 한데 그 빠는 방법方法은 모다 발로써 빠는 것입니다. 그는 놀라운 활동活動으로서 마치 개미떼가 수숭거리는 것처럼 보입니다. 그리고 그 여자女子는 대개 미인美人으로 살결이 고웁니다. 동양東洋의 시골 여자女子의 옷은 좋은 건 거칠어도 우미優美한 맨도립니다. 이런 그림과 같은 여자女子의 무리와 자연自然의 미美와도 실로 견딜 수 없는 경치景致입니다. 이 미경美景을 보고 나는 오랫동안 우두커니 서기도 합니다. 산山꼭대기에서 바라보는 건 아름답고 전혀 독특獨特한 것이로되 숙모叔母께서 나의 묘사描寫를 지루히 여기실까 하여 그칩니다.

이는 로서아露西亞 문호文豪 돌스토이가 젊었을 때 그 형兄을 따라 고가색 지방高加索地方에 가서 군대軍隊 생활生活을 할 때 그 숙모叔母에게 한 편지의 일절一節. 산수山水의 미美와 여자女子의 미美를 보고 매우 기뻐하고 묘사描寫하였다. 그 광경光景이 오몰조몰 그 붓끝에서 생동生動하였다. 실지實地 그 광경光景을 보는 것과 다름이 없다.

말을 많이 한다고 소상昭詳한 것이 아니요, 말을 적게 한다고 몽롱朦朧한 것이 아니다. 알려주어야 할 사실事實을 가지고 잘 알도록 말을 맨들어야 한다. 만일 편지를 받고도 그 말이 막연漠然하다든지 또는 너무 덤덤하다든지 하면 도리어 서운할 것이다.

## 十一. 차구借求

무엇을 남에게 빌리기란 어려운 일이다. 정히 싫은 일이다. 그러나 사람마다 모든 것을 다 구비具備해 가지고 있을 수 있으랴. 서책書冊, 기물器物, 전량錢兩과 같은 것을 빌려 쓸 때가 있다. 딴은 부득이不得已한 일이다. 버릇을 삼을 건 아니다.

가문 탓인지 더위도 예년例年보다 심甚한 듯하외다.

다들 안녕安寧하신지요? 저는 여전如前하오니 安心안심하사이다. 요새는 날이 더워서 어려운 글은 읽기에 힘이 듭니다. 너무나 몰염沒廉하와 민망하오나 「오가전집五歌全集」을 좀 보내 주십시오. 보내신 책자冊子는 배송拜送하였습니다.

동同 회답回答

이 더위에

건강建康하시다니 기쁩니다. 저는 탈 없습니다. 몰염沒廉하다는 건 도리어 서어한 말씀입니다. 우리 정지情地에 무엇을 앗기리오. 마침 그 책冊은 누가 빌려 가 가져오지를 않습니다. 곧 찾아다 보내 드리겠습니다.

빌려온 책冊은 정히 보고 속히 돌려보내야 한다. 책冊을 빌림에는 삼치三癡라는 말이 있으나 책冊처럼 귀중貴重한 것을 소홀疎忽히 할 것이 아니다. 한번 신용信用을 잃으면 누가 다시 빌리랴. 책冊뿐 아니라 무슨 물건이든지 빌려 올 때에는 조심하여 정히 쓰고 바로 돌려보내야 한다. 제 것은 아끼고 남의 것은 아낄 줄 모르는 이가 있기도 하다고 하나 정말 제 것은 아낄 줄은 아는 이는 남의 것도 앗기는 터이다.

## 十二. 사례謝禮

고맙지도 않은 이에게 고맙다 하는 것도 정情이 아니려니와 고마운 이에게 고맙다 아니하는 것도 또한 정情이 아니다. 고마운 이에게 고맙다는 말을 함은 예禮라기 보다 정情이다. 사람은 정情으로 사는 것이다. 정이 아니면 가까이 할 수 없다.

> 물러온 뒤 벌써 여러 날이 오매 사모思慕하옵는 하정下情이 다시 깊사오며 오랫동안 훈도薰陶하여 주신 은공恩功을 지금 더욱 간절히 느끼게 되나이다. 아버지를 따라 처음 학교學校를 갔을 적의 조고맣던 제 몸이 이제 눈앞에 어리고 또 재학在學 중中에 선생先生님께 걱정을 듣던 일과 칭찬稱讚 받던 일과 가지가지로 정情에 넘치는 교훈敎訓을 주시던 일은 끝없이 생각하고 있나이다.
>
> 떠나올 때 여쭌 바와 같이 마침내 서울로 오고 말았나이다. 선생先生님 곁을 떠나 먼 이곳으로 올 때 저는 과연 울적한 생각이 났었나이다. 그러나 이곳에 오고 보온즉 숙부숙모叔父叔母께서 다 알뜰히 사랑하시어 도모지 객지客地같은 느낌이 없사오이다. 그리고 많이 염려念慮하시는 고보입학시험高普入學試驗도 무사無事히 통과通過되어 오늘 입학허가통지入學許可通知를 받았나이다. 이것이 모다 선생先生님의 은택恩澤으로 아옵고 깊이 감사感謝하오며 앞으로 애써 공부工夫하려고 決心결심하였나이다. 알외올 말습은 많사오나 다시 자주 문안問安코자 하오니 우선 이만 그치나이다.

이는 어느 소년少年이 보통학교普通學校를 졸업卒業하고 고보高普에 입학入學하여 그 은사恩師에게 감사感謝함을 말함이다. 그 은택恩澤을 쉽사리

갚을 수가 없는 것이지마는 이런 편지라도 하여야 할 것 아니랴.

> 달라는 것과 주는 것을 어느 걸 싫어하리오 하면 달라는 것을 싫어하리다. 주는 이의 마음으로 하여 진실로 달라는 이의 싫음과 같을 진댄 줄 이가 없으리다. 이제 저는 달라지 아녀도 받은 것이 이렇게 많으니 과연 당신은 주기를 즐겨 합니다.

이는 연암선생燕岩先生이 대호大瓠라는 이에게 한 편지. 무슨 주는 물건을 받고 그 고맙다는 말은 쓰지 않고도 그 뜻을 표함이다. 그 뜻을 다시 말하면 사람이 무엇을 남에게 달라기를 싫어하는 바 주기도 달라는 것보다 싫어하는 이가 많은 이 세상世上에 당신은 주기를 즐겨 한다는 즉 시혜施惠를 좋아하는 이라고 칭송稱頌함이다. 이 말법은 여간如干하여서는 따를 수 없다. 몇 껍질 벗은 것이다. 상승上乘에 다다를 것이다.

# 편지독본讀本 完[7]

이병기李秉岐

## 十三. 서식書式

편지의 서식書式은 즉 그 쓰는 법 — 어떠한 순서順序로 쓰는 법을 이름인데 제일회第一回에도 말한 바와 대체大體 세 단락段落으로 되어있다.

세 단락段落은 전문前文, 본문本文, 말문末文이다.

전문前文은 허두虛頭, 시령時令, 안부安否의 부분部分인바 허두虛頭에는 소식消息을 몰라 궁금하다든가 편지를 받아 보고 반갑다든가 하는 말을 하고 경계敬啓, 근계謹啓와 같은 문자는 공식公式 편지 밖에는 별양 쓰지 않고 시령時令에는 다만 그 때를 이르든지 또는 그 때의 기후氣候가 어떠하다든지 물색物色이 어떠하다든지 말할 뿐이고 안부安否에는 저편의 안부安否라든지 자기自己편의 안부安否라든지를 말하는 것이오.

본문本文은 편지의 요건要件을 말하는 가장 중요重要한 부분部分인바 축하祝賀를 하든가 권면勸勉을 하든가 선물을 하든가 하는 가지가지의 일을 말하되 혹은 두서너 줄쯤 간단히 적기도 하고 혹은 한두 장張으로 몇 십十

7 「편지讀本」, 『女性』, 1940. 2.

장張까지 적기도 할 것이오.

말문末文은 끝을 맺는 부분部分인바 순 한문식漢文式으로는 불비不備, 불의不宜이라는 문구文句를 쓰기도 하고 우리말로는 '이만 그칩니다'라든가를 쓰는 것이다.

떠나온 지 어느덧 한 달이외다. 하는 일 없이 흥똥힌똥하느라고 편지도 못 하였습니다.{전문前文}

고창高敞서 올라올 것은 다 올라왔으며 어떠한 것들인지 알고 싶습니다. 고산집孤山輯은 이제야 보냅니다. 너무 늦어서 민망하다는 말까지 아울러 여쭈어주시오. 그리고 노계문집蘆溪文集 권삼卷三을 베끼고자 하오니 우편郵便으로 보내주십시오. 정히 베끼고 바로 올려 보내오리다. 악장가사樂章歌詞는 정돈整頓이 되셨는지요. 저는 십여일十餘日 전前에 나주羅州에 갔었습니다. 그길에 회진會津까지 가서 白湖백조의 유적遺蹟을 더듬어 보았습니다. 여기는 오늘 눈이 왔습니다.{본문本文}

이만 그칩니다.{말문末文}

봉함封緘을 받아 읽었습니다. 그동안

안녕하십니까? 얼마 지나지 않아서 또 방학放學이겠습니다. 저는 무고합니다.{전문前文}

고창高敞 그것은 왜 또 그렇게 되었는지요? 제가 틈을 만들어 한 번 더 가보면 어떨까요? 노계문집蘆溪文集은 보내드립니다. 해동악부海東樂府와 속악부續樂府, 죽계지竹溪志 권일卷一을 위魏 선생先生 편便에 보내주시면 또 베끼고 올려 보내오리다.{본문本文}

말문末文은 생략省略.

−전문前文은 생략省略.

내려와서 노독路毒도 상기 풀리기 전에 또 올라가게 됩니다. 어제 신문新聞에 게재揭載되었지만 일전日前 모 씨某氏에게서 기념비紀念碑를 세우고 추도회追悼會를 연다고 와 주면 좋겠다는 글이 왔더이다. 모 씨某氏의 일이라 무슨 수작酬酌인지 의심스러우나 놀기 겸 올라가고자 합니다. 명일明日 밤차車로 떠나서 재명일조再明日朝에 도착到着되겠습니다. 작년昨年의 예例와 같이 실없는 수작이면 올라가는 것이 오히려 에설없을 테니 이 글을 받으신 즉시卽時 전보電報를 쳐 주십시오.

−말문末文도 생략省略

이상以上과 같이 전문前文, 본문本文, 말문末文 등을 갖추기도 하고 전문前文과 말문末文은 생략省略하기도 함은 그 형편形便을 따라 할 것이오. 공연空然한 그 형식形式만을 지키잘 것은 없다.

그리고 편지 가운데 저편에 당한 귀함貴函, 귀하貴下, 귀지貴地, 안후安候, 후의厚誼, 서량恕諒, 혜시惠示, 근념勤念, 하념下念, 하청下淸, 하촉下燭과 같은 말을 쓸 때에는 한 자字를 띄어 쓰고 맨 밑으로 가지 말게 하고 전문前文에도 '안녕安寧하십니까. 댁내제절宅內諸節도 균안均安하십니까' 하는 대문은 반드시 딴 줄로 올려 쓰고 '저는 잘 있습니다'의 '저는'과 같은 건 맨 꼭대기로 가지 말게 하고 말문末文 다음의 연월일年月日과 같은 건 공식公式 외外에는 꼭 갖추어 쓸 것이 없고 다만 어느 달 어느 날과 성명姓名만 쓰고 성명姓名 밑에 배배拜拜라든가 이배二拜라든가와 같은 건 아니 써도 좋다. 그러나 어른에게 하는 편지는 맨 끝의 상백上白이라든가 재배再拜라든가 하는 문구文句까지라도 빼놓지 않는 것이 그 경의敬意를 표表함에 마땅하다. 성명姓名 같은 것도 어른과 같은 존경尊敬하는 이에게는 성姓과 명名을 꼭 갖추어 써야겠지마는 친열親熱한 평교붕平交朋에는 성姓은 아니 쓰고 이름만 쓰기도 한다. 이름에도 두 자字 이름이고 보면 그 중 어느 한 자字만 쓰기도 한다. 여기에는 우스운 이야기가 있다. — 한 사백여四百餘 년年 중종中宗 때 거유巨儒인 조정암趙靜庵은 이름이 광조光祖인 바 전라도全羅道 재주裁州로 귀양을 가 계실 때 한 오륙십五六十 리里되는 곳에는 양학포梁學圃 이름을 팽손彭孫이라 하는 이가 살았다. 정암靜庵과 학포學圃와는 전부터 교분交分이 깊은 사이다. 자주 추축追逐도 하고 서신書信 왕복往復도 하였다. 한 번은 서로 만나 말하다가 정암靜庵이 말하기를 '이다음부터는 편지 끝에 번폐스러이 성명姓名을 다 쓸 것이 아니라 이름의 끝 자字만 쓰세' 하였다. 그 뒤 학포學圃가 자기自己 집으로 돌아가 어느 날 조광조趙光祖의 조ㅅ자祖ㅅ字만을 쓴 정암靜庵 편지를 받아 보고는 그 답장答狀을 쓸 때 자기自己는 양팽손梁彭孫의 손ㅅ자孫ㅅ字만을 써 보내고 나종에야 조祖, 손孫이라는 말이 욕이 되는 줄을 깨닫고 하인下人을 쫓아 삼십三十 리里나 가서 그 답장答狀을 도로 가져오게 하여 고치어 쓰고 '불급정암삼십리不及靜庵三十里'라 하고 가탄呵嘆을 하였다 한다.

부형父兄 앞에 올리는 편지에는 맨 처음에 '부주전父主前 상백시上白是'라든가 '형주전兄主前 상서上書'라든가 하는 것을 쓰고 맨 나중 연월일年月日 밑에는 아무의 이름만 쓰고 성姓은 아니 쓴다. 부형父兄께뿐 아니라 한 일가 간에도 성姓은 아니 쓴다.

용어用語로도 평교간平交間에는 평교간平交間에 쓰는 말이 있고 존대문尊待問에는 존대문尊待問에 쓰는 말이 있으려니와 글씨로도 평교문平交問에는 행초行草 등을 항용 쓰더라도 부형父兄이나 기타其他 어른에게는 함부로 끼적이지 않고 경건敬虔히 찬정欑正히 써야 한다. 신부新婦의 문안問安편지든지 또는 조장吊狀과 같은 건 보통 해자楷字로 또박또박 쓰는 것이다. 그저 난필亂筆질을 하여 흘려 쓰는 것은 어른을 공경恭敬하는 도리가 아닐까 한다.

편지의 좌우左右라든지 서두書頭, 서하書下의 종이를 적당適當히 남기고 줄과 줄 사이도 적당適當히 띄우고 비록 평교문平交問에는 행초行草 등을 쓰더라도 자체字體가 곱게, 또는 잘 알아보게 써야 한다. 사연도 잘 만드려니와 글씨도 잘 써야 한다. 글씨가 너무 추려醜麗하면 그걸 받아볼 때 불쾌不快한 느낌을 일으키기가 쉽다. 봉함封緘으로 할 때 그 봉투지封套紙의 전면前面에는 저 편의 주소住所, 씨명氏名을 쓰고 후면後面에는 자기自己의 주소住所, 성명姓名을 쓰되 누구나 잘 알아보도록 분명分明하게 써야 한다. 이걸 만일 불분명不分明하게 쓸 것 같으면 우편郵便으로는 오전誤傳이 되든지 반환返還이 되는 일도 있을 것이다.

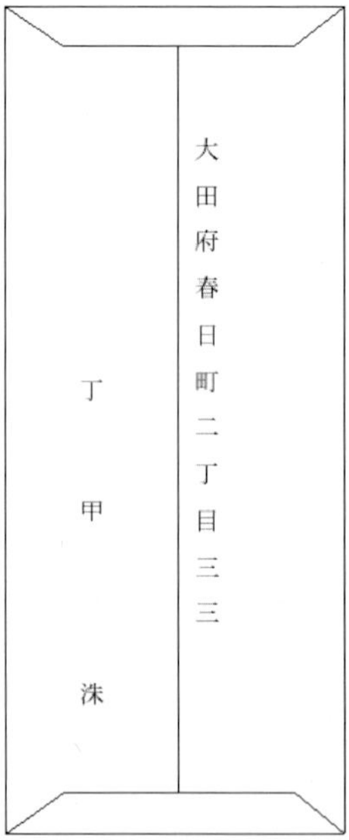

봉투封套의 후면後面

봉투封套의 전면前面

이와 같이 저편의 성명姓名 밑에는 씨ㅅ자氏ㅅ字를 쓰고 자기自己는 성명姓名만 쓸 것이며 부형父兄에게는 봉함封緘의 전면前面에 부형父兄의 함ㅅ자銜ㅅ字를 감敢히 쓸 수가 없으면 주소住所와 자기自己의 이름 밑에 본제本第라는 두 자字를 쓰고 그 후면後面에는 자기自己의 현주소現住所와 성명姓名을 써도 무방無妨하다. 엽서葉書에는 그 전면前面에 자타自他의 주소住所와 성명姓名을 다 쓰고 그 후면後面에 간단한 사연을 쓰되 좀 비밀秘密한 것은 쓸 것이 아니다. 그리고 게다가 '친전親展'같은 문자를 쓰는 건 몰상식沒常識한 일이다.

## 十四. 명칭名稱

말은 평교간平交間에도 '하십니까', '합니다', '하십시오'와 같은 경어敬語를 쓰는 것이 좋다. 만나서 담화談話할 때에는 이랬는가 저랬는가 하고 하게 하는 말을 쓰고 무간無間히 지내더라도 서ㅅ자書ㅅ字를 묻고 대답할 때에는 경어敬語가 더욱 경애敬愛하는 뜻을 전하게 되는 것이다.

평교간平交間의 명칭名稱도 '그대', '자네'와 같은 말은 담화談話할 때나 쓸 것이고 편지에는 저 편을 형兄이라 하고 자기自己를 저라, 제弟라 일컬을 것이다. 한데 저라는 말은 제弟라는 말보다도 더 공근恭勤한지라 평교간平交間은 고사하고 어른에게도 항용 쓰이는 말이다. 제弟라는 말은 평교간平交間이 아닌 어른에게는 쓰이지 않는다. 이 근래近來 사제간師弟間 편지에 제자弟子가 그 스승에게 저를 말할 때 제弟라는 자字를 쓰는 이도 없지 않으나 그는 오해誤解요 무식無識이다. 저를 또 제라 하기도 하나 우리말의 제라는 것과 한자漢子의 제弟와는 그 뜻이 아주 다르고 제弟는 제자弟子

라는 말도 아니다. 제弟는 평교간平交間이나 또는 존장尊丈이 시생侍生에게 하는 편지에 자기自己를 겸손謙遜하여 쓰기도 하는 말이다.

사소절士小節을 보면 남의 부모父母, 조부모祖父母를 그 자여손子與孫에게 대하여 이름은 물론이고 그 자字본이름 외에 또 지은 이름도 부르지 말라 하였고 보통 서독書牘에 남의 어머니, 아버지를 자당慈堂, 존당尊堂이라 할 것이요, 의당宜當 춘부春府라 함은 불가不可하고 남의 숙부叔父를 영백숙부令伯叔付, 영중숙令仲叔, 영계부令季父라할 것이요, 원장阮丈이라 함은 불가不可하고 남의 형제兄弟의 아들을 영질令姪이라 할 것이요, 아성阿成{성씨成氏}이라 함은 불가不可하고 남의 내구內舅{외숙外叔}를 영구씨令舅氏라 할 것이요, 위양渭陽이라 함은 불가不可하고 자기自己의 아들을 가아家兒라 할 것이요, 미돈迷豚이라 함은 불가不可하고 딸을 여아女兒라 할 것이요, 소부所婦라 함은 불가不可하고 처妻를 실인室人이라 할 것이요, 천형賤荊이라 함은 불가不可하고 처妻의 부모父母를 외구外舅, 외고外姑라 할 것이요, 빙부聘父, 빙모聘母라 함은 불가不可하다 하였다.

이렇게 예전부터도 이런 명칭名稱을 두고 여러 가지 논란論難이 있어 왔으며 이 밖에 내외종간內外從間의 명칭名稱과 고모부姑母夫와의 명칭名稱에 대하여서도 이설異說이 분운紛紜하던 것이다. 즉 자기自己가 외삼촌外三寸의 아들을 외종外從이라 하고 고모姑母의 아들을 내종內從이라 하는 것을 편지에는 그 반대反對로 외종外從을 내종內從이라 하고 내종內從을 외종外從이라 한다는 것이다. 허나 의례문해疑禮問解, 기타其他 문헌文獻을 상고하여 보면 이것도 종래從來 중국에서 수입輸入된 말인바 중국서도 일정一定치 않았던 것이었다. 그러면 이걸 지금 우리가 부르는 말대로 편지에도 쓰는 것이 가可하다. 다시 말하면 외삼촌外三寸의 아들에는 저편을 외종外

從, 자기自己를 내종內從이라 하고 고모姑母의 아들에게는 저편을 내종內從, 자기自己를 외종外從이라 할 것이다. 그리고 고모부姑母夫에 대하여서는 자기自己를 인질姻姪이니 무엇이니 하기도 하나 부질婦姪이라는 말을 흔히 쓰는 것이다. 이는 처부妻父가 사위에게 대하여 자기自己를 부옹婦翁이라 하고 처남妻娚이 매부妹夫에게 대하여 자기自己를 부제婦弟라 하는 그 예例를 따른 것이다.

대체 예절禮節이란 건 관습慣習, 풍속風俗, 제도制度에서 우러난 것이매 이런 명칭名稱의 말도 그 관례慣例를 찾아 써야 할 것이다. 가령 오라범댁을 올케라 하고 아내의 아버지를 가시아비, 어머니를 가시어미라 하여 옛날에는 항용 쓰던 말이고 지금도 어느 계급階級, 어느 지방地方에서는 쓰는 말이지마는 한문漢文과 같은 걸 숭상崇尙하는 바람에 얼토당토 않은 완장阮丈, 함씨咸氏, 위양장渭陽丈이라는 말까지 습용襲用하면서 정말 제 말은 비속卑俗하다하고 천시賤視,자기自棄하다는 것이 진실로 우스운 일이다.

그러나 순 조선말로 된 말이거나 한자漢字로 된 말이거나를 물론하고 지금 우리가 말로 쓰는 바에는 그 의미意味를 잘 알아 가지고 정확正確히, 분명分明히 써야 한다. 이 근래近來 누구처럼 게시판揭示板을 갈시판이라고 자기自己의 아버지를 우리 춘부장春府丈이라 하고 자기自己의 어머니를 우리 자당慈堂이라 해서는 남의 조소嘲笑를 받을 것이다. 이런 말의 갈피를 미심未審하면 사우師友에게 묻든지 사전辭典등을 뒤적여 보든지 하여 똑똑히 알고 써야 한다.

편지도 말이요 글인즉 그 일언一言 일자一字라도 착오錯誤, 천와舛訛를 해서는 될 수 없다. 정확正確, 분명分明은 언어言語와 문장文章에 있어 가장 重要중요한 점이다. 이 점을 무시無視하고 도도滔滔한 몇 천만언千萬言을 늘어 논 대도 그는 다 거짓이요 헛된 일이다. 결국 편지도 문장文章의 일종一

種인지라 말을 잘 쓰고 글을 잘 지을 줄 알아야 한다. 말을 잘 쓰고 글을 잘 지을 줄 알고 그 예속禮俗에 맞게 쓴다면 편지쯤이야 누구나 능란할 것이다.

{대미大尾}

# 교가 및 기념가

## 가람 이병기 작사 교가·기념가 목록 가나다순

| 구분 | 순 | 학교명 | 일기 기록 | 비고 | | 편수 |
|---|---|---|---|---|---|---|
| 초등학교 | 1 | 군산중앙초등학교 | | ○ | | 7 |
| | 2 | 김제 중앙초등학교 | 1955.3.5. | ○ | | |
| | 3 | 능원초등학교 | 1949.12.30 | ○ | | |
| | 4 | 동광학교 교가와 운동가 | 1922.11.16 | × 찾을 수 없음 | | |
| | 5 | 여산초등학교 | 1946.10.6 | | | |
| | 6 | 재동국민학교 | 1947.12.23 | × 윤석중 김성태 | 재동국민학교가를 지어다 주었다는 기록있다 | |
| | 7 | 호영강습원노래 | 1922.11.20 | × 찾을 수 없음 | | |
| 중·고등학교 | 1 | 경기고등학교 | | ○ | | 27 |
| | 2 | 경성공업학교 | 1949.2.15교가校歌를지어달라한다 | ×. | 경성공업학교→경성공립공업학교→서울공고로, | |
| | 3 | 경복중학교 | 1946.3.26 | ○ | 경복중→경복중·고로 분리되고 경복중은 폐교됨 | |
| | 4 | 군산남중학교 | 1953.3.2 | ○ | | |
| | 5 | 김제금산중·고등학교 | 1956.4.7 | ○ | | |
| | 6 | 부산 경남중학교 | 1953.11.20. | ○ | | |
| | 7 | 부산 상업고등학교 부산 상업중학교 | 1950.1.9. | ○ | 현 부산 개성고등학교 | |
| | 8 | 부산 개성중학교 | 1950.4.5 | × 현 오충도 함사순 | 부탁한 개성중학교가를 지어보냈다는 기록이 있다. | |
| | 9 | 부산 계성여자중학교 | 1946.10.15 | × | 2000년 도심 공동화 학생수 감소로 폐교 | |
| | 10 | 부안 삼남중학교 | | ○ | | |
| | 11 | 삼례중학교 삼례공업고등학교 | 1950.8.2 | ○ | | |
| | 12 | 서울중학체육가 | 1949.4.10 | × 찾을 수 없음 | | |
| | 13 | 안성농업중학교 | 1948.1.28 | ×이은상 | 안성농중安城農中서그 교가校歌를가져갔다는 기록이 있다. | |
| | 14 | 이리고등학교 | | ○ | | |
| | 15 | 이리공업고등학교 | 1947.11.29 | ○ | | |

| | | | | | | |
|---|---|---|---|---|---|---|
| | 16 | 이리동중학교 | 1953.8.7 | ○ | | |
| | 17 | 인천 박문여중학교 | 1948.5.9 | ○ | 현 박문중학교 | |
| | 18 | 정읍고등학교 | | ○ | | |
| | 19 | 정읍여자고등학교 | | ○ | | |
| | 20 | 정읍중학교 | 1954.1.31 | ○ | | |
| | 21 | 진천공립농업중학교 | 1949.7.9. | × 찾을 수 없음 | →진천농공고→진천생명과학고→한국바이오마이스터고 | |
| | 22 | 천안중학교 | 1947.10.29 | ○ | | |
| | 23 | 천안제일고등학교 | | ○ | | |
| | 24 | 충남아산중·<br>아산고등학교 | | ○ | | |
| | 25 | 평화의 학원 | 1949.3.2 | × 찾을 수 없음 | | |
| | 26 | 풍문고녀 | 1946.1.13 | ○ | 현 풍문고등학교 | |
| | 27 | 정읍 호남중·<br>고등·학교 | 1956.7.6 | ○ | | |
| 대학교 | 1 | 국민대학교 | 1949.4.10 | ○ | 동국대1949.410지었다는 기록있으나 현재 다른 사람 | 6 |
| | 2 | 대구사범대학교 | 1947.7.28. | × 찾을 수 없음 | 현 경북사범대학교 | |
| | 3 | 서울대학교 교가와<br>응원가 | 1949.10.11 | ○ | | |
| | 4 | 수원농대 | 1946.10.30 | × 찾을 수 없음 | 현 서울농대 | |
| | 5 | 전북대학교 | 1953.6.8 | ○ | | |
| | 6 | 진주사범대교가 | 1949.6.4 | ○ | | |
| 기타 | 1 | 마라손 환영가 | 1947.6.21 | | 서윤복선수제패가 | 8 |
| | 2 | 부산천일고무공업사<br>공장가 | 1949.7.9 | × 찾을 수 없음 | | |
| | 3 | 식목가 | 1959.4.7.<br>동아일보 | × 찾을 수 없음 | | |
| | 4 | 유관순처녀 기념가 | | ○ | | |
| | 5 | 졸업가 | 1946. | ○ 문교부 | | |
| | 6 | 학생의 노래 | 1946.11.25. | × 찾을 수 없음 | | |
| | 7 | 해방기념가 | 1946.7.31.<br>1946.8.9 | ○동광신문<br>자유신문 | | |
| | 8 | 조선특산품장려가 | 1948. | ○금융조합 | | |
| 계 | | | | | | |

# 차 례

가나다순

18 천안중학교

19 천안제일고등학교

20 충남 아산중·아산고등학교

21 풍문여자고등학교(현 풍문고등학교)

22 호남중·고등학교

대학교 교가

1 국민대학교

2 서울대학교

3 전북대학교

4 진주사범

기타 기념가

1 서윤복徐潤福 선수選手 제패가制覇歌

2 마라손 환영가歡迎歌

3 유관순처녀 기념가

4 졸업가

5 해방기념가解放記念歌

6 해방기념가사解放記念歌詞

7 해방기렴가解放記念歌

8 조선특산품장려가

# 군산중앙초등학교 교가

작사 이병기 선생
작곡 황덕칠 선생

1. 우리나라는 산이요 바다
산으로 살고 바다로 산다
서해바다를 앞에 두고
군상의 중앙초등학교

2. 어두운 밤도 먼하늘에
우리 별들은 반짝어린다
고개를 넘고 바다도 건너
우리 별들을 잡으러가자

우 리 나 라 - 는 산 이요 바 다
어 두 운 밤 - 도 먼 하 - 늘 에
산 으 로 살 - 고 바 다 로 산 다
우 리 별 들 - 은 반 짝 어 린 다
서 해 바 다 를 앞 에 두 - 고
고 개 를 넘 고 바 다 도건 너
군 산 의 중 - 앙 초 등 학 - 교
우 리 별 들 - 을 잡 으 러가 자

# 김제 중앙초등학교 교가

우리고장 우리김제 그중앙인 우리학교

한편에는 큰강이요 앞으로는 트이는들

우리들도 이와같이 가슴마다 넓고넓혀

만가을에 가득여문 양곡처럼 쓰여보자

작사 이병기 선생님
작곡 조용건 선생님

# 능원초등학교 교가

1. 산으로 산으로 둘러둘러
   곱고도 고요히 열린 이골
   따뜻한 포근한 보금자리
   우리가 자라는 능원학교

2. 우리의 나라는 산의 나라
   산 넘어 산 넘어 머언 바다
   산에서 바다로 나아가려
   우리가 자라는 능원학교

# 교 가

작사 : 이병기
작곡 : 이홍렬

# 여산초등학교 교가

1\. 여산은 옛고을 호남의 첫고을
그 역사 몇천년 나리어 오면서
이렇다 할만한 자랑은 없으나
그래도 우리는 못잊을 이고장
(후렴) 동접하는 동무들아 잘 배우고 잘 익히자

2\. 아버지 어머니 따뜻한 품안에
우리가 태어난 이곳이 아닌가
앞으로 커지는 새로운 이나라

# 여산초등학교 교가

이병기 작사
이홍렬 작곡

# 경기고등학교 교가

1. 이 서울 이름 높은 화동언덕에
   빛나는 역사 오랜 우리학교
   덮치는 많은 파란 다 겪어나며
   꾸준히 융성하게 쌓아온 성업

2. 부지런 부지런히 배우고 배워
   지덕을 밝히고 품격을 높여
   알고는 아는 대로 실행을 하여
   나날이 늘어가는 명랑한 생활

3. 묵었던 옛 터전을 새로 이루매
   풍기는 먼지라도 향기로워라
   무거운 짐을 저도 가벼워하며
   내 나라 나라집의 동량이 되세

## 교 가

이병기 작사
나운영 작곡

# 경복고등학교 교가

1. 대은암 도화동 이름난 이곳
북악을 등지고 솟아난 이집
조상의 지나던 자취를 밟고
새로이 배우러 모여든 동무
(후렴) 아침해 저녁별 새로운 빛을 비춰라
경복을 누리에 넓게

2. 강건한 육체로 지덕을 높여
세계의 성제를 두루 살피고
훌륭한 천량을 더욱 늘리어
거룩한 업적을 이어 전하자

3. 제여금 충실한 일꾼이 되어
수고와 노력을 꾸준이 하고
겨레와 나라의 별들이 되어
언제든 눈앞에 빛나는 경복

# 교 가

이병기 시
박태준 곡

대 은 암 도 화 - 동 이 름 난 이 - 곳
강 건 한 육 체 - 로 지 덕 을 높 - 여
제 여 금 충 실 - 한 일 꾼 이 되 - 어
북 악 을 등 지 - 고 솟 아 난 이 - 집
세 계 의 정 세 - 를 두 루 살 피 - 고
수 고 와 노 력 - 을 꾸 준 이 하 - 고
조 상 의 지 나 - 던 자 취 를 밟 - 고
홀 륭 한 천 량 - 을 더 욱 늘 리 - 어
겨 레 와 나 라 - 의 별 들 이 되 - 어
새 로 이 배 우 - 러 모 여 든 동 - 무
거 룩 한 업 적 - 을 이 어 전 하 - 자
언 제 든 눈 앞 - 에 빛 나 는 경 - 복
아침해 저녁별 새로운 빛을 비춰라 경복을 누 리에 넓 게

# 경성공업학교 교가
# (현 서울공업고등학교)

1절-관악은 내려와 글터를 열고 한강은 흘러서 영원을 비네
큰공로 빛나는 오랜 학원에 모여든 젊은이 희망도 크다.
2절-경애로 손잡은 사제가 되어 이끌어 나가자 세기의 과학
선배의 자취를 거울삼아서 누구나 눈부신 큰별이 되자
3절-기술로 보국을 뜻하였으니 우리는 공업의 대왕이 되어서
온 대지 가는 곳 공장 차려서 하늘도 좁을 듯 연돌 세우자
(후렴)- 겨레의 강은 우리 땀으로 힘차게 걸어라 서울공고

# 군산 남중학교 교가

이병기 작사

이곳에 모여드는 영준한 경아
앞으로 크게 쓰일 우리 일꾼들
한편에 모여있는 바다와 같이
나가고 나갈길 양양하도다
우러러 바라보는 월명산 아래
끝없이 솟아나는 군산의 남중

이곳에 모여드는 영준한건아 앞으로크게쓰일우리일꾼들
한편에 모여있는 바다와같이 나 가고나 갈길 양양하도다우—
-러 러바라보 는월 명 산—아— 래 끝—
없 이솟아나 는군 산 —의남 중

# 김제 금산중·고등학교 교가

1. 동악이 안욱하여 영기가 돌고
   조국의 역사 깊은 빛나는 도량
   금모래의 맑은 물 철철 흐르는
   모악산 그 기슭의 금산중고교

2. 씩씩한 젊은이들 모이어들어
   보다 더 부지런히 배우고 익혀
   민족의 영예로움 이어가려는
   참되고 성스러운 금산중고교

이 병 기 작사
정 회 갑 작곡
1. 동 악 – 이 안 옥 – 하 여 영 기 가 돌 – 고
2. 씩 씩 – 한 젊 은 – 이 들 모 이 어 들 – 여
조 국 – 의 역 사 – 깊 은 빛 나 는 도 – 량
보 다 – 더 부 지 런 – 히 배 우 고 익 – 혀
금 모 – 래 의 맑 은 – 물 철 철 흐 르 는
민 족 – – 의 영 예 로 움 이 어 가 려 는
모 악 산 그 기 슭 의 금 산 중 고 – 교
참 되 고 성 스 러 운 금 산 중 고 – 교

# 부산 경남중학교 교가

찬란한 옥과 같이 갈리고 갈려
단단한 쇠와 같이 닳리고 닳려
영도에 날고 뛰는 용마보다도
더욱 날래세 새로운 우리나라 기념탑으로
크나큰 이름내는 경남중학교

# 교 가

이병기 작사
오명룡 작곡

# 부산상업중·고등학교
# (현 부산 개성고등학교)

부산의 항구는 대한의 문호
절영도 현해탄 앞에다 두고
해륙의 물산이 모여 들으며
각국의 상선이 나고 드노니
지식과 기술을 배우고 익혀
크거라 크거라 개성고교

## 개성고등학교가

작사 : 이병기
작곡 : 이흥렬

# 부안 삼남중학교 교가

1. 인걸이 많이 나신 우리 부안은
   메와 바다 아울러 아름답도다
   이 고을의 주산인 그 마루인
   드높이 솟아있는 삼남중학교

2. 씩씩한 젊은이들 다 모여들어
   긴요한 학문기술 배우고 익혀
   우리 대한 새로운 일꾼으로서
   이 나라 보람되는 삼남중학교

# 교　가

이병기 작사
정희갑 작곡

# 삼례중학교·삼례공업고등학교 교가

산으로 산으로인 산의 나라에
기름진 넓은 들을 앞에다 두고
옥처럼 맑은 물은 철철 흐르고
별같은 마을집은 총총 박혔네
순진하고 절박한 젊은이들이
배우러 모여드는 삼례중학공교교

# 교 가

작곡 : 정 희 갑
작사 : 이 병 기

# 이리고등학교 교가

1. 우뚝이 솟아났다 이곳의 이집
   씩씩한 젊은이들이 다 모여 드네
   미륵을 뒤에 두고 앞에 넓은 들
   인걸을 길러내는 이리고교

2. 부지런 부지런히 배우고 익혀
   내눈을 내가 밝혀 내 앞을 닦세
   우리들은 당당한 나라의 일꾼
   그공을 쌓고 쌓는 이리고교

3. 문화가 찬란하던 우리의 민족
   그 정신 언제든지 받들어 이어
   누구나 한 맘으로 힘을 합하여
   더욱더 빛을 내는 이리고교

이흥렬 작곡
이병기 작사

1. 우 뚝 이 솟 아 났 다 이 곳 의 이 집
2. 부 지 런 부 지 런 히 배 우 고 익 혀
3. 문 화 가 찬 란 하 던 우 리 의 민 족
씩 - 씩 한 젊 은 - 이 들 다 모 - 여 드 네
내 - 눈 을 내 가 - 밝 혀 내 앞 - 을 닦 세
그 - 정 신 언 제 - 든 지 받 들 - 어 이 어
미 - 륵 을 뒤 에 두 고 앞 엔 넓 은 뜰
우 리 들 은 당 - 당 한 나 라 의 일 꾼
누 - 구 나 한 맘 으 로 힘 을 합 하 여
인 - 걸 을 길 러 내 는 이 리 고 교
그 - 공 을 쌓 고 쌓 는 이 리 고 교
더 - 욱 더 빛 을 내 는 이 리 고 교

# 이리공업고등학교 교가

이곳은 옛날에 백제의 강토
오늘날 새로운 대한의 도시
공예의 천재로 빛내던 겨레
그 피를 이어 온 우리 아닌가
우리는 힘을 써 배우고 익혀
공업의 나라로 이름을 내세

작사 : 이병기 작곡 : 이흥렬
이 곳 은 옛 날 에 백 제 의 강 토
오 늘 날 새 - 로 운 대 한 에 도 - 시
공 예 의 천 재 로 빛 내 던 겨 레
그 피 를 이 어 - 온 우 리 아 닌 - 가
우 리 는 힘 을 써 배 우 고 익 혀
공 업 의 나 라 로 이 름 을 내 세

# 이리동중학교 교가

우뚝이 솟아났다 이곳에 이집

씩씩한 젊은이들 다 모여드네

미륵을 뒤에 두고 앞엔 넓은 들

인걸을 길러내는 이리의 동중

이흥렬 작곡 이병기 작사

# 인천 박문여중학교 교가
## (현 박문중학교)

1진. 높은 뫼 헐고 헐어 새 터를 닦고
피와 땀 흘려 세운 박문의 등대
찬란히 반짝이는 빛을 안고서
힘차게 참 사람의 보람 이루세

2선. 마음은 깊은 바다 진주와 같이
센 바람 거센 물결 이겨 나가며
바르고 옳음만을 간직 하여서
굳세게 착한 사람 본을 보이세

3미. 풀섶에 옹기종기 백합 한 떨기
찬 이슬 담뿍이고 향기도 맑다
몸과 얼 아름답게 가다듬어서
드높이 떨치리라 박문의 이름

# 교가

(진) 높 은 뫼 헐 고 헐 어 새 터 를 닦 - 고
(선) 마 음 은 깊 은 바 다 진 주 와 같 - 이
(미) 풀 섶 에 옹 기 종 기 백 합 한 떨 - 기
피 와 땀 흘 려 세 운 박 문 의 등 대
센 바 람 거 센 물 결 이 겨 나 가 며
찬 이 슬 담 뿍 이 고 향 기 도 맑 다
찬 란 히 반 짝 이 는 빛 - 을 안 - 고 서
바 르 고 옳 음 만 을 간 - 직 하 - 여 서
몸 과 얼 아 름 답 게 가 - 다 듬 - 어 서
힘 차 게 참 사 람 의 보 람 - 이 루 세
굳 세 게 착 한 사 람 본 을 - 보 이 세
드 높 이 떨 치 리 라 박 문 - 의 이 름

# 정읍고등학교 교가

이골은 예로부터 이름난 고을
한 고개 망부석엔 자취가 남고
산악은 솟았으며 평야도 끼어
진실로 유다르게 산천이 곱다
이 고을 이 산천에 정기 태어난
인재를 길러내는 정읍고등학교

이병기 작사
김인수 작곡

Moderato
이 골―은 예로부터 이름난 고을
한 고개 땅 부석엔 자취가 남고
산악은 솟았으며 평야도 끼―어
진실로 유다르게 산천이 곱―다
이 고을 이 산천에 정기태어―난
인재를 길러내는 정읍고등학교

# 정읍여자고등학교 교가

태백에 어린 서기 내장산 위에 내렸고
질펀한 정읍평야 이 산 밑에 누웠네
강산 정기 모인 곳에 우리학교 섰으니
이 겨레의 참 딸들은 고이 길러내네
하늘 빛 하늘 빛 거울삼아서
한마음 변함없이 길이 빛내세

박찬석 작곡
이병기 작사

# 정읍중학교 교가

1. 이골은 예로부터 이름난 고을
한 고개 망부석엔 자취가 남고
산악은 솟았으며 평야도 끼어
진실로 유다르게 산천이 곱다
이 고운 이 산천에 정기 태어나
인재를 길러내는 정읍중학교

2. 배우고 또 배우고 익히고 익혀
아는 건 아는 대로 실행을 하며
겨레의 오뉘끼리 서로 도우며
앞으로 크게 쓰일 일꾼이 돼서
나라와 이 겨레의 보람으로서
크나큰 빛을 내는 정읍중학교

Moderato
이 병기 작사
김 인수 작곡

# 천안중학교 교가

청운의 높은 뜻을 가슴에 안고
차령의 정기 받아 자라난 우리
지성의 학행 일여 길이 받들어
누리에 빛내이자 배움의 보람
영원히 융성하는 우리의 천지
이름도 장하도다 천안 중학교

## 교가

청 운 의 높 은 뜻 을 가 슴 에 안__ 고
차 령 의 정 기 받 아 자 라 난 우__ 리
지 성 의 학 행 일 여 길 이 받 들__ 어
누 리 에 빛 내 이 자 배 움 의 보__ 람
영 원 히 융 성 하 는 우 리 의 천__ 지
이 름 도 장 하 도 다 천 안__ 중 학__ 교

# 천안제일고등학교 교가

1. 동도솔 서도솔 이르던 고을
삼국의 중심이 이 아니던가
삼천리 강산이 해방이 되어
뚜렷이 솟아난 천안 제일고

2. 애잔한 가슴에 큰 뜻을 품고
밤낮을 다투어 배우고 익혀
조국의 당당한 새 일꾼들이
모이어 자라는 천안 제일고

3. 앞앞에 한 짐을 다 맡아지고
앞으로 앞으로 나가들 가자
검은 산머리에 솟는 해같이
찬란히 빛나는 천안 제일고

# 교 가

# 충남 아산중·아산고등학교 교가

1. 광덕산 웅장하게 멀리 보이고
   영천수 아름다이 뒤에 흐르네
   희망에 푸른하늘 높이 우러러
   빛난다 우뚝 솟은 우리 아산교

2. 이지에 피는 얼굴 명랑하여라
   배움에 타는 정열 씩씩하여라
   내일을 맡고 믿는 나라 새일꾼
   힘차게 길리운다 우리 아산교

이병기 작사
현재명 작곡

1. 광 덕 산 웅 장 하 게 멀 리 보 이 고
2. 이 지 에 피 는 얼 굴 명 랑 하 여 라
영 천 수 아 름 다 이 뒤 에 흐 르 네
배 움 에 타 는 정 열 씩 씩 하 여 라
희 망 에 푸 른 하 늘 높 이 우 러 러
내 일 을 맡 고 믿 는 나 라 새 일 꾼
빛 난 다 우 뚝 솟 은 우 리 아 산 교
힘 차 게 길 리 운 다 우 리 아 산 교

# 풍문여자고등학교 교가
# (현 풍문고등학교)

1. 올바로 나아갈 길을 걸으며
   알뜰히 쓰이는 일꾼이 되라
   튼튼한 몸이며 씩씩한 마음
   새로운 여성을 기르는 풍문

2. 정성과 힘으로 밑천을 삼고
   거짓을 버리고 참되이 되라
   지혜를 밝히고 공적을 닦아
   거룩한 여성을 기르는 풍문

3. 찬란한 꽃송이 철철이 피어
   흙이나 먼지도 향기로워라
   이 나라 이 세계 보람이 되어
   영원히 여성을 빛내는 풍문

李秉岐 作詞
李興烈 作曲

올 - 바 로 나 아 갈 길 을 걸 으 며
정 - 성 과 힘 으 로 밑 천 을 삼 고
찬 - 란 한 꽃 송 이 철 철 이 피 어
알 - 뜰 히 쓰 이 는 일 꾼 이 되 라
거 - 짓 을 버 리 고 참 되 이 되 라
흙 - 이 나 먼 지 도 향 기 로 워 라
튼 튼 한 몸 - 이 며 씩 씩 한 마 음
지 혜 를 밝 - 히 고 공 적 을 닦 아
이 나 라 이 - 세 계 보 람 이 되 어
새 로 운 여 성 을 기 르 는 풍 문
거 룩 한 여 성 을 기 르 는 풍 문
영 원 히 여 성 을 빛 내 는 풍 문

# 호남중·고등학교 교가

1. 일컫는 내장두승 명산을 두고
이곳은 예로부터 유명하였다
우리나라 보람의 씩씩한 일꾼
다투어 모여드는 호남고등학교

2. 잘 배우고 익히자 과학과 기술
남보다 앞서자 나가는 걸음
큰 업적을 남기신 모든 선열들
이정신 지키어 이어왔도다

3. 우리들은 보다 더 크고 크도록
더욱더 힘을 쓰며 나가고 나가
내장 두승산 같이 우러러 보는
한 인간 되어라 호남고등학교

# 교 가

이병기 작사 / 이흥렬 작곡

# 국민대학교 교가

1. 넓고도 아득한 배움의 바다
파도와 싸우며 배들을 저어
평화의 항구를 바라다보고
바쁘게 바쁘게 나가는 우리
우리는 새로운 민주의 나라
사공을 기르는 국민대학교

2. 몇 천 년 찬란턴 조국의 문화
지나던 자취를 바라다보며
새 문화 새 생활 진리를 찾아
광명한 세계로 나가는 우리
우리는 새로운 민주의 나라
보람을 이루는 국민대학교

# 교 가

이 병 기 작사
이 홍 열 작곡

# 서울대학교 교가

1. 가슴마다 성스러운 이념을 품고
이 세상의 사는 진리 찾는 이 길을
씩씩하게 나아가는 젊은 오뉘들
이 겨레와 이 나라의 크나큰 보람
뛰어나는 인재들이 다 모여들어
더욱더욱 융성하는 서울대학교

2. 단일해온 말을 쓰는 조촐한 겨레
창조하기 좋아하는 명석한 머리
새 문화와 새생명을 이루어가며
즐겨하고 사랑하는 우리의 조국
뛰어나는 인재들이 다 모여들어
온누리에 빛을 내는 서울대학교

# 교 가

작사 이 병 기
작곡 현 제 명

# 전북대학교 교가

1. 메와 물 아름다운 이 나라 이곳
   뛰어난 인재들이 모이어 들어
   새롭고 가장 높은 이념과 기술
   가슴마다 품으며 손마다 익혀
   샘물이 큰 바다를 이름과 같이
   더욱더 융성하는 전북대학교

2. 우리들의 타고난 힘을 다하여
   참다운 이 살림을 늘우어가며
   그 정신 찬란한 민족의 문화
   그 정신 그 전통을 받고 이어서
   아득한 이 누리의 태양과 같이
   영원히 빛을 내는 전북대학교

# 교 가

이병기 작사
현제명 작곡

# 진주사범 교가

이병기 작사
이상근 작곡

1. 비봉과 두류연봉 서북에 두고
   머나먼 예로부터 이름난 고을
   의랑의 고운넋은 남강에 잦고
   촉석루 아오라이 솟아 있도다.
   이곳에 이룩하신 우리 학교는
   사범에 사범되는 진주사범

2. 이나라 이 사업에 뜻을 세우고
   튼튼한 몸으로서 씩씩한 우리
   우리는 마보다도 더 부지런히
   배우고 가르침을 익혀야 한다.
   영재가 모여드는 우리의 학교는
   사범에 사범되는 진주사범

3. 신성한 조상들의 깨끗한 피를
멏천년 이어오는 조홀한 겨레
귀여운 아들딸인 젊은 일꾼을
참으로 지성으로 길러야 한다.
이길로 나아가는 우리의 학교는
사범에 사범되는 진주사범

## 본사제창현상모집本社提唱懸賞募集

# 서윤복徐潤福 선수選手 제패가制霸歌[1]

이병기李秉岐 설의식薛義植 양씨兩氏 작사作詞 탈고脫稿

마라손 조선의 우뚝한 자랑을 세계에 떨치고 서윤복徐潤福 남승용南昇龍 그리고 취격의 손기정孫基禎 삼三 선수는 명 이십이일二十二日 저녁 무렵에 제물포 항구에 닻을 풀려한다. 개선凱旋의 삼 용사를 우리는 예부터 나려오는 마라손 전설 그대로 성벽을 헐고 문을 다시 만들어 새 맘 새 힘으로 맞아들여야 할 것이언만 성은 이미 헐렸고 문은 봉해진 지 또한 오래라 우리는 오직 마음의 새 문을 만들어 새로운 의기와 용맹으로서 맞아들이려 하니 본사가 그동안 마라손 제패가를 모집한 까닭도 여기 있었든 것이다.

응모된 수는 실로 삼팔三八 이남의 팔八도 오십五十여 군에서 일백칠십편에 달하야 이것을 사계의 대가 제씨에게 심사를 위촉한 결과 유감이지만 거족적인 이 감격과 길이길이 마라손 왕국을 자랑하고 지키는데 알맞

1 『동아일보』 1947. 6. 21.
동아일보는 1936년 손기정 선수의 마라톤 세계제패를 계기로 '마라톤 세계 제패가'를 공모했다. 그러나 공모는 일장기말소사건으로 중단되고 해방된 뒤에야 1947년 4월 서윤복 선수의 미국 보스톤 마라톤 우승을 계기로 재추진된다. 동아일보는 1947년 5월 13일자 2면, 마라손 세계제패가 현상모집을 하였으나 응모작품가운데서 마땅한 것이 없어서 가람 이병기에게 '환영가', 소오 설의식에게 '마라톤 제패가'의 가사를 위촉해 발표하고 10년 만에 그 숙원을 풀게 된다.

은 작품이 없어서 부득이 "가람" 이병기李秉岐 씨에 제패 환영가를 위촉한 바 다음의 삼절이 탈고되었으며 또 일반이 부를 수 있는 노래로서 소오小悟 설의식薛義植 씨의 제패가가 탈고되어 이것을 곧 작곡作曲에 부치었는데 불일 내로 이것을 온 천하에 인쇄 배부하겠거니와 희망하는 학교 기타 체육단체에서는 소용되는 매수를 본사 사업국으로 신청하기를 바란다.

# 마라손 환영가歡迎歌

작사作詞 이병기李秉岐

一

예부터 나려오며 우리세계는
언제나 경쟁하는 마당 아닌가
빛나는 역사 깊은 조선의 겨레
겨르고 나아가면 누가 당하랴
　　날뛰어라 날뛰어라 우리용사야
　　승리로다 승리로다 우리용사야

二

캄캄한 그날에도 우리용사는
크나큰 혜성처럼 빛을 내었다.
먼동은 다트이고 길은 밝은데
남보다 앞선 거름 어이 멈추랴
　　날뛰어라 날뛰어라 우리용사야
　　승리로다 승리로다 우리용사야

三

청춘의 피가 끓는 조선의 아들
조국을 사랑하는 조선의 오누
자랑과 보람 있게 개선하는 날
선열의 영혼인들 아니 반기랴
　날뛰어라 날뛰어라 우리용사야
　승리로다 승리로다 우리용사야

# 유관순처녀 기념가[2]

작사 이병기李秉岐 작곡 이흥렬李興烈

1. 세계를 놀래던 독립의 만세
   앞을 서 외치던 이름난 이곳
   조국을 찾으려 목숨을 버린
   선열의 은덕을 어이 잊으리

2. 곱고도 연연한 어린 몸으로
   탄알과 칼날을 홀로 막으며
   겨루고 싸우던 짧은 인생은
   영구히 빛나는 우리의 거울

3. 모여라 모여라 오누이들이여
   세우자 세우자 그의 기념탑
   우리도 앞앞이 그 뜻을 이어
   새로운 조국에 몸을 바치자

---

2 「유관순 처녀의 기념가」, 『매봉교회가 낳은 민족의 보배 유관순』, 신앙과지성사, 2014, 152p.

# 졸업가[3]

이병기 작사, 이유선 작곡

1. 쇠처럼 구슬처럼 달구고 갈아
나가고 나아갈 길 닦아지도록
영예로운 오늘을 반겨 맞으며
감사의 이 노래를 부르는도다.

3 중고등학교 졸업가로 문교부에서 보급하였다. 초등학교 졸업가는 인기가 있었으나 중고등학교 절업가인 이 노래는 별로 인기를 끌지는 못했다. 「책갈피 속의 오늘 1946년 초등 '졸업식 노래' 보급」, 『동아일보』, 2008. 6. 6. 참조

마음껏 부르자

# 해방기념가解放記念歌[4]

삼천만민족三千萬民族이 잊을라 잊을 수 없는 해방解放의 날 팔월 십오일이 박두迫頭해 오므로 삼천리三千里 방방곡곡坊坊曲曲에서는 이날을 맞이한 깊음의 노래 소리도 힘차게 울려질 것인데 금반今般 문교부文教部에서는 가람 이병기李秉岐 씨氏 작사作詞 이흥렬李興烈 씨氏 작곡作曲으로 이날의 깊음과 우리 자주독립自主獨立에 힘을 합合하야 돌진 매진邁進하자는 해방기념가解放記念歌를 제정制定하는 한편便 그날 오전午前 8시 남조선南朝鮮 각各 학교學校에서 일제一齊히 거행擧行되는 기념식記念式에서 부르도록 하였다 한다. 그리고 팔월 십오일 해방기념식解放記念式 절차節次는 다음과 같다.

(1) 개회사開會辭

(2) 애국가愛國歌

(3) 학교장學校長 훈화訓話

(4) 문교부장文教部長 훈사訓辭

(5) 해방기념가解放記念歌

(6) 만세삼창萬歲三唱 연합국聯合國의 승리勝利를 찬하讚賀하며 자유독립自由獨立 촉진促進을 기원祈願

(7) 폐회閉會

4 「마음끗불으자 解放記念歌」, 『동광신문』 제194호, 1946. 7. 31.

# 해방기념가사解放記念歌詞

이병기사李秉岐詞 이흥렬곡李興烈曲

一. 잊으랴 잊을소냐 해방의 이날
삼천三千만 가슴마다 넘치는 기쁨
(후렴)
누구나 한 맘으로 힘을 다하세
이보다 더 기쁜 날 다가오도록

二. 오로지 나라일에 몸을 바치고
앞을 서 가신님의 그 뜻을 이어

# 해방기렴가解放記念歌[5]

군정청 문교부에서는 해방 일一주년을 기념하여 누구나 부를 수 있는 노래를 그간 제정 중이던바 가람 이병기李秉岐 씨의 작곡으로 완성되어 이번 기념일부터 이 노래를 부르기로 되었다고 한다.(사진판은 가사와 곡조)

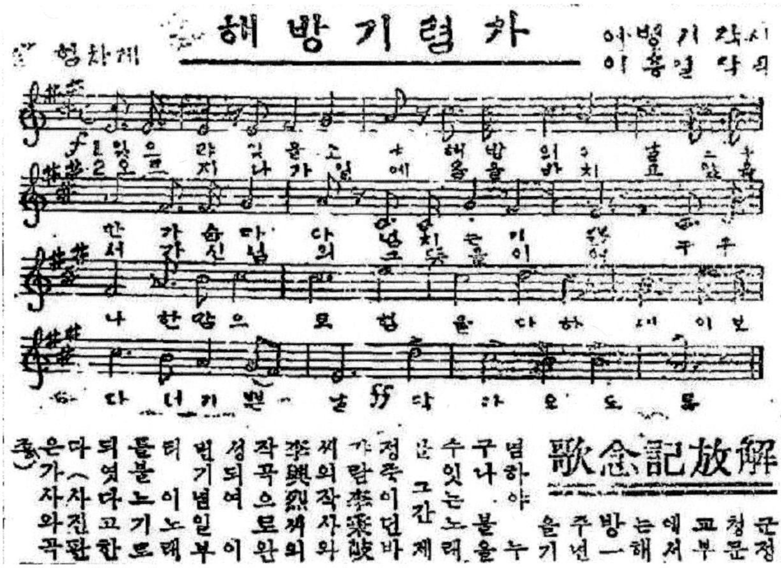


5 「해방기렴가」『자유신문』, 1946. 8. 9.

# 조선특산품장려가[6]

조朝·금金·련聯·편篇
작사作詞 가람 이병기李秉岐
작곡作曲 박태준朴泰俊

一. 대륙을 이어있는 우리나라는
산악의 나라요 태양의 나라
그속에 쌔고쌔인 갖은보물을
산림의 밑천으로 찾어냅시다.

二. 튼튼하고 씩씩한 우리동포여
광이나 마치를 손에 다들고
늘어가는 일터로 바삐 나아가
충실한 새일꾼이 서로됩시다.

6 「조선특산품장려가」, 『금융조합』, 조선금융조합연합회, 1948.

三. 고요한 바다밑에 산호가묵고
케케한 땅속에는 금이우나니
혀보다 붓보다 앞선팔다리
진실로 우리나라 위함입니다.

## [부록] 28권 교육학 Ⅳ 교과서·교육 평론·교가·기타

### 25권) 교육학 I

| | | | | |
|---|---|---|---|---|
| 1 | 중등국어 1 | 교과서 | 1949.8.5 | 금룡도서 |
| 2 | 중등국어 2 | 교과서 | 1949.8.5 | 금룡도서 |
| 3 | 중등국어 3 | 교과서 | 1949.8.5 | 금룡도서 |
| 4 | 중등국어 4 | 교과서 | 1949.8.5 | 금룡도서 |
| 5 | 중등국어 5 | 교과서 | 1949.8.5 | 금룡도서 |
| 6 | 중등국어 6 | 교과서 | 1949.8.5 | 금룡도서 |

### 26권) 교육학 II

| | | | | | |
|---|---|---|---|---|---|
| 7 | 문학독본 상 | 교과서 | 1948.8.30 | 상문당 | 이병기 편 |
| 8 | 표준 옛글(1,2,3 중1) | 교과서 | 1955.3.20 | 신구문화사 | 이병기 정인승 엮음 |

### 27권) 교육학 III

| | | | | | |
|---|---|---|---|---|---|
| 9 | 표준 문예독본 | 교과서 | 1955.6.20 | 신구문화사 | 이병기 정인승 백철 엮음 |
| 10 | 표준 국문학사 | 교과서 | 1956.4.1 | 신구문화사 | 이병기 백철 엮음 |

### 28권) 교육학Ⅳ·교육 평론·교가·기타

| | | | | | |
|---|---|---|---|---|---|
| 1) 교과서 | | | | | |
| 11 | 표준 고등글본 | 교과서 | 1956.4.1 | 신구문화사 | 이병기 정인승 백철 엮음 |
| 2) 교육 평론 | | | | | |
| 7 | 古代 朝鮮의 女流敎育家 | 교육평론 | 신생 제2권 11호 | 1929. 11. | |
| 8 | 해방후 국어교육 | 교육평론 | 새교육 1권 2호 | 1948.9.15 | |
| 9 | 古典과 國語敎育 | 교육평론 | 새교육 2권 2호 | 1949.3.25 | 1976.8 |
| 10 | 國文學과 國語敎育 | 교육평론 | 전북일보 | 1955.2.20. | |
| 3) 편지작법 | | | | | |
| 1 | 편지讀本1 | 편지작법 | 여성 4권8호 | 1939.8. | 연재 전6회 |
| 2 | 편지讀本2 | 편지작법 | 여성 4권9호 | 1939.9. | |
| 3 | 편지讀本3 | 편지작법 | 여성 4권10호 | 1939.10. | |
| 4 | 편지讀本4 | 편지작법 | 여성 4권11호 | 1939.11. | |
| 5 | 편지讀本5 | 편지작법 | 여성 4권12호 | 1939.12. | |
| 6 | 편지讀本6 | 편지작법 | 여성 5권2호 | 1940.2. | |

4) 교가 및 기념가

<table>
<tr><th>구분</th><th>순</th><th>학교명</th><th>일기 기록</th><th>비고</th><th></th><th>편수</th></tr>
<tr><td rowspan="7">초등학교</td><td>1</td><td>군산중앙초등학교</td><td></td><td>○</td><td></td><td rowspan="7">7</td></tr>
<tr><td>2</td><td>김제 중앙초등학교</td><td>1955.3.5.</td><td>○</td><td></td></tr>
<tr><td>3</td><td>능원초등학교</td><td>1949.12.30</td><td>○</td><td></td></tr>
<tr><td>4</td><td>동광학교 교가와 운동가</td><td>1922.11.16</td><td>찾을 수 없음</td><td></td></tr>
<tr><td>5</td><td>여산초등학교</td><td>1946.10.6</td><td>○</td><td></td></tr>
<tr><td>6</td><td>재동국민학교</td><td>1947.12.23</td><td>현 윤석중 김성태</td><td>재동국민학교가를 지어다 주었다는 기록있으나 다른 사람</td></tr>
<tr><td>7</td><td>호영강습원노래</td><td>1922.11.20</td><td>찾을 수 없음</td><td></td></tr>
<tr><td rowspan="12">중·고등학교</td><td>1</td><td>경기고등학교</td><td></td><td>○</td><td></td><td rowspan="12">27</td></tr>
<tr><td>2</td><td>경성공업학교</td><td>1949.2.15교가校歌를지어달라한다</td><td>○-확인요</td><td>경성공업학교→경성공립공업학교→서울공고로,</td></tr>
<tr><td>3</td><td>경복중학교</td><td>1946.3.26</td><td>○</td><td>경복중→경복중·고로 분리되고 경복중은 폐교됨</td></tr>
<tr><td>4</td><td>군산남중학교</td><td>1953.3.2</td><td>○</td><td></td></tr>
<tr><td>5</td><td>김제금산중·고등학교</td><td>1956.4.7</td><td>○</td><td></td></tr>
<tr><td>6</td><td>부산 경남중학교</td><td>1953.11.20.</td><td>○</td><td>현 부산 개성고등학교</td></tr>
<tr><td>7</td><td>부산상업고등학교 부산상업중학교</td><td>1950.1.9.</td><td>○</td><td></td></tr>
<tr><td>8</td><td>부산 개성중학교</td><td>1950.4.5</td><td>× 오충도 함사순</td><td>부탁한개성중학 교가를 지어보냈다는 기록이 있으나 현재 다른 사람.</td></tr>
<tr><td>9</td><td>부산 계성여자중학교</td><td>1946.10.15</td><td>×찾을 수 없음</td><td>2000년 도심 공동화 학생수 감소로 폐교</td></tr>
<tr><td>10</td><td>부안 삼남중학교</td><td></td><td>○</td><td></td></tr>
<tr><td>11</td><td>삼례중학교 삼례공업고등학교</td><td>1950.8.2</td><td>○</td><td></td></tr>
<tr><td>12</td><td>서울중학체육가</td><td>1949.4.10</td><td>× 찾을 수 없음</td><td></td></tr>
</table>

| | | | | | | |
|---|---|---|---|---|---|---|
| | 13 | 안성<br>농업중학교 | 1948.1.28 | ×현 이은상 | 안성농중安城農中서 그교가校歌를가져갔다는 기록이 있다. | |
| | 14 | 이리고등학교 | | ○ | | |
| | 15 | 이리공업고등학교 | 1947.11.29 | ○ | | |
| | 16 | 이리동중학교 | 1953.8.7 | ○ | | |
| | 17 | 인천 박문여중학교 | 1948.5.9 | ○ | 현 박문중학교 | |
| | 18 | 정읍고등학교 | | ○ | | |
| | 19 | 정읍여자고등학교 | | ○ | | |
| | 20 | 정읍중학교 | 1954.1.31 | ○ | | |
| | 21 | 진천공립농업중학교 | 1949.7.9. | × 찾을 수 없음 | →진천농공고→진천생명과학고→한국바이오마이스터고 | |
| | 22 | 천안중학교 | 1947.10.29 | ○ | | |
| | 23 | 천안제일고등학교 | | ○ | | |
| | 24 | 충남 아산중·<br>아산고등학교 | | ○ | | |
| | 25 | 평화의 학원 | 1949.3.2 | × 찾을 수 없음 | | |
| | 26 | 풍문고녀 | 1946.1.13 | ○ | 현 풍문고등학교 | |
| | 27 | 정읍 호남중·<br>고등·학교 | 1956.7.6 | ○ | | |
| 대학교 | 1 | 국민대학교 | 1949.4.10 | ○ | 동국대교가 지었다는 기록있으나 현재 다른 사람 | 6 |
| | 2 | 대구사범대학교 | 1947.7.28. | × 찾을 수 없음 | 현 경북사범대학교 | |
| | 3 | 서울대학교 교가와<br>응원가 | 1949.10.11 | ○ | | |
| | 4 | 수원농대 | 1946.10.30 | | 현 서울농대 | |
| | 5 | 전북대학교 | 1953.6.8 | ○ | | |
| | 6 | 진주사범대교가 | 1949.6.4 | ○ | | |
| 기타 | 1 | 마라손 환영가 | 1947.6.21 | | 서윤복선수제패가 | 8 |
| | 2 | 부산천일고무공업사<br>공장가 | 1949.7.9 | × 찾을 수 없음 | | |
| | 3 | 식목가 | 1959.4.7.<br>(동아일보) | × 찾을 수 없음 | | |

| | | | | | | |
|---|---|---|---|---|---|---|
| | 4 | 유관순처녀 기념가 | | ○ | | |
| | 5 | 졸업가 | 1946. | ○문교부 | | |
| | 6 | 학생의 노래 | 1946.11.25. | ×찾을 수 없음 | | |
| | 7 | 해방기념가 | 1946.7.31.<br>1946.8.9 | ○ 동광신문<br>자유신문 | | |
| | 8 | 조선특산품장려가 | 1948. | ○금융조합 | | |

가람 이병기 전집 ㉘

# 교육학 Ⅳ(표준 고등 글본 · 교육 평론 · 편지 작법 · 교가 및 기념가)

**지은이** 이병기
**펴낸이** 양오봉
**펴낸곳** 전북대학교출판문화원

**초판 1쇄 인쇄** 2024. 12. 16
**초판 1쇄 발행** 2024. 12. 25

**전북대학교출판문화원** 전북특별자치도 전주시 완산구 어진길 32 (풍남동2가)
**전화** (063) 219-5319~5322
**FAX** (063) 219-5323
**출판등록** 2012년 8월 20일 제465-2012-000021호



값 30,000원

ISBN 979-11-6372-242-7 04810
ISBN 979-11-87892-59-5(세트) 04810

* 이 책은 2024년도 익산시와 전라북도의 지원에 의해 간행되었습니다.
* 본서에 사용된 작품 및 이미지는 저작권법 제28조에 따라 보도·비평·교육·연구 등을 위해 공표된 저작물을 정당한 범위 안에서 인용할 수 있다는 규정에 의거하여 수록하였음을 밝힙니다.